Lynn Hunt

Politics, Culture,
and Class
in the French
Revolution

法国大革命中的政治、文化和阶级

［美］林恩·亨特 著
汪珍珠 译

北京大学出版社
PEKING UNIVERSITY PRESS

著作权合同登记号　图字：01-2018-5974

图书在版编目（CIP）数据

法国大革命中的政治、文化和阶级 /（美）林恩·亨特（Lynn Hunt）著；汪珍珠译．—北京：北京大学出版社，2020.7
（培文·历史）
ISBN 978-7-301-31085-4

Ⅰ.①法…　Ⅱ.①林…　②汪…　Ⅲ.①法国大革命—研究　Ⅳ.① K565.41

中国版本图书馆 CIP 数据核字（2020）第 029245 号

© 2004 by The Regents of the University of California
Published by arrangement with University of California Press

书　　名	法国大革命中的政治、文化和阶级 FAGUO DAGEMING ZHONG DE ZHENGZHI、WENHUA HE JIEJI
著作责任者	［美］林恩·亨特（Lynn Hunt）著　汪珍珠 译
责任编辑	张文华
标准书号	ISBN 978-7-301-31085-4
出版发行	北京大学出版社
地　　址	北京市海淀区成府路 205 号　100871
网　　址	http://www.pup.cn　新浪微博：@北京大学出版社 @培文图书
电子信箱	pkupw@qq.com
电　　话	邮购部 010-62752015　发行部 010-62750672 编辑部 010-62750883
印刷者	天津光之彩印刷有限公司
经销者	新华书店
	660 毫米 ×960 毫米　16 开本　18.5 印张　250 千字
	2020 年 7 月第 1 版　2023 年 1 月第 2 次印刷
定　　价	69.00 元

未经许可，不得以任何方式复制或抄袭本书之部分或全部内容。
版权所有，侵权必究
举报电话：010-62752024　电子信箱：fd@pup.pku.edu.cn
图书如有印装质量问题，请与出版部联系，电话：010-62756370

献给佩格(Peg)

目 录

中文版序言......v
二十周年庆版本序言......ix
1984年版本致谢......xiv
法国大革命简明纪事表......xvi
缩略语表......xix

导　论　解读法国大革命......001

第一部分　权力的诗学......017

第1章　革命的修辞学......019

第2章　革命实践的象征形式......055

第3章　激进主义的意象......091

第二部分　政治社会学......127

第4章　革命的政治地理学......129

第5章　新政治阶级......155

第6章　局外人、文化中间人和政治网络......187

结　论　政治文化的革命......223

附录A　精选政治、经济与人口变量的相关矩阵图......246

附录B　亚眠、波尔多、南锡和图卢兹市议员的职业分析......251

索　引......254

目 录

中文版序言

我很荣幸能为本书的中文新版作序，并向译者汪珍珠副教授致谢。当我于20世纪60年代末开始法国大革命的研究之时，我就广泛阅读有关另外两次伟大的现代革命——俄国革命和中国革命——的文献，以找寻共同之处。1985年，在国际知名的法国大革命研究专家张芝联教授的安排下，我作为交换教授在北京度过的那几周，成为我人生中最具影响的经历之一。不仅在我当时任教的伯克利（Berkeley），也在北京，我与张芝联教授曾就法国大革命进行过长时间的讨论。而在我访问中国之时，恰逢《法国大革命中的政治、文化和阶级》的英文版问世不久。这次交流为我提供了一个机会，得以与来自中国许多大学的研究生和学界同仁讨论我的发现。当时提到的问题至今仍萦绕在我脑海中，于是我视这个中文新版为对话的延续。

自本书第一次出版以来，法国大革命的研究已经发生了很多变化，但有一样保持不变，即1789年法国大革命依然在激发人们强烈的兴趣和热烈的讨论。这种情况毫不奇怪，正如本书所试图展现的，法国大革命发起了许多与现代性相关的挑战：国民和人民的意义；选举、政党和再现（representation）所发挥的作用；在传统统治者、贵族，甚至传统本身缺席的情况下共同体的建立。而所有这些挑战都体现着革命的根本性质，即创造全新事物的努力。历史反复证明，这一任务艰巨，甚至可能无法实现；然而，实现这一任务——掌握未来——的愿望，还在继续塑造我们的生活,而且往往是朝着更好的方向塑造。

在我看来,对革命的变革性的强调使得本书在今天仍具有意义。革命既是个人经历,也是群体经验;国民领袖可以试图引导和指挥革命,而且或多或少会有成效,但最终还是需要数以百万的个人在发生的事件,以及他们自身所促成的事件中寻找到意义。于是,我从地方层面去考察革命经验,看看是谁参与了革命,他们的社会身份又能揭示出什么。我个人查阅了几千名地方官员的资料,并在研究助手的帮助下,使用当时尚不发达的电脑技术来追寻革命经验的地方模式。尽管时代在前进,但这些研究成果依然有效。

不过,革命参与者的社会地位只是研究的一部分。在本书的前半部分,我探讨集体的语言和象征的制造。这些问题仍然吸引着我,因为法国大革命催生了大量的言词(words)和意象,其动机来自为共同体创建一个新基础的需要,不管将这一共同体界定为国民还是人民;也来自赋予所发生事件以意义的朴素愿望。人们必须能够通过言语或意象具现化那些事件、人物,甚至作为参与者或观察者的自身,以把握这一剧烈波动和深刻变化之经历的意义。革命的意义并不是仅由领袖来预设或控制的,而是由集体来体验并构建的,尽管后者在构建之时并不自知。例如,对变革后国民之象征的寻求,这也是本书第一部分第3章的主题。哪种意象能够作为国民的再现形式以取代国王?它应该是抽象化的,还是拟人化的?不识字的人能否理解?它是否能超越特定的时刻而引发长久回响?这种意象如果不求诸历史,是否还能饱有力量?当国民以这种或那种方式一而再,再而三地展示自身的新形象时,这些问题都未消失,而且意象在这种展示中始终占据中心位置。

尽管本书的中心问题及其他许多发现依然值得探讨和争论,但法国大革命历史书写的大体方向无疑已经发生了变化。根据我的观察,自20世纪60年代以来，对这段历史的书写经历了三个主要的发展阶段。在我撰写本书时，正值马克思主义史学家或社会史学家与弗朗索瓦·傅勒（François Furet）的追随者以及强调政治史的史学家之间展开了一场论战。我有意采取中间立场，从各方观点中汲取对我最为有用的部分，并不断向前推进。

1989年正值法国大革命爆发两百周年，在此之后这场论战开始消退，历史学家开始探寻更多关于女性角色、士兵、地方冲突，以及作为个体或群体的革命者的材料。这种研究往往既有社会意义，又有政治意味，而且没有明确地倾向于马克思主义观点或者反马克思主义观点。实际上，人们经常听到的抱怨是，还没有一种清晰的阐释范式能取代马克思主义立场或傅勒式立场。

2010年之后，新的变化趋势越来越明显，但开始的时间可能更早。这种趋势就是，注意力转移到了18世纪80年代的全球形势，尤其是帝国之间的竞争，包括与中国贸易在内的国际贸易，奴隶制及其对帝国和殖民地的影响。最近几年，很多新著作都在研究加勒比海地区（Caribbean）的局势，尤其关注法属圣多明各（Saint-Domingue，现在的海地），在那里爆发了历史上最成功的奴隶起义。研究范围还扩展至奥斯曼帝国及其阿拉伯属地，以及受到法国大革命和当时的战争直接或间接影响的各个欧洲帝国的其他偏远前哨地。

在法国大革命这一研究领域，如今有待完成的任务就是要整合各种研究路径，从地方的到全球的，从经济的和社会的到政治的和文化的。而要实现整合，《法国大革命中的政治、文化和阶级》一书所提出的路径和视角仍具有价值。法国大革命的研究者需要将对总体趋势、社会团体和政治结果的定量调查与对动员过程的细致考察——后者往往需要对修辞和象征进行研究——相结合。即使在研究规模上发生了变化，很多问题也重新引发研究兴趣，例如从奴隶起义到妓业和离婚，但有关大革命的中心问题依然存在：人们如何夺取革命的主动权？可能实现多大和多迅速的变革？如何应对来自保守派的挑战、来自内部的反抗和来自外部的阻碍？如果本书能说服读者相信这些问题都值得深思，那么我的努力也就得到了充分的回报。

林恩·亨特

洛杉矶

2020 年 5 月

二十周年庆版本序言

每本书都能反映出创作时的背景，本书也不例外。那段时期对我而言尤其寓意深远，因为就在那时，研究兴趣引领我投身到历史研究中最令人振奋的发展之一。我于20世纪70年代后期开始一项研究，希望研究结果能证实运用马克思主义理论阐释法国大革命的做法依然可行。马克思主义阐释理论的批评者坚持认为，是律师和官员，而不是商人和制造商——马克思主义理论下的"资本主义的资产阶级"——领导了革命。我把目标锁定在大城市里发起革命的人，因为我推测，在地方城市里会有更多的商人和制造商以革命领袖的身份崭露头角。我确实发现了这样的商人和制造商，但其模式却难以预测：商人们在有些地方慢慢地获得了一些影响，而在有些地方却失去了原有的影响，在有些地方则影响甚微。同样，当我采用定量研究方法来分析社会因素和经济因素，认为这些因素可能可以解释不同地区的不同政治倾向时，却得到了出人意料的研究结果：左翼政治观点在偏远、相对"落后"、几乎没有大规模生产的地区保持着持久的吸引力。最发达的工业地区不一定是最革命的地区，这一模式显然与马克思主义理论的阐释不相符。所以还要考虑其他因素，包括地方政治冲突（旧制度精英的对手们现在是获胜方）、地方社会网络（姻亲、共济会和政治俱乐部），以及地方权力中间人（如教师、旅店老板和游商）的影响。简而言之，政治认同不仅取决于社会地位，还包括重要的文化成分。

我在最初的研究中遇到的问题正好契合了历史学科当时较为普遍提出的问题。20世纪80年代早期，文化史开始挑战社会史的主导地位。弗朗索瓦·傅勒对法国大革命的马克思主义阐释进行了直言不讳的抨击，该抨击横扫整个法国史研究领域。文化史学家（往往以前也是社会史学家）认为，社会认同只有通过语言和文化的再现才能确定；"商人"这一身份在不同的语境下会有不同的意义。同样，傅勒坚持认为，不能将法国大革命解释成不同社会阶级之间的冲突，而应该是为争取对语言和象征物的控制权而展开的政治斗争。1977年我在巴黎卡纳瓦莱博物馆（Musée Carnavalet of Paris）参观了法国大革命印刷品展览，之后就对革命象征物越来越感兴趣。像大多数其他法国大革命史学家一样，我很自然地就将文字文本作为研究材料，比如报纸、回忆录、警局报告、国会演讲、纳税申报单和会员名单。而自从参观了那次展览以后，我就不会再忽视革命版画、信件、日历、扑克牌和插图等视觉再现材料的重要性了。

一段时间以后，我手头上已经收集了大量风格各异的资料，包括法国不同地区的定量分析数据、大量官员的个人卷宗、共和国印章的草图和关于革命服装的版画。能不能通过综合这些资料得出某种结论呢？我相信这是可行的，但还得琢磨如何编排这些资料。哪些应该排在前面？如何安排才能体现它们之间的因果关系和重要性？我不赞同马克思主义关于基础和上层建筑的观点，即经济和社会关系是基础，是最根本的因素，而政治和文化属于上层建筑，是建立在基础之上自动生成的副产品。但我也不能接受与之相反的简单解释，即政治是社会分化与经济变化的先锋。于是，我将重点放在了"政治文化"上。我的阐释不是通常所指的政治史或文化史，而是对形成革命政治的社会模式和文化假设所做的一种分析。为了摆脱基础-上层建筑或其他关于不同层次的隐喻，我采用了莫比乌斯带[1]理论，想象社会是这根带子的一"面"，政治是另一"面"，两者相互纠缠盘绕，无法分清它们在何处开始，何处终止。

莫比乌斯带作为视觉隐喻的效果不错，但作为印刷书籍的架构则不然。印刷书籍中的文字必须以线形次序出现，所以我必须选择是从政治还是社会，从文化假设还是社会模式开始。我选择从"权力的诗学"而非"政治的社会学"开始，不是因为我相信诗学在因果关系上一定优先于社会学，而是为了震撼那些仍旧视社会学势必优先于诗学的读者。许多人坚信社会学（社会）就是要解释诗学（政治），反之则不成立。这本书在1984年首次出版时，几乎所有人都视第一部分（诗学）最富原创性，也最具争论性。当时，历史学家已经开始了"语言学转向"，相比于新文化史对修辞、仪式和意象的研究，政治社会史已显得老套沉闷了。

然而时过境迁，在学者们详细分析了法国大革命时期的文化、语言、视觉和诗学维度之后，读者现在可能会对本书第二部分更感兴趣。这部分对地理模式和社会模式的强调也契合了20世纪80年代以来的学术新趋势。关于法国大革命的研究正在经历一场巨变。1989年法国大革命二百周年纪念标志着傅勒影响的巅峰和马克思主义阐释的低谷。自那以后，许多史学家开始批驳盛行的傅勒的正统理论（认为什么都是政治的），寻求新途径来分析大革命的社会意义。对傅勒的批评和随之而来的对马克思主义阐释的恢复，一定程度上忽视了两者潜在的相似性：正如马克思本人从未忽视过法国大革命的政治层面，傅勒也并未忽视其社会意义。然而，两者相互纠缠的关系在对马克思主义和共

---

[1] 莫比乌斯带（Möbius strip），是一种拓扑学结构，将一条窄长形纸带旋转180度后将两端黏结而成。——译者注（本书未注明为译者注的脚注，均为原书脚注。）

产主义的攻击中却被忽视了。共产主义在西方世界不再像以前那样会激起"非生即死"（do-or-die）的反应了，我们也就有可能以新的眼光来审视社会与政治的关系。你无须为了评价法国大革命的社会意义而全盘接受马克思主义理论，也无须为了发现革命政治文化的自有逻辑而完全赞同傅勒，认为法国大革命是极权主义的源头。社会与政治之间的关系这一问题本身就非常有趣。

本书第二部分也直接反映了20世纪70年代末80年代初的技术落后。尽管当时我写书时使用了一台最早的个人电脑（奥斯本电脑，缝纫机般大小，可以在一张单面单密度磁盘上存储32页文档的内容），但定量分析还是只能使用简单的计算器，或者在大型主机上使用键控穿孔卡（同时还少不了研究助手的帮助）。这些费力的办法根本不可能提供如今电脑所能提供的灵活机动性和高速度。然而，目前还不清楚运用新科技是不是就会产生不一样的结果，因为尽管新科技有助于数据的输入和处理，但据我所知，目前为止还没有人就本书提供的分析提出反驳、修正或拓展。近来出现了许多新资料，尤其是关于选举的研究和关于社会及文化因素的地图，但还没人整合这些材料以重新进行全面阐释。[2] 如果对法国大革命的社会意义还有兴趣的话，重新采用定量分析方法并系统使用这些新材料会有所裨益。

我本人还未着手系统性回顾，所以对本书主体未做重大修改。1984年以来，出版了无数有关法国大革命的书籍和文章，发现了一些新材料，曾经散失的材料也在收集恢复。20年前我在着手这项研究

---

[2] 关于选举可参见 Malcolm Crook, *Elections in the French Revolution: An Apprenticeship in Democracy, 1789–1799* (Cambridge University Press, 1996); S. Aberdam, S. Bianchi, R. Demeude, et al., *Voter, élire pendant la Révolution française, 1789–1799: Guide pour la recherche* (Paris: Ed. du CTHS, 1999); Serge Bonin and Claude Langlois, eds., *Atlas de la Révolution française*, 11 vols. (Paris: Editions de l'École des hautes études en sciences sociales, 1987–2000)。

时，难免会错失一些有用的信息。[3] 如果将这些新信息进行整理综合，可能我会写出一本新的而且很可能不同的书。虽然我不会原封不动地保留本书中的全部内容，但是基本方法——政治与社会的平衡、权力的诗学与政治的社会学的平衡——依旧代表了我对法国大革命的理解。能不能令人信服，读者自有判断。

---

[3]　许多关于波尔多（Bordeaux）共济会会所的记录在 2000 年从莫斯科回到法国，我在巴黎大东方（Grand Orient）共济会总部翻阅参考了这些资料。德国当局在 1940 年没收了一部分共济会的记录，并为了"证实"确实存在过犹太人与共济会的共谋，把它们带回了柏林。1945 年，俄国人将这些记录从柏林带回莫斯科，并进行了分类整理，但不对研究者公开。其他共济会的记录被法国维希（Vichy）政府充公。战后，这些记录收藏在法国国家图书馆，成为我在 20 世纪 70 年代末 80 年代初的研究基础。我决定不再重复波尔多的共济会体制问题，本书内容主要集中在当时资料充分的南锡（Nancy）和图卢兹（Toulouse）地区。如果要增加波尔多部分的内容，就需要重新评价不久前得到的记录和我参考过的所有次要文献，但这种评价缺乏充足的记录支撑。事实上，即使是现在，这些记录都不完整，因为几乎没有会所持续连贯地保留会员的记录。然而，资料宝藏的重获肯定会使法国共济会的研究焕然一新。

1984年版本致谢

1976年开始本书的研究时,我脑子里的计划跟现在的不同。当时,我打算写的是法国大革命时期四个城市的地方性政治权力结构。但在研究这四个城市时,我的兴趣重点发生了转移,一部分是受到了我的朋友和加利福尼亚大学伯克利分校的同事们的影响,另一部分是受到了弗朗索瓦·傅勒、莫娜·奥祖夫(Mona Ozouf)和莫里斯·阿居隆(Maurice Agulhon)的法国历史新著作的影响。结果,最初设想的大革命政治社会史慢慢演变成了文化分析,四个城市的政治结构也只成了故事的一部分。但是,权力依旧是本书关注的中心,因为我认为权力是法国革命者最关心的问题,无论他们在巴黎、省会还是远离政治主流的农村。

几年以来,我受益于许多学术机构和个人的帮助。我的研究得到了密歇根大学研究员协会(University of Michigan Society of Fellows)和美国学术协会委员会(American Council of Learned Societies)的资助,而且最近古根海姆基金会(Guggenheim Foundation)也提供了资助。才华横溢的研究生们所做的研究协助也获得了加利福尼亚大学伯克利分校研究委员会(Committee on Research of the University of California, Berkeley)和伯克利国际问题研究所(Institute of International Studies at Berkeley)的资助。我几次前往法国,受到了许多图书馆和档案馆工作人员的热情接待,在这里要向他们表示感谢,其中有法国国家档案馆,吉伦特（Gironde）省、上加龙（Haute-Garonne）省、默尔特（Meurthe）省和索姆（Somme）省的省立档案馆，亚眠（Amiens）市、波尔多市、南锡市和图卢兹市的市立档案馆，位于巴黎的法国国家图书馆、卡纳瓦莱博物馆，波尔多市图书馆，亚眠市和图卢兹市内大学图书馆。在伦敦，我还在公共记录办公室工作过。

　　许多朋友、同事和学生都以各种方式帮助过我。共事的研究生经常给我一些最终证实颇有成效的建议。在法国，我有幸获得了莱斯莉·马丁（Leslie Martin）和利扎贝·科昂（Lizabeth Cohen）这两位朋友的帮助。前者在1976年我第一次研究结婚契约和税收记录时在地方档案局工作，后者在1980年为我提供了图卢兹的数据。两幅地图都是阿德里安娜·摩根（Adrienne Morgan）绘制的。伯克利和其他地方的同事阅读了部分书稿，我非常感谢他们的评论。在这里，我要特别感谢伦道夫·斯塔恩（Randolph Starn）、雷金纳德·泽尔尼克（Reginald Zelnik）、托马斯·拉克尔（Thomas Laqueur）、杰克·森赛尔（Jack Censser）和维多利亚·邦内尔（Victoria Bonnell），他们阅读了全部手稿，并为我的改进提出了精准的建议。乔伊斯·麦卡恩（Joyce McCann）仔细阅读了每个章节，并就如何增强可读性提出了建议。书中随处可见朋友们对我的深远影响，他们激励我更加广阔清晰地思考。最后，我要向加利福尼亚大学伯克利分校给予的广泛真挚的帮助表示感谢，因为它不仅给了我金钱和时间，还贡献了在此珍贵环境中激人奋进的同事们和学生们。

法国大革命简明纪事表

1788 年

8 月 8 日　　　　国王同意召开自 1614 年以后就没再召开过的三级会议。

9 月 21 日　　　巴黎高等法院建议三级会议延用 1614 年的相同程序。

1789 年

5 月 5 日　　　　三级会议在凡尔赛召开。

6 月 17 日　　　第三等级决定自称国民议会。

7 月 11 日　　　国王撤了受人民爱戴的大臣内克尔的职。

7 月 14 日　　　攻陷巴士底狱。

10 月 5 日—6 日　"十月事件",一群民众从巴黎长途跋涉至凡尔赛,胁迫国王一家回到首都。

1790 年

7 月 12 日　　　通过《教士公民组织法》。

7 月 14 日　　　庆祝攻陷巴士底狱一周年,举办全国联盟节。

11 月 27 日　　通过教士宣誓效忠的法令。

1791 年

6 月 20 日　　　国王企图化装外逃,在瓦伦被截。

10 月 1 日　　　新选举的国民立法议会召开。

1792 年

4 月 20 日	对奥地利宣战。
6 月 20 日	民众进攻杜伊勒里宫。
8 月 10 日	巴黎发生暴动，杜伊勒里宫被攻占，国王被停职。
9 月 2 日	凡尔登被普鲁士军队攻陷。
9 月 2 日—6 日	屠杀在押犯人的"九月屠杀"事件。
9 月 21 日	新选举的国民公会开幕，废除王政。

1793 年

1 月 14 日—17 日	就审判国王进行投票。
1 月 21 日	路易十六被处决。
2 月 1 日	对英国和荷兰共和国宣战。
3 月 10 日	成立革命法庭。
3 月 11 日	旺代叛乱开始。
5 月 4 日	通过第一个谷物限价法令。
5 月 31 日—6 月 2 日	暴动导致国民公会中的"吉伦特派"成员被捕。
7 月 27 日	罗伯斯庇尔被选入公共安全委员会。
9 月 5 日	国民公会内发生的群众示威事件促使雅各宾派将"恐怖"提上日程。
10 月 5 日	采用革命历法。
10 月 16 日	处决玛丽·安托瓦内特。

1794 年

2 月 4 日	法国殖民地的奴隶制被废除。
3 月 13 日—24 日	"埃贝尔派"成员被批捕、审判和处决。
3 月 30 日—4 月 5 日	"丹东派"成员被批捕、审判和处决。
6 月 8 日	最高主宰节。
7 月 27 日	"热月政变"——罗伯斯庇尔、圣茹斯特及其支持者被捕（7 月 28 日—29 日被处决）。

11 月 12 日	巴黎雅各宾俱乐部被关闭。
12 月 24 日	限价法令被废除。

1795 年

4 月 1 日—2 日	巴黎发生民众叛乱。
5 月 20 日—23 日	第二次民众叛乱失败。
5 月—6 月	南方的"白色恐怖",反对之前的恐怖统治支持者。
8 月 22 日	国民公会通过共和三年宪法。
10 月 5 日	右翼分子在巴黎发起反对新宪法的暴动,被镇压。
10 月 26 日	共和四年(1795 年 10 月)选举后产生督政府。

1796 年

4 月—1797 年 10 月	波拿巴在意大利之战中连捷。

1797 年

3 月—4 月	保王党在共和五年选举中获胜。
5 月 27 日	巴贝夫被处决。
9 月 4 日	"共和五年果月 18 日政变",保王党分子被清除出立法机关。

1798 年

3 月—4 月	共和六年选举,雅各宾派抬头。
5 月 11 日	"共和六年花月 22 日政变",反对议会中的雅各宾派。
5 月—1799 年 10 月	波拿巴在埃及和中东。

1799 年

11 月 9 日—10 日	波拿巴发动雾月政变(雾月 18 日—19 日)。

缩略语表

档案馆和图书馆

A.N.	Archives nationales	法国国家档案馆
A.D.	Archives départementales	省立档案馆
A.M.	Archives municipales	市立档案馆
B.N.	Bibliothèque nationale	法国国家图书馆
B.M.	Bibliothèque municipale	市立图书馆
PRO	Public Record Office(London)	公共记录办公室（伦敦）

期刊

AESC	*Annales: Economies. Sociétés. Civilisations*
	《年鉴：经济、社会与文明》
AHRF	*Annales historiques de la Révolution française*
	《法国大革命编年史》
RHMC	*Revue d'histoire moderne et contemporaine*
	《现当代史期刊》

导 论
解读法国大革命

> 我认为政治决定一切，而且，不管从什么角度看，有什么样的政府就会有什么样的人民。所以，在我看来，关于"什么是可能的最好的政府"这个大问题可以如此归纳：广义地来说，政府的性质就是要能够造就出兼有最高德行、理性和智性——总之最优秀——的人民。
>
> 让-雅克·卢梭《忏悔录》
> (Jean-Jacques Rousseau, *Les Confessions*)[1]

卢梭宣称"政治决定一切"，这句话振聋发聩却又含糊不清。在他看来，社会生活的根基是政治，而不是习俗、道德或宗教。政府的性质决定人民的品格。当卢梭提出"什么是可能的最好的政府"这个大问题时，他实际上表明政府是可以改变的，而且可能变得更好。但是这个更好的政府从何而来呢？凡夫俗子怎么可能知道什么才能塑造出"兼有最高的德行、理性和智性——总之最优秀——的人民"呢？政府又如何能比它要塑造的人民更开化呢？法国革命者必须解决这些问题。

---

[1] *Oeuvres complètes* 1 (Dijon, 1959): 404–405. 除特别注明之外，所有英文翻译皆为作者林恩·亨特所作。

他们奉卢梭为精神向导,但卢梭却在他们面临的最重要问题上显得含糊不清。法国大革命提供了一个千载难逢的机会来重新协商政府与人民之间的社会契约,可是,这个契约应该采取何种形式呢? 18世纪90年代法兰西的共同意愿是什么?可能的最好的政府(卢梭的"最广义"的政府)又是什么?

大革命显示了政治是如何决定一切的,但其方式却会让卢梭大吃一惊——如果他再多活15年的话。革命者并没有仅仅就君主制与共和制,或贵族制与民主制等有关政府的经典问题展开辩论,而是以新的、出人意料的方式采取了行动。在如火如荼的辩论和政治冲突中,"政治"这一概念被拓展,被重塑。政体结构在日益高涨的政治参与和民众大动员的影响下发生了改变:政治语言、政治仪式和政治组织都呈现出新形式、新意义。政府以卢梭所预言的但却难以想象的方式成为塑造人民的工具。议员格雷古瓦(Grégoire)在1794年1月宣告:"法兰西人民已经超越了其他所有民族;然而,我们正努力摆脱的可憎的旧政权仍然阻挡着我们接近自然;在我们差强人意的存在方式与我们可能达到的最好存在形态之间仍旧横亘着巨大的鸿沟。让我们加紧填平这鸿沟,让我们重新构建人性,给人性打上新的印记。"[2]

这种以重建和新生为目标的奋斗经历孕育了我们关于政治的大部分想法和实践。到大革命结束时,法国人民(和一般西方人)已经熟悉了一套新的政治游戏:意识形态以观念的形式出现,相互竞争的意识形态挑战了欧洲传统中有序而和谐的宇宙论;宣传成了达到政治目的的手段;雅各宾派让人领略了群众性政党的潜力;拿破仑则建立了第一个世俗警察国家,将自己置于政党之上。

---

[2] *Rapport sur l'ouverture d'un concours pour les livres élémentaires de la prmière éducation, par Grégoire* (Séance du 3 pluviôse an II).

政治不是法国人发明的，政治利益这样的概念也不是。我们至今仍不清楚，法国人是如何将巨大的情感和象征意义注入到政治中去的。他们有时对正在发生的事情只有朦朦胧胧的意识，但却一步一步地建立起了一个革命的传统，延续至今。吊诡的是，法国人中最革命的那部分人创造出诸多政治形式和含义，把各种政治游戏都玩了个遍，却是出于对政治的深切不信任。政治领袖人物从不称自己为政客；他们为"公众利益"（la chose publique）服务，而不是为狭隘的"党派意识"（esprit de parti）服务。政治和政治活动一直被等同于狭隘、刻薄、拉山头、搞派系、机会主义、自我中心和自私自利。在如此痛陈"政治人"（homo politicus）这一古代理想所遭受的种种扭曲当中，革命者跨入了现代：他们开辟了全新的国内政治前沿，收获了预料之外的果实：民主与专制、社会主义与恐怖统治、革命独裁与断头台。本书所要研究的正是革命政治的这些出人意料的发明创造。

我们现在很难体会18世纪90年代的革命政治是如何地出人意料。几乎每本历史教科书都将1789年作为近代史的分水岭，法国大革命也是西方历史中最常论及的事件之一。既然成了老生常谈，法国大革命也就失去了新奇感。回望历史，大革命显然就是历史的转折点；试想，如果没有了政党、意识形态、独裁者、群众性运动，甚至是政治的和反政治的修辞，我们的世界会是什么样子？最近在学术界，对于法国大革命的争论似乎也将大革命的发生视为当然。论争所关心的不是大革命的经验，而是大革命的因与果。大革命成了一长串历史因果关系的载体，而革命政治也只是预料之中的结局而已。法国大革命史的三个主要学派都有这个问题。

马克思主义关于大革命的阐释最近几年受到了猛烈的攻击，部分是因为它的理论化程度最高。[3] 马克思本人对法国大革命非常感兴趣。在 19 世纪 40 年代中期，他收集资料，广泛阅读，为撰写国民公会（National Convention）的历史做准备。[4] 但直接的政治兴趣和此后对资本主义更广泛的研究使他未能实现之前打算撰写国民公会历史的计划。然而在马克思的所有历史著作中，法国大革命是一块试金石；它通过打破封建主义对生产的绝对控制促进了资本主义的发展，而且使资产阶级作为一个阶级掌握了权力。这两个不可分割的因素——适合资本主义发展的法律框架的建立和资产阶级成功的阶级斗争——一直以来都是马克思主义关于法国大革命的历史叙述的重要特征。"经典法国大革命史"的晚近捍卫者阿尔贝·索布尔（Albert Soboul）就坚持认为，法国大革命标志着"资产阶级的出现、成长和最后的胜利"[5]。

根据马克思主义的解释，法国大革命本质上是资产阶级革命，因为其原因与结果都是资产阶级的。马克思主义史学家认为，法国大革命的起因是资产阶级在 18 世纪 80 年代面对贵族反对时进攻性地提出并坚持了自己的主张，结果就是资产阶级式的资本主义生产方式的胜利。[6] 而如何解读连接这个故事的各种不同的革命经验，则要视其对剧情发展的贡献而定。资产阶级为了摧毁封建贵族制度而与民众联合，

---

[3] 关于这些研究的有用评论，可参见 William Doyle, *Origins of the French Revolution* (Oxford, 1980) and Geoffrey Ellis, "Review Article: The 'Marxist Interpretation' of the French Revolution," *English Historical Review* 93 (1978): 353—376。

[4] Jean Bruhat, "La Révolution française et la formation de la pensée de Marx," *AHRF* 38 (1966): 125—170。

[5] "L'Historiographie classique de la Révolution française: Sur des controverses récentes," *Historical Reflections: Réflexions historiques* 1 (1974): 141—168，引自 p.142。重印于 *Comprendre la Révolution: Problèmes politiques de la Révolution française (1789—1797)* (Paris, 1981)。

[6] 参见 Albert Soboul, *The French Revolution, 1787—1799: From the Storming of the Bastille to Napoleon*, trans. by Alan Forrest and Colin Jones (New York, 1974)。

又为了防止恐怖制度失控而与民众决裂,还为了确保自己在财产和司法改革中所取得的利益而与拿破仑结盟。这一切似乎都不容置疑,有因才有果,也就是说,资产阶级与贵族阶级之间的阶级冲突最终导致了资产阶级的经济和社会霸权。

"修正主义"学派在几乎所有方面都向马克思主义的观点发出了挑战,但暗中却接受了马克思主义观点的基本理论假设,即社会因果关系构成了对大革命的解释。在对马克思主义正统学派最早而且牵涉面很广的一波攻击中,艾尔弗雷德·科班(Alfred Cobban)坚持认为,大革命不是由资产阶级为了发展资本主义而发动的,而是由那些渐渐命运不济的腐败官吏和专业人士发起的,结果却便宜了地主阶级。也就是说,革命经历事实上延缓了法国资本主义的发展。[7] 他认为,马克思主义的叙述,即他所谓的"社会解释",把革命年代的因与果全都搞错了。

同样,有些评论家指出,资产阶级与贵族阶级之间在大革命之前并没有有意识的阶级冲突。贵族阶级并没有妨碍资产阶级;其实,这两个阶级有着诸多共同的经济、社会和政治利益。[8] 是具有自由主义倾向的贵族发起了反对君主专制的革命,而不是失意的资产阶级。[9]

---

[7] *The Social Interpretation of the French Revolution* (Cambridge, 1964).

[8] 有关这一巨大研究领域的最新综述,可参见Doyle, *Origins*。最重要的研究成果包括George V. Taylor, "Non-Capitalist Wealth and the Origins of the French Revolution," *American Historical Review* 72 (1967): 469–496; David D. Bien, "La Réaction aristocratique avant 1789: L'Exemple de l'armée," *AESC* 29 (1974): 23–48 and 505–534; and Guy Chaussinand-Nogaret, *La Noblesse au XVIIIe siècle: De la féodalité aux lumières* (Paris, 1976)。

[9] Denis Richet, "Autour des origines idéologiques lointaines de la Révolution française: Elites et despotisme," *AESC* 24 (1969): 1–23;关于1788—1789年更加具体的讨论,可参见Elizabeth L. Eisenstein, "Who Intervened in 1788? A Commentary on *The Coming of the French Revolution*," *American Historical Review* 71 (1965): 77–103。

虽然这些修正主义学者提供了不同的解释，但他们的分析却与科班的一样，仍然跳不出社会根源与后果这种窠臼。弗朗索瓦·傅勒和科林·卢卡斯（Colin Lucas）的文章非常中肯地概述了修正主义学派的观点。[10]两人都认为，由贵族和资产阶级组成的精英群体内部存在着一种由社会流动和地位焦虑所引起的危机，而法国大革命的起因就在这种危机当中。在18世纪，人口和财富得到了增长，但是社会地位提升的渠道却没有得到相应的扩展；结果，在精英群体内部的各种社会"压力区"中，摩擦开始增多。当巴黎高等法院固执地要求新召开的三级会议必须遵循1614年制定的章程时，紧张局势终于引爆了革命，因为这个致命性的决定加速了精英内部贵族与平民之间的分裂，这种分裂虽然可以理解但并非不可避免。[11]

这种关于大革命起因的解释还隐含着这么一种观点：法国大革命的主要后果不是资本主义，而是一个更加团结的显贵精英阶层的诞生，这个精英阶层的基本自我界定就在于拥有土地。[12]一旦贵族和平民之辈认识到自己错误的想法和做法所导致的后果，他们就能重新团结起来，为建立一个以财产和提供的服务来界定身份的社会这一共同目标而奋斗。在这种修正主义的解释中，大革命变成了一个错误，所以才失去了其预定的品质。但大革命的意义却仍然取决于其对长期的社会和政治变化的影响，革命经验成了一段实验性的、纠错的经历。例如

---

[10] Furet, "Le Catéchisme de la Révolution française," *AESC* 26 (1971): 255—289, 重印于 *Penser la Révolution française* (Paris, 1978), 英文版, *Interpreting the French Revolution*, trans. by Elborg Forster (Cambridge, 1981)（中文版，参见弗朗索瓦·傅勒著，孟明译：《思考法国大革命》，生活·读书·新知三联书店，2005——译者注）; and Lucas, "Nobles, Bourgeois and the Origins of the French Revolution," *Past and Present*, no. 60 (1973): 84—126。

[11] Lucas, "Nobles, Bourgeois," 120—121.

[12] 这一融合大约到1848年才成功完成。参见 Guy Chaussinand-Nogaret, Louis Bergeron, and Robert Forster, "Les Notables du 'Grand Empire' en 1810," *AESC* 26 (1971): 1052—1075。

资产阶级就认识到，对民众的依赖可能会危及他们特别看重的法制改革，甚至会削弱他们维护法律和秩序的能力。[13]根据这种观点，大革命是法国朝着自由、精英统治的发展大趋势中一次戏剧性的短暂偏离。

在社会性解释的争论之外，还有阿历克西·德·托克维尔（Alexis de Tocqueville）和现代化学派的观点。托克维尔并不否定社会问题的重要性，但却将社会冲突置于政治框架之内。在他看来，大革命所代表的是国家力量的强化和集中，而不是资本主义的胜利。没有任何阶级在这次竞争中获胜。法国人民还是不自觉地屈从于一个威权主义政府，只不过他们之间比以前更加平等了而已。托克维尔将大革命以及18世纪社会问题的根源追溯到绝对君主制的实施。君主为了加强国家的权力摧毁了贵族的政治权利，因而使贵族在社会上的优越地位无法被其他社会群体所接受。[14]革命者以为他们挑战了君主制政府，结果却弄出了一个比绝对君权更绝对君权的国家。因此，对于托克维尔来说，大革命也不过是因果链中的一环而已，革命经历不可避免地促成了从路易十四到拿破仑的过渡。

在一项比较研究中，西达·斯考切波（Theda Skocpol）重新提出了托克维尔关于国家权力增长的主要思想。[15]她虽然赞同托克维尔的观点，认为法国大革命最重要的结果是产生了一个更加中央集权和官

---

[13] 为了增强纲要式展现的效果，在此我有些夸大修正主义观点的连贯性和统一性。关于这种观点最全面的阐述，请参见François Furet and Denis Richet, *La Révolution française*, 2 vols. (Paris, 1965)，英文版（London, 1970）。其他修正主义者对此叙述中的某些具体观点可能持异议。

[14] Tocqueville, *The Old Regime and the French Revolution*, trans. by Stuart Gilbert (New York, 1955). 关于托克维尔的文章，可参见Furet, *Penser la Révolution française*，虽然傅勒在该书导论中过度强调托克维尔和"叙事"史学家之间的区别。

[15] *States and Social Revolutions: A Comparative Analysis of France, Russia, and China* (Cambridge, 1979).

僚主义的国家，但对于法国大革命的原因却有着不同的分析。她认为，法国与后来的俄国和中国一样，政府崩溃的原因是无法应对现代国际竞争中出现的军事紧急事件。由于法国这种"农业君主制度"的结构性弱点，农民叛乱发生了。农民叛乱在革命形势下摧毁了农业社会的阶级关系。后来发生的战争（即国际竞争）就催生了一批中央集权化和官僚主义化的革命精英，正是这些人缔造了"现代国家组织"。尽管斯考切波强调社会结构的先决条件和农民起义的作用，但她与托克维尔还是很相似，因为她也把革命经验置于长期的因果之间，使法国大革命这一实实在在的事件只出现在整个计划的夹缝之中。同托克维尔的经典分析一样，在这里，法国大革命看起来只是实现国家现代化的工具。[16]

因为时下关于法国大革命的阐释都着重因果分析，所以很自然，研究的努力方向就越来越集中到法国大革命之前和之后的时间段。[17]而且，现在大部分研究都是为了要检验马克思主义关于法国大革命的阐释。为了证明在法国大革命之前确实出现了阶级分裂，研究者考察了旧制度下的军官、行政官员和精英文化机构。[18]拿破仑时期与后拿

---

[16] 在此我没有考虑小巴林顿·摩尔（Barrington Moore, Jr.），尽管他的叙述与斯考切波的有许多相似之处。重要的是，他的阐述也强调因果，尤其是现代化的结果（*Social Origins of Dictatorship and Democracy: Lord and Peasant in the Making of the Modern World* [Boston，1966]，esp. pp. 106-107）。

[17] 关于大革命的研究仍在继续，但不可否认，无论是理论还是实证研究，兴趣点都从大革命的十年转向了之前与之后的时期。而且，大部分有关大革命十年的研究都没能对大革命史学史的论争产生很大影响。近来关于大革命十年的最重要研究领域是印刷史、对各种形式的文化革命（教育、节庆、去基督教化）的分析和地方性研究。

[18] 最重要的成果参见Bien, "La Réaction aristocratique"。关于文化方面的成果，参见Daniel Roche, *Le Siècle des lumières en province: Académies et académiciens provinciaux, 1680-1789*, 2 vols. (Paris, 1978); and Jean Quéniart, *Culture et société urbaines dans la France de l'Ouest au XVIIIe siècle* (Paris, 1978)。近来关于法国大革命思想起源方面的研究出现了注重（转下页）

破仑时期的精英也被研究过，因为他们的社会特征会影响法国大革命的结果分析。[19] 尽管修正主义学派做了这些方面的详细研究，但却没能迫使马克思主义史学家放弃他们的立场。马克思主义者只回应说，应该在其他地方以其他方式来探寻阶级和资本主义的实际情况。[20]

马克思主义和修正主义史学家都研究过革命者及其活动，但是这些研究并没有改变他们的因果解释体系。在修正主义学者看来，革命冲突没有什么社会重要性可言，要有的话也是关于富人与穷人、城镇与乡村、巴黎与外省等一些宽泛而模糊的概念。[21] 因为马克思主义叙述中的一些特定内容受到了越来越多的攻击，所以马克思主义史学家退回到更加结构化的观点：只要能在大革命之前或之后的时间段里找到因与果，并以此证明阶级斗争的重要性和资本主义的发展，那么谁发动大革命，或者谁在特定时期掌权，又会有什么不同呢？[22]

相反，托克维尔学派几乎没有激发任何实证研究。虽然它在强调因果方面与马克思主义和修正主义学派相似，但由于这些因果跨越的时间太长，范围太广，很难以实证研究去做检验。例如，托克维尔本人并没有将国家权力的发展与任何特定的社会群体联系在一起；"民

（接上页）探究社会氛围的倾向。综述可参见 Keith Michael Baker, "On the Problem of the Ideological Origins of the French Revolution," in Dominick LaCapra and Steven L. Kaplan, eds., *Modern European Intellectual History: Reappraisals and New Perspectives* (Ithaca, N.Y., 1982), pp. 197—219。

[19] Chaussinand-Nogaret, Bergeron, and Forster, "Les Notables du 'Grand Empire'"; Louis Bergeron and Guy Chaussinand-Nogaret, *Les "Masses de granit": Cent mille notables du Premier Empire* (Paris, 1979); and Thomas D. Beck, *French Legislators, 1800—1834: A Study in Quantitative History* (Berkeley, 1974)。

[20] Claude Mazauric, "Quelques voies nouvelles pour l'histoire politique de la Révolution française," *AHRF* 47 (1975): 134—173。

[21] 科班在 *The Social Interpretation* 中提出要强调这些其他类的社会区分形式的重要性。

[22] Mazauric, "Quelques voies nouvelles."

主"与"平等"是具有渗透性的结构趋势,尽管它们可能如"巨大扫帚"般横扫一切,但似乎是没有人掌控的"扫帚"。结果是,在托克维尔的阐述中,革命行动者的身份和意图与大革命的进程几乎毫不相干,"他们对此一无所知","(革命的实际进程)与他们的意图相去何止十万八千里";法国大革命这一"注定的过程"与革命者自以为正在取得的成果完全是两码事。[23]

  这三种阐述立场都程序化地漠视革命的意图。托克维尔和受其影响的评论家都认为,革命者是谁,革命者有什么想法,这些都没有意义,因为革命者是在不自觉的状态下被卷入绝对权力的梦想之中的,是绝对权力的梦想最终形塑了法国大革命的整个过程。虽然马克思主义者和修正主义者似乎也承认社会身份的重要性,但结果还是与托克维尔一样,都怀疑革命的意图和目的——尽管他们的分析有所不同。革命者的社会身份既不符合马克思主义的叙述,也不符合修正主义的叙述(革命者既不是资本家,也不是1791年之后的自由贵族或精英平民),所以这两种叙述最后都认为,谁是革命者和革命者如何思考他们正在进行的行动,这些都不重要。根据马克思主义学派的阐释,革命者虽然曾经敌视过资本,但到底还是促进了资本主义的胜利。而修正主义学派却分析说,革命者错将革命进程拽出了它原本的自由主义、由显贵统治的轨道。由此可见,革命最终的结果并不是革命者所期盼的,因此革命者的意图并不重要。这样,对起因与结果的关注使革命经历本身显得无关紧要了。

  结果,政治形式和政治意义上的革命创新往往看起来不是注定的就是偶发的。根据马克思主义的叙述,自由立宪制、民主制、恐怖统治和专制统治都是陪衬,重点还是要加强资产阶级霸权。托克维尔分

---

[23] *The Old Regime and the French Revolution*,引自 pp. vii, 3。

析说，它们都是为加强中央集权服务的。修正主义的叙述在这方面不怎么一致，因为修正主义者参考的原始文本不尽相同，这一点不同于马克思或托克维尔的著作。例如，在理查德·科布（Richard Cobb）的著作中，革命政治表达的是少数战斗派的愤恨与失望，背后并没有令人信服的历史逻辑。比如，人民之所以成为"恐怖分子"，只是因为他们对邻居怀有敌意。[24] 马克思主义和托克维尔的阐释认为，革命政治是由从因到果的必然过程所决定的；修正主义叙述则认为，政治无法形成因果关系，所以似乎是偶然发生的。但是从以上所有叙述可推导出同样的结论，那就是政治失去了作为研究对象的意义。

本书意在恢复革命的政治，但绝对不是一部政治史。我没有重复革命事件的叙事，而是尽力挖掘政治行为的规则。历史学家并不是简单地将法国大革命中个体行动者所自称的意愿相加，就能理解他们对自己所作所为的看法。如果革命经历中存在任何统一性或一致性的话，那么它应该来自相同的价值观和共有的行为期待。这些价值观和期待正是我的研究所聚焦的主要问题。表达并塑造了集体意图和行动的价值观、期待和隐性规则，正是我所说的法国大革命的政治文化；这种政治文化提供了革命政治行为的逻辑。

现在也有学者强调法国大革命时期的"政治"，其中大部分都是从一种反马克思主义的观点出发的。乔治·V. 泰勒（George V. Taylor）在其颇具影响的文章《非资本主义财富和法国大革命的起因》（"Non-Capitalist Wealth and the Origins of the French Revolution"）中得出的结论是："实质上这是有着社会结果的政治革命，而不是有着政治结果的

---

[24] R. C. Cobb, *The Police and the People: French Popular Protest, 1789—1820* (Oxford, 1970). 例如，"无套裤汉在当时并不是一种社会或经济存在，只是一种政治意外"(p. 120)。

社会革命。"[25] 傅勒也区分了社会与政治，并将其发展成为对恐怖统治的一种解释，他认为恐怖统治是基于"与政治相关的社会自由"[26]。恐怖统治是对社会与政治正常关系的革命性曲解所造成的逻辑结果；政治不再是表现社会利益争斗的竞技场，而成了重塑社会的恐怖工具。这两位评论者都质疑了马克思主义有关政治与社会之关系的假设，认为革命政治并不取决于社会结构的前提条件；相反，政治塑造社会，至少在某些时刻如此。

傅勒的著作《思考法国大革命》成功地使我们注意到了"政治"的重要性。他极力削弱马克思主义的"基本精神"，坚持认为有必要广义地看待政治，政治不仅仅是政策、决策和组织，还是世上新的行动模式的源泉。但是，他自己关于革命政治的讨论却太抽象。虽然他看到大革命的政治创新被用来重塑社会，是革命性的，但却没能更多关注这是如何发生的，以及哪些人参与了这些努力。结果，虽然他令人钦佩地成功反驳了政治源于社会结构这一机械推论，但却让革命政治看似脱离了所有情境。新政治文化只凭借自身内部的民主逻辑运作。[27]

我们在分析政治与社会的关系时碰到了困难，多是由于现今在社会分析方面充斥着一些陈词滥调。一说到"政治"，脑子里就出现了结构的隐喻，尤其是关于空间等级关系的隐喻，如层面、层次、基石和基础。不管赞不赞成马克思主义理论，政治似乎很自然地就建立在社会基础或下层基础之上。大家都认为，社会网络、社会群体、社会阶级或社会结构赋予了政治可持续性模式，以及衍变的可能性。结果，不管是普遍的争论还是法国大革命这一特定专题的争论，大部分关注的都是业已存在的社会基础与在此基础之上发展起来的具体政治布局

---

[25] *The Police and the People: French Popular Protest, 1789—1820*, p. 491.

[26] *Penser la Révolution française*, p. 41.

[27] 参见我在 *History and Theory* 20（1981）: 313—323 中的评论。

之间的关系。政治特征要通过参考社会来阐释，政治布局上的变化要追溯到之前的社会关系变化。几乎所有讨论都得自这一假设，即政治的基本特征只能通过其与社会基础的关系才能得到解释。尽管有些研究者极力回避这种思维方式，但最终还是无可奈何地进一步证实了它。所以，傅勒认为革命政府在一定程度上是病态的，就是因为其政治没有以一种正常的或预料中的方式来表现社会利益。由此可见，当政治优先时，整个形势在界定上就是不正常的。

在本书的分析中，我竭力避免层面的隐喻。法国大革命的政治文化不能从社会结构、社会冲突或革命者的社会身份中得出。政治实践也不仅仅是"潜在的"（underlying）经济和社会利益的表达。革命者通过语言、意象和日常的政治活动，致力于重新构建社会和社会关系。他们有意识地寻求与法兰西的过去决裂，为新型的民族共同体奠定基石。在此过程中，他们创造了新的社会关系与政治关系，以及新的社会群体和政治群体。政治和社会斗争的经历迫使他们以新的方式去看待世界。

革命者试图与过去决裂，最重要的结果之一就是意识形态的创造发明。革命者及其敌人犹犹豫豫又极不情愿地意识到，政治与社会的关系问题重重。传统已失去了既成性，法国人民开始实践卢梭所坚信的理念，认为社会与政治的关系（社会契约）是可以修改的。但是，关于修订的性质，人们的分歧却日益明显，不同的意识形态也就被发明出来以解释这种发展状况。社会主义、保守主义、威权主义和民主共和主义等，都是回答卢梭提出的理论问题的实践答案。所以说，革命政治激活了——而不是表达了——意识形态。在革命进程中，法国人民重新铸造了社会思想和政治行为的范畴。

然而，这不是说法国大革命仅仅是思想上的革命，或者政治一定先于社会而不可能相反。政治上的革命应该是想法与现实、意图与环境、集体实践与社会情境之间的激烈互动。即使革命者的社会身份不能解释革命政治,但也不能将其置之不理,毕竟法国大革命是由人缔造的,而且一些人相对于另一些人来说对革命政治更感兴趣。关于社会与政治的关系,有一个更好的隐喻,那就是"结"或"莫比乌斯带",因为正如莫比乌斯带的两个面,社会与政治之间也是错综交织,根本没有永久不变的"上""下"之分。革命政治吸引了一些个人和群体,而他们反过来也塑造了革命政治的运用。与革命政治的关系塑造了新的政治阶级(广义的阶级),而新的政治阶级也塑造了革命政治。

因此,为了重新构建革命行动和创新的逻辑,我们不仅要探究革命政治,还要考察革命政治的实践者。我的观点是,两者之间关系密切,但并不是谁决定谁的关系。革命的政治文化由诸如语言、意象和体态(gesture)等象征实践组成,相比于别的地方、别的群体,这些象征实践可能会在某些地方受到某些群体的更热烈欢迎。但无论如何,这些象征实践——修辞的使用、象征物和仪式的传播——在很多方面还是促使了新政治阶级的产生。例如,关于国家新生的议论和联盟节(Festival of Federation)活动都促使新兴的政治精英更统一、更具备目的性。另一方面,对新的象征实践的不同接纳态度,也影响了革命政治的运转方式,甚至会影响革命政治的成与败。虽然普世主义的修辞不能吸引每个人,但还是吸引了足够多的人,产生了深远的影响。

为了便于分析,我在书中将政治与政治的实践者分开讨论。第一部分的三章分析通过象征手法来表现政治行为的逻辑,比如人们如何交谈,如何将法国大革命和作为革命者的自己置于意象和体态当中。第二部分探讨革命经历的社会情境,尤其是革命经历的差异性,思考大革命时期法国的地理和社会分界线,以及革命政治文化在何处受到最好的接纳等问题。两个部分的重点都是新政治文化的创造,也就是"大革命"成为一种连贯性经验的方式。虽然不乏学术著作论述过法国大革命对不同的人具有不同的意义[28]，但我尽力展现的却是大革命如何形成了一定的统一性，甚至在其多样化中仍旧存在统一性。这种统一性和连贯性的渊源有几种，本书将其置于象征性和社会性这两大类别下进行讨论。象征性类别下包括关键词和原则的不断重复，将政治作为一种活动的共同态度，以及对自由树和共和国的女性再现等相同象征物的使用。社会性类别下则包括在不同地方出现了相同类型的领袖人物，以及革命行动的前沿分布在相同类型的地方。

虽然本书的主题是政治，但很少论及具体的政策、政客、党派纷争、正规机构或组织。本书强调的是政治文化中的隐蔽模式，正是这些模式才使不同的政策、新政客、新冲突和新组织的出现成为可能。本书的焦点不是诸如谷物限价、罗伯斯庇尔或雅各宾俱乐部之类，而是革命语言的普遍原则、革命象征物的运作，以及对仪式和体态的普遍关注。采取富有政治意义的象征性行动会使具体的政策、个人和组织产生比在非革命时期更强大的冲击力。

本书采用的这种研究方法主要仰赖三位法国历史学家的著作，他们是研究革命政治文化（虽然他们自己并不一定使用此术语）的先驱。首先是傅勒，他在恢复历史学讨论方面做的工作最多，并为历史研究指明了新的方向。在更具体的方面，阿居隆则指出了塑像和印章上的共和国意象如何影响法国人的政治观念。[29]同样，奥祖夫也展现了革命节庆如何被用来塑造新的民族共识。[30]阿居隆与奥祖夫的研究都表

---

[28] 对于特殊性的强调在那些受科布和科班启发的著作中尤其突出，例如Martyn Lyons, *Revolution in Toulouse: An Essay on Provincial Terrorism* (Berne, 1978) and Gwynne Lewis, *The Second Vendée: The Continuity of Counterrevolution in the Department of the Gard, 1789—1815* (Oxford, 1978)。

[29] *Marianne au combat: L'Imagerie et la symbolique républicaines de 1789 à 1880* (Paris, 1979)，英文版 (Cambridge, 1981)。

[30] *La Fête révolutionnaire, 1789—1799* (Paris, 1976)。

明，文化展现是革命政治的一部分。奥祖夫尤其指出，革命仪式存在逻辑。历史学家再也不能认为政治与文化截然无关了。

　　法国大革命的主要成就在于构建了一种全新的政治文化。法国大革命让时人感到震惊，并不是因为它为资本主义发展或政治现代化打下了什么基础。英国人找到了更多促进资本主义发展的有效途径，普鲁士人则证实了一个国家可以没有民主，没有革命，但同样可以实现政治现代化。法国大革命对经济增长或政治稳定几乎没什么贡献。然而，它确实开发了民主共和主义在民众动员方面的潜力，并营造了革命变迁中催人奋进的紧张气氛。民族复兴的语言、平等博爱的姿态、共和主义的仪式都不会被很快遗忘。民主、恐怖、雅各宾主义和警察国家在政治生活中也一再出现。

　　新政治文化的起源在1789年前的几年或数十年中都不十分明显，其结局乍一看也并不激动人心，因为拿破仑及之后的波旁王朝都费尽心机地清除这种文化的残余，并在很多方面确实颇有成效。然而，革命的新传统，连同其价值观和期待却并未消失。甚至在法国之外，革命传统仍旧暗暗地保持着旺盛的生命力，其精灵在拥护保守主义这种新意识形态之人的恐惧和书写中依然生生不息。即使在为了遏制它而新成立的警察权力机构中，革命的记忆也仍在延续。一旦革命者将卢梭的信仰——政府能够塑造新的民族——付诸实践，西方世界就再也不一样了。

第一部分

权力的诗学

第1章
革命的修辞学

"言词,犹如具体事物,都是残酷可怕的。"
(Les mots, commes les choses, ont été des monstruosités.)

罗伯斯庇尔失势后,著名文学评论家和作家让-弗朗索瓦·拉阿尔普(Jean-François La Harpe)发表了一部长评,题为《革命语言的狂乱》(Du Fanatisme dans la langue révolutionnaire)。[1]他认为法国大革命的荒谬始于《教士公民组织法》(Civil Constitution of the Clergy)的颁布,"可恶的革命精神"中的狂乱情绪则归咎于哲学思想(philosophie)的肆虐。这一观点本身并不令人意外,但他坚信语言是法国大革命偏离正道的关键,这一点颇具启示性。事实上,拉阿尔普本人并没有对语言本身做较多分析,因为他感兴趣的是谴责语言所造成的后果,而不是研究其原因或功能。然而,这部讽刺作品的确意义重大,因为它表明革命者本身在大革命时期已经意识到了语言的重要性。

1786年之后,法国的动荡局势已经滋生了大量言词(words),出版物、会谈和政治会议都在增多。18世纪80年代的巴黎有几十种期

---

[1] *Du Fanatisme dans la langue révolutionnaire ou de la persécution suscitée par les Barbares du dix-huitième Siècle, contre la Religion Chrétienne et ses Ministres*, 3rd ed. (Paris, 1797), p. 14.

刊（这些期刊几乎没有任何我们如今称之为新闻的内容），1789 年 7 月 14 日到 1792 年 8 月 10 日之间又有 500 余种期刊出版。[2] 剧院的情况也相似：大革命之前每年大约只推出几部新剧，而 1789—1799 年间却出现了至少 1 500 部新剧，其中不少是关于时事的，而且，单是 1792—1794 年间就上演了 750 余部戏剧。[3] 各种层次的政治俱乐部数量激增，选举会议在大革命早期令人头晕目眩的那几年里似乎一直在召开。另外，全国各地还组织了无数次纪念性或庆祝性的节庆活动。[4] 总之，处处有言谈，言谈成了日常生活的主要内容。

言词似潮水般大量涌现，但更重要的还是其独特性和神奇性。大革命一开始，言词就被赋予了丰富的情感。到 1789 年的秋天，"您是国民吗？"（Etes-vous de la Nation?）已经成了国民自卫军（National Guard）巡逻队的口令。[5] 随着国王在社会中的神位日渐衰落，政治语言的情感意义就愈益浓重，甚至到了生死攸关的程度。与旧制度有关的言词，以及与王权、贵族或特权有染的名称都成了禁忌。旧制度的检察官（procureurs）和律师（avocats）成了简单的"法律人"（hommes de

---

[2] Claude Bellanger et al., *Histoire générale de la presse française*. 1: *Des origines à 1814*（Paris, 1969），p. 434.

[3] 有关恐怖时期剧院的启示性分析，可参见 Beatrice F. Hyslop, "The Theater during a Crisis: The Parisian Theater during the Reign of the Terror," *Journal of Modern History* 17（1945）: 332—355。埃米特·肯尼迪（Emmet Kennedy）致力于修正希斯洛普（Hyslop）有关此问题的许多观点。还有一种现象能够衡量言词，尤其是政治言词的增长，那就是 1789—1794 年间新政治歌曲数量的稳定增加：1789 年有 116 首，1790 年有 261 首，1791 年有 308 首，1792 年有 325 首，1793 年有 590 首，1794 年达到 701 首。后来，新政治歌曲从 1795 年的 137 首急剧下降到 1800 年的 25 首（Robert Brécy, "La Chanson révolutionnaire de 1789 à 1799," *AHRF* 53 [1981]: 279—303）。

[4] Mona Ozouf, *La Fête révolutionnaire, 1789—1799*（Paris, 1976）.

[5] 最初的出发点是 Ferdinand Brunot, *Histoire de la langue française des origines à 1900* 9（La Révolution et l'Empire, in two parts）（Paris, 1937）.

loi）才能继续他们的法律生涯。"贡献"（*contributions*）取代了"义务"（*impôts*），因为"贡献"听起来更加积极主动。与旧制度价值观相关的名字也被新的革命性名字（往往是希腊式或罗马式的名字）取代。人们用古典英雄的名字命名新生儿，以地理方位命名的省（department）则取代了历史上的行省（province），发生叛乱的城镇被攻占后也被重新命名。1793年，对名称的关注达到了登峰造极的程度，来自巴黎某区的代表团向国民公会提议，要求以"共和国必需的所有美德"系统地重新命名街道和公众广场，给国民上一堂"无声的道德伦理课"。[6]

一些关键言词成了实施革命魔法的工具。"民族"（nation）可能是最普遍的神圣言词，还有"政党""宪法""法律"，以及其他一些更具体的言词，例如"激进派""复兴""美德"和"警戒"。这些言词不管是在特定场合才使用，还是不久以后就成了大众熟知的公式化表述，都与革命共同体有着紧密联系。革命者为了寻求王权魅力的替代品，非常重视言词在仪式中的使用。最首要的仪式言词就是革命誓言，也就是拉阿尔普曾经嘲笑过的"对誓言无可救药的躁狂症"[7]。正如让·斯塔罗宾斯基（Jean Starobinski）所说，对革命宣誓效忠成了重要的仪式，因为它强调了国民主权与国王威权之间的区别。国王在祝圣仪式上从超然的上帝那里获得了"超自然的权力标志"；与之相反，革命誓言却在共同体内部创造了国民主权。[8]

本章对革命语言的阐释并没有与导论中提到的三种学派完全重叠。在语言方面，马克思主义学派和托克维尔学派都有自己的主张，修正主义学派还没有形成任何观点。马克思主义学派是直到近年才对革命语言产生兴趣，而修正主义学派即使表现出对语言的某种兴趣，目前

---

[6] 转引自 Bronislaw Baczko, *Lumières de l'Utopie* (Paris, 1978), pp. 366–367。

[7] *Du Fanatisme*, p. 71.

[8] *1789: Les Emblêmes de la Raison* (Paris, 1979), pp. 66–67.

也只是沿用了托克维尔的一些基本观点。第三种对革命语言的阐释则是涂尔干（Durkheim）式的阐释。这种分析强调革命语言的文化功能，尤其是其综合功能。三种观点的预设相同，就是认为语言的"真正"含义被隐藏了，分析语言的任务就是要揭开语言的面具。

根据马克思主义的分析，政治语言是意识形态的表述。根据这种观点，革命的修辞掩盖了资产阶级真正的社会利益，尤其是阶级目的。马克思本人特别强调法国革命者的错误意识："（资产阶级社会中的）角斗士在古典质朴的罗马共和制传统中寻找理想和艺术形式，以及他们所需要的自我欺骗，以此掩盖资产阶级在斗争内容上的缺陷。"[9] 尼克斯·普兰查斯（Nicos Poulantzas）也坚持这种基本观点，认为雅各宾派意识形态的"资产阶级政治性被掩盖了，因为它采用的是伦理道德的语言，而不是政治的语言"[10]。与之相似，雅克·吉约穆（Jacques Guilhaumou）也认为，迪歇纳老爹（Père Duchesne）的激进修辞在"希望成为无套裤汉"的背后其实掩盖了一种资产阶级的民主观念。[11] 所有这些观点都认为，资产阶级话语做好了伪装，企图掩盖其作为实现资产阶级政治和社会霸权的意识形态工具的真实身份。

近年，一些马克思主义史学家开始摆脱这种关于语言的简约化观点。吉约穆就写道，不能简单地认为雅各宾派话语就是为了要掩盖或神秘化。尽管他与雷吉娜·罗班（Régine Robin）都认为语言不仅仅是社会现实的镜像或促其再生产的机制，但他们采用的仍然是一种相

---

[9] *The Eighteenth Brumaire of Louis Bonaparte* (New York, 1963), p. 16.

[10] *Pouvoir politique et classes sociales*, 2 vols. (Paris, 1971) 1: 191.

[11] "L'Idéologie du Père Duchesne: Les Forces adjuvantes (14 juillet–6 septembre 1793)," *Le Mouvement social*, no. 85 (1973): 115. 与其说"迪歇纳老爹"是革命报刊名，倒不如说是供膜拜的嘉年华式大众形象。所有报纸中最有影响力、持续时间最长的就是激进派埃贝尔（Hébert）的《迪歇纳老爹报》。背景知识可参见 F. Braesch, ed., *Le Père Duchesne d'Hébert*. 1: *Les Origines–La Constituante* (Paris, 1938).

对僵化的分析架构。他们将话语置于一种特定的"变局"(conjuncture of circumstances)之中。他们所界定的"变局"就是"特定时刻社会形成过程中各种矛盾的联合体,在政治层面上由多种因素决定的联合体"[12]。虽然这种观点丰富了马克思主义关于革命语言的分析,但还是基于下层基础与上层建筑的隐喻,认为社会形成是政治与语言的下层基础,语言只是表达了下层的社会矛盾。只有参考"语言之外"的层面,才能对政治话语进行合理的分析。[13]

托克维尔学派不认为语言是阶级冲突的意识形态工具,但也强调了自我欺骗的成分。托克维尔认为,革命者"愚蠢地希望,在理性而且只在理性的协助下,古老错综的社会体系可以不费吹灰之力就实现遽然的激进转型"。他们"偏好广泛的普遍性、设定后就不容更改的立法制度和学究式的对称美",这使他们无法看清,其实他们正在复制自己所憎厌的旧制度的绝对权力。[14]在《思考法国大革命》中,傅勒复原了托克维尔的学说,并对其进行了符号学方面的扭转。他认为,语言不仅掩盖了政治延续性的真相,还替代了政治竞争的现实:"演说成了一种权力",因此,"掌握了符号的把戏就是绝对的政治大师"。[15]社会与政治间的正常关系已被打乱,政治成了一种争夺为国民说话的权利而进行的角逐。语言成了一种权力的体现,而权力就是通过为人民说话的权利而得到体现的。大革命期间,语言的这种重要性恰恰反映出

---

[12] 参见二人合著的导论,"Sur la Révolution française," *Bulletin du Centre d'Analyse du Discours de l'Université de Lille III* (Villeneuve d'Ascq, 1975), pp. 1–14。

[13] Régine Robin, *Histoire et linguistique* (Paris, 1973), p. 22.

[14] Alexis de Tocqueville, *The Old Regime and the French Revolution*, trans. by Stuart Gilbert (New York, 1955), pp. 146, 147. 对托克维尔语言的分析,可参见 Linda Orr, "Tocqueville et l'histoire incompréhensible: *L'Ancien Régime et la Révolution*," *Poétique* 49 (1982): 51–70.

[15] Furet, *Penser la Révolution française* (Paris, 1978), pp. 71–72. 在 *History and Theory* 20 (1981): 313–323 中,我已经较为详细地讨论了傅勒的符号学阐释。

当时的法国社会已经偏离了正常轨道。

奥祖夫在分析革命节庆时提出了另一种颇有说服力的观点。她没有揭示这些节庆的社会内容或政治欺骗，而是按涂尔干的方式考察了节庆仪式的功效。涂尔干本人使用了阿尔贝·马迪厄（Albert Mathiez）关于革命祭仪的著作，而且多次引用法国大革命中的例子来论证自己关于宗教的一些观点。[16] 奥祖夫认为，那些明显相互矛盾的节庆深刻揭示了"相同的概念化行为"和"相同的群体需要"。这些节庆实现了神圣中心朝新型革命共同体的转移。"法国大革命关于自身的话语"通过节庆的制度化，展现出一种在新共识的基础上组建新民族的努力。[17] 与仪式相关的语言以及被仪式化了的语言都是为国家统一服务，表达了对社会团结的渴望。[18]

对语言的历史分析尤其容易采用层次或层面的隐喻，毕竟语言通常被用来表达某种比言词本身更"真实"的其他事物。对革命语言的解读通常都遵循着以前的一些假设，诸如语言是社会冲突的工具（马克思主义的观点），是政治自欺的载体（托克维尔的观点），或文化统一的媒介（涂尔干的观点）。每种观点都各有长处，彼此之间未必不能达

---

[16] 例如，"这种尊自身为神或造神的社会倾向在法国大革命的最初几年里表现最为明显"（Emile Durkheim, *The Elementary Forms of Religious Life*, trans. by Joseph Ward Swain [New York, 1915], pp. 244—245）。

[17] *La Fête révolutionnaire*, pp. 35, 339; and Ozouf, "De Thermidor à Brumaire: Le Discours de la Révolution sur elle-même," *Revue historique* 243（1970）: 31—66.

[18] 功能主义分析强调演说者与听众之间的互动，参见 Hans Ulrich Gumbrecht, *Funktionen parlamentarischer Rhetorik in der Französischen Revolution*（Munich, 1978）。贡布雷希特（Gumbrecht）运用"接受理论"（reception theory）来分析以下三个修辞方面的例子：米拉波（Mirabeau）于 1789 年 7 月 16 日对国王的演讲，审判国王时对集体身份认同的开发，以及颂扬马拉（Marat）的悼词中对制度化全民一致性的捍卫。他的著作精确例证了文学批评方法的运用。对革命音乐的功能主义分析，可参见 Adelheid Coy, *Die Musik der Französischen Revolution: Funktionsbestimmung von Lied und Hymne*（Munich, 1978）。

成和解。但这里我要提出一种不同的看法：革命者自己的修辞学。我不提倡纵向地层层剖析以求得到革命语言的"真正"含义，而是提议横向地看待语言，即通过其内部模式及其与政治文化其他方面的联系来分析语言。我不想在言词之下或之外去探寻政治话语的含义，而希望首先阐明其修辞语境。

革命语言不是简单地去反映革命变化和冲突的现实，而是将自身转化成一种政治和社会变革的工具。因此，政治语言不仅表达了由下层社会利益和政治利益所决定的意识形态立场，而且有助于形成对利益的感知，从而影响意识形态的发展。换句话说，革命的政治话语是修辞的，是劝服的工具，是重新构建社会世界和政治世界的方式。拉阿尔普认识到了革命语言的修辞力量，宣称要通过"考察革命语言这一首要的、最令人惊异的工具"来描绘法国大革命。他意图"说明，这种语言如何形成、如何被合法神圣化都是非常奇特的，是世上闻所未闻的丑闻，绝对令人费解，只能将其解释为神的报复"[19]。

"神的报复"不再是历史学解释的标准说法了。为了便于理解政治修辞如何成为"闻所未闻的丑闻"和法国大革命的"首要工具"，我建议将革命的修辞看作文学批评的文本。当然，文学批评也不是只有一种方式；文学批评家同历史学家一样，可以根据各自采用的方法分成不同的种类，诸如新批评家（new critics）、结构主义者（structuralists）、后结构主义者（post-structuralists）、接受理论家（reception theorists）等，他们几乎在每一点上都存在分歧。[20] 然而，文学理论内部的论战还是

---

[19] *Du Fanatisme*, pp. 13—14.

[20] 可以先参考 Kenneth Burke, *A Rhetoric of Motives* (Berkeley, 1996)。可以为历史学提供借鉴的批评文章有 W. J. T. Mitchell, *On Narrative* (Chicago, 1981) 及 Susan R. Suleiman and Inge Crosman, *The Reader in the Text: Essays on Audience and Interpretation* (Princeton, 1980)。后结构主义立场的评论可参见 Josué V. Harari, *Textual Strategies: Perspectives in Post-Structuralist Criticism* (Ithaca, N.Y., 1979)。

为历史学家开辟了许多可能性。例如，如果我们认为革命政客的各种言论是在构建一个文本，那么，有关文本本质的争论与解读文本的方法就直接相关了。

实质上，革命修辞提出了许多在当今文学批评中也常见的问题。与当今存在关于文学解释标准的争论一样，18世纪90年代也出现过关于政治解释标准的论战。现在的文学批评家关注作者（authorship）、读者、情节结构和叙述功能；在法国大革命期间，政治演说者同样关注威权（authority）、听众和对革命历史的正确解读。当第三等级的代表决定为自己，以及其他所有愿意加入的人组建"国民议会"（National Assembly）时，他们其实正在挑战君主制的传统基石，提出了威权归属的问题。议员们宣称主权归民，但在之后的几年，谁才能为国民说话这一问题在法国一直没得到解决。[21]

也就是说，威权——革命文本的作者——一直都不确定。国王作为传统的、神圣的社会中心，魅力一直在消退，但又没有任何个人、机构或文件能成功取代他的位置。哪里才是复兴民族的神圣中心？拿破仑掌权之前还没有出现过任何极富个人魅力的领导者；法国没有乔治·华盛顿，虽然也有许多希望承担这一角色的候选人，但新国家却不承认什么国父。法国大革命没有父系根源，也没有清晰的谱系，那么多宪法和国民议会中也没有任何一个能获得代表国民的稳固地位。由于政治威权的持续更替，言词，即为民而言的本事，就展现出了实实在在的魅力。正如拉阿尔普所说，革命语言是"狂热的"，因为它被赋予了神圣的威权。

革命"文本"很神圣，但处于不断变化之中。根本没有什么革命圣经可以确认并批准革命实践。法国的革命修辞必须为自己注解：衡

---

[21] Furet, *Penser la Révolution française*, esp. pp. 70—76 中强调了为国民而言的重要性。

量政治和政治话语实践的原则或教义就根植于实践之中。然而，新修辞不是一蹴而就的，其原则也不会一成不变。更复杂的是，虽然这些新修辞原则自称创新，或者恰恰因为其创新，大部分都没有经过检验。1789年之后，革命者时不时地刷新修辞，但只在政治斗争激烈时才阐明其原则。

法国人民正在创建一个新民族的信念，让革命修辞得以实现文本统一。民族和法国大革命经常被引作参考，但它们是要彻底抛开历史的，正如一个地方革命者所说：

> 革命从来不可能部分成功，如果不能完全胜利，就会中途流产。有历史记载的革命和当代我们曾经尝试过的革命之所以失败，就是因为人们希望新法律能与旧风俗一致，想让旧时代的人来治理新机构……**革命**意味着抛开所有的形式和规则；意味着肯定革命、巩固革命，扫除所有阻挡进步的障碍物。[22]

要与民族的过去彻底决裂的强烈愿望，使法国大革命与之前的革命运动截然不同。美国激进派的新共同体其实就是当时既存的传统：美国人一直生活在一个"新世界"里，远离他们所谓的腐化的英国政治。英国激进派所指的则是过去他们撒克逊民族的、在宗教上持异见的、更纯粹的共同体。法国的革命修辞与这些都不同：法国人民没有因宗教异见而促成的民众共识（popular literacy）的悠久传统，也没有公认的

---

[22] A.N. F^lc III Meurthe 15, Correspondance et divers, 1789–an V, 引自"Discours prononcé à l'ouverture des séances du Comité des Sans-Culottes, par Marat-Mauger, président de ce Comité, et commissaire du Conseil éxécutif près le département de la Meurthe," 4 pp.（无日期，但从内容及上下文判断，显然是1793年夏末）。请注意，莫热（Mauger）将名字改为马拉-莫热（Marat-Mauger），是为了表达对不久前被暗杀的激进派报人-议员马拉的拥戴。另可参考本书第6章，其中讨论了莫热等人在地方上的作用。

"生而自由"的法国人应该享有的自由权利来支撑并激活革命修辞。[23] 相反，法国人民注意到的只是我所谓的"神话般的现时"（mythic present），也就是创建新共同体的瞬间和达成新共识的神圣片刻。在许多革命节庆上，人们通过在自由树下或在民众面前宣誓效忠来纪念并重现缔结社会契约的时刻；仪式上的言词复活了神话般的现时，一遍又一遍。[24]

神话般的现时的具体时间难以确定，结果法国大革命自身的历史也就不断变化。革命节庆的不断变化证实了这种暂时的不确定性，不同的政体和派系都是通过选择不同的庆祝日期来表达他们对革命历史逻辑的不同解释。[25] 攻占巴士底狱日（7月14日）一直以来最有可能被确定为新共同体的成立日，因为它最早发生。但随着革命的深入，其他日子也被赋予了同等甚至有时更重要的意义，比如8月10日（1792年）推翻君主制日、1月21日（1793年）处死国王日和热月9日（共和二年）罗伯斯庇尔倒台日。然而，尽管节庆有很多不同，但目的却一样，就是要重现新共识达成的时刻。节庆提醒着所有参与者，他们才是所处革命时代的神话英雄。

虽然革命语言的表述饱含着宗教热诚，但在内容上却非常世俗。当革命者与教会的分歧越来越明显时，他们就迅速剔除了肯定基督教的言词。其实，拒绝参考基督教或天主教教义也是宣告革命要与法国的过去及欧洲的过去决裂的一种方式。新的社会契约不需要参考圣经的立约，它的根本应该是理性和人的天生权利。革命者跨越了法兰西民族的过去，转向古希腊和古罗马模式去寻求灵感。18世纪所有受过

---

[23] E. P. Thompson, *The Making of the English Working Class* (London, 1963), esp. part I.

[24] 根据斯塔罗宾斯基的说法，宣誓"在瞬间提升中建立了未来"，但体态还是沿用了一种古老的契约模式（*1789*, p. 67）。

[25] Ozouf, *La Fête révolutionnaire*, pp. 199—222.

教育的人都了解一点古典历史,但激进派革命者,诸如卡米耶·德穆兰(Camille Desmoulins)、圣茹斯特(Saint-Just)和罗伯斯庇尔却在古典历史中找到了建立新秩序的想法;他们将古典历史空想成一种新的、纯净的"乌托邦式"的社会模式,一种理想的共和国。[26]

革命的历史观认为,希腊和罗马的共和派发明了自由,法兰西的任务就是要传播这个好消息。《巴黎报》(Gazette de Paris)的保守派编辑早在1790年7月就认识到了这种观点的含义。他在有关联盟节的评论中称:"(这个节庆)可与希腊和罗马的节日相提并论。人们忘记了,有人总是援引那些共和国作为典范。……我们是君主制国家……我们不做罗马人,也不做希腊人,我们要做法兰西人。"第二天,他又表达了这种保守的历史观:

> 啊!旧的方式不能改("国王万岁"和"王后万岁"的呼声都快被"国民万岁"湮没了)!法兰克人(Franks)的后代们,我们在领袖们的伟大高贵映衬下,实现自己的辉煌,让我们也像他们一样去战斗、去爱、去活,或去死,并忠实于父辈的原则吧……我们是在一家之长的注视下联合在一起的大家庭……我们结义为兄弟,有着共同的父亲。[27]

在这里,保守派将君主制、传统和父权制威权同法兰克人的历史模式相联系,这也是那些为了保卫贵族特权不受专制主义蚕食之人最喜欢参考的模式。保守派明确坚持要延续传统的修辞——"旧的方式"。保守派报纸长篇累牍地类比以前的法国历史,而且在议会中,保守派演

---

[26] Ozouf, *La Fête révolutionnaire*, pp. 330—331. 关于教育背景,可参见 Harold Talbot Parker, *The Cult of Antiquity and the French Revolutionaries* (Chicago, 1937)。

[27] *Gazette de Paris*, 1790年7月15日和16日。

说家也采用法国以前的例子来论证自己的观点。[28]

激进派则恰恰相反，他们讲自由，讲与过去的决裂，提倡古代模式（model of the Ancients）。他们认为古代模式没有体现过去的历史，所以可以用作未来的社会模式。1793年的一份激进派文献写道："要成为真正的共和派，每个公民都必须经历，而且主动寻求一种与过去曾改变过法国的革命相同的革命。暴君的奴隶和自由国家的公民绝不相同；后者的风俗、原则、情感、行动，所有一切都必须是全新的。"[29] 对全新的强调有时也会走向对古代威权的否定。孔多塞（Condorcet）在他1792年4月发表的具有开创性的《关于全面组织公共教育的报告和法令草案》（"Report and Project for a Decree on the General Organization of Public Education"）中就直言不讳地说：

> 最后，既然要言无不尽，今天就要消除所有偏见，那么（我坚持认为），对古老语言的长期细致的研究……有可能弊大于利。我们要寻求一种教育，让人们明晓真理，但这些书却错误百出；

---

[28] 例如，1790年7月15日，保守派报纸《国王之友》（*L'Ami du Roi, des françois, de l'ordre, et surtout de la verité, par les continuateurs de Fréron*，主编是教士罗尤［Royou］）为一本宣传小册子撰写书评，这本小册子分析比较了分别发生于1358年和1789年的革命。书评的结论是，这两起"革命"都源自金融问题，因此"认为我们正目睹的这起革命与过去历史上任何革命都完全不同的人是错误的"（no. 45）。另外，还可以在1790年7月15日教士莫里（Maury）对国民制宪议会（Constituent Assembly）的演讲中，发现保守派演讲使用历史先例的做法。莫里争论的是关于如何安置国旗的问题，他开篇就说："只要简明地考察一下历史，就足以告诉我们应该如何使用它了。"他认为国旗应该委托给作为最高军事指挥官的国王，参阅 *L'Ami du Roi*, no. 46（1790年7月16日）。

[29] "Instruction adressée aux autorités constituées des départemens [sic] de Rhône et de Loire, par la Commission temporaire" of Lyon（1793年11月16日），重印于 Walter Markov and Albert Soboul, eds., *Die Sansculotten von Paris: Dokumente zur Geschichte der Volksbewegung, 1793–1794*（Berlin, 1957）, p. 224.

我们要培育理性，但这些书却误导人们。我们已经远离古代，在通往真理的道路上遥遥领先，因此有必要将我们经过千锤百炼的理性再好好整理，等待进一步的充实，而不是被那些珍贵的遗产侵蚀腐化。[30]

激进派参照历史起源，表示要同传统和威权的合理性决裂，这也暗示他们拒绝了威权的父权制或家长制模式。在官方印章、表现新共和国的版画和印刷品，以及关于节庆的生活画（tableaux vivants）中，古典的女性象征取代了国王的形象（见图1）。这些女性形象，不管是真人还是塑像，通常都独坐或独站，周围环绕着代表威权和权力的抽象标志。这个象征共和国的形象身边可能有孩子，甚至男性保卫者，但却从来没出现过父亲。[31]

保守派出于防守首先意识到，历史模式、家庭隐喻和威权的本质都与政治修辞密切相关。激进修辞中异类成分的开发花费了较长时间，更别说将这些不同成分融合一致了。然而，激进派从最初就发现，他们正在颠覆关于权力的传统家庭式比喻。他们似乎早在国民公会真正投票做出死刑判决之前就在修辞上杀死了国王，即他们的父亲。激进派彼此之间是兄弟，都在捍卫民族和自由（la Liberté），但还没出现法兰西"自由之子"（Sons of Liberty）的说法。在边远的热尔（Gers）省，

---

[30] 重印于M. J. Guillaume, ed., *Procès-verbaux du Comité d'instruction publique de l'Assemblée législative* (Paris, 1889), p. 200。

[31] 该发现是基于本人对法国国家图书馆和巴黎卡纳瓦莱博物馆收藏的革命印刷物的研究。参见 Maurice Agulhon, *Marianne au combat: L'Imagerie et la symbolique républicaines de 1789 à 1880* (Paris, 1979), pp. 7–53; Hannah Mitchell, "Art and the French Revolution: An Exhibition at the Musée Carnavalet," *History Workshop Journal* 5 (1978): 123–145; and Lynn Hunt, "Engraving the Republic: Prints and Propaganda in the French Revolution," *History Today* 30 (1980): 11–17。

032　法国大革命中的政治、文化和阶级

图1　1792年10月自由节

自由女神像被安置在以前安放路易十五像的底座上。版画来自 *Révolutions de Paris*, no. 171。（林恩·亨特藏）

地方激进派已经意识到了这点,他们在演说中声称:"法国人民要组建,而且必须组建只有兄弟的家庭,他们共同的母亲会平等地珍惜、平等地爱护他们。"[32] 1793 年,谋杀象征性父亲的模糊想法越来越清晰了。[33] 国王被处死,甚至基督教的上帝在去基督教化运动中也遭到了挑战。全国各地的理性节上,自由女神像遍布所有圣地。

革命者在摆脱了威权即父权这一概念的束缚后,面临着两方面的饱满情绪:一面是对新时代的欢呼雀跃,另一面则是对未来阴暗的不祥预感。对于界域模糊的新共同体来说,神话般的现时和魅力无穷的语言只是脆弱的基础结构。人们一边欢庆民族复兴的神话般现时,一边又担忧新共识是否牢固。在 17 世纪早期的英国,清教徒早在有机会登上国家政治舞台之前就已经确认了他们的"天职"(calling)和作为"上帝的选民"(elect)的特殊身份。[34] 18 世纪晚期,美国激进派在试图使殖民地脱离英国之前,至少已经经历了十年的强化政治教育和实践,而且在真正实施时,他们运用的也是英国辉格党和激进派早就已经发展完善了的语言。[35] 但法国激进派却发现,在有足够的时间反思岌岌可危的形势之前,他们就已经身处革命当中了。

法国大革命修辞的独特之处,并不在于它的形式特性(formal

---

[32] 该引文出自 1794 年 3 月的一份讲稿,该讲稿在 G. Brégail, "L'Eloquence révolutionnaire dans le Gers," *Bulletin de la Société archéologique du Gers* 20 (1919): 119 中被引用。

[33] 有关象征性地谋杀父亲的简要讨论,可参见 Michel Vovelle, *Idéologies et mentalités* (Paris, 1982), p. 301。

[34] Michael Walzer, *The Revolution of the Saints: A Study in the Origins of Radical Politics* (Cambridge, Mass., 1965)。

[35] J. R. Pole, *Political Representation in England and the Origins of the American Republic* (Berkeley, 1966); Gordon S. Wood, *The Creation of the American Republic, 1776–1787* (New York, 1969), esp. chap. 1; and J. G. A. Pocock, "1776: The Revolution against Parliament," in Pocock, *Three British Revolutions: 1641, 1688, 1776* (Princeton, 1980), pp. 265–288.

properties），而在于它古典严谨的修辞结构。旧制度下的教会中学（collèges）已经为革命者和非革命者之流提供了大量古典主义和新古典主义的常见表达方式。[36] 各种全国性集会论坛上所做的演讲几乎都是提前写好的，而且都是按照昆体良（Quintilian）所提倡的布局（dispositio）来写的：首先是绪论（exordium）；然后是事件陈述，通常采取叙事的形式；接下来就是陈述支持演说者立场的论据，并对反对者的论点进行反驳；最后是结束语，演说者概括事件，通过调动听众情绪来争取他们的支持。[37] 不难发现，这种衍生自司法雄辩术的古典布局，正是大革命时期主导国家政治的律师们曾经接受过的最实用的训练。这种训练还可以追溯到学校教育，学生们在修辞练习中也学过如何安排演讲的布局、使用数据和范例，以及如何征引古典事例。[38]

  这种古典修辞所表达的政治观点则主要来自17世纪和18世纪的思想与政治成果。正如几十年前金斯利·马丁（Kingsley Martin）的解释："17世纪的科学家和文人们一点点累积起来的新思想，后来就成了参加三级会议的代表们的信仰。"[39] 洛克（Locke）、牛顿、培尔（Bayle）、费奈隆（Fénelon）和启蒙哲人（philosophes）已经铺好了路。甚至贵族法庭也使用启蒙运动的语言来反对王权；从18世纪70年代开始，尤其是在80年代，巴黎高等法院就曾为了"公民"和"民族"

---

[36] Marc-Eli Blanchard, *Saint-Just & Cie: La Révolution et les mots* (Paris, 1980), pp. 43—51.

[37] Peter France, *Rhetoric and Truth in France: Descartes to Diderot* (Oxford, 1972), pp. 10—11. 弗朗斯（France）在该书中叙述了旧制度下法国学校提供的修辞训练。任何阅读过一些革命国会演讲稿的人都能看出它们的结构相同。

[38] 关于此问题的有用讨论，可参见 Blanchard, *Saint-Just & Cie*, pp. 25—68。还可参考 Roger Chartier et al., *L'Education en France du XVIe au SVIIIe siècle* (Paris, 1976), pp. 196—199。

[39] *The Rise of French Liberal Thought: A Study of Political Ideas from Bayle to Condorcet*, 2nd ed. (New York, 1954), p. 2.

的权利发出过抗议。[40] 连共和制和民主、有关美德和腐化的说法都不是法国人的发明，而是 J. G. A. 波科克（J. G. A. Pocock）所谓的"大西洋共和传统"的一部分。他认为"大西洋共和传统"来自文艺复兴时期的佛罗伦萨（Florence）。[41]

法国革命者从启蒙哲人和高等法院法官（*parlementaires*）那里学会了改革与对抗的语言，但还必须发明属于自己的革命语言。在大洋对面人口稀少的殖民地，美国人民宣布了独立；西欧人口最多的国家也正自觉地创建一种世上全新的东西——革命。1789年之前——甚至在美国——"革命"这个词代表的只是回到过去的状态，而不是走向未来的飞跃。[42] 但在过去的法国，从来没有什么历史或宗教的黄金时期值得激进派去追回；面对无法预知的未来和动荡不安的当下，他们只能勇往直前。

这种革命进程的不确定性，还可以从革命修辞的叙事结构发生转型中看出来。大革命刚开始的几个月，大部分修辞都不自觉地受到了诺思罗普·弗莱（Northrop Frye）所谓的喜剧的"一般情节"（generic plot）的影响。[43] 在喜剧中，旧社会秩序（旧制度［*ancien régime*］这一

---

[40] Bailey Stone, *The Parlement of Paris, 1774—1789* (Chapel Hill, N.C., 1981), esp. Chaps 3 and 6. 但是，雅克·戈德肖（Jacques Godechot）争论道，"民族"只在1789年的选举运动中才被赋予了革命意义（"Nation, patrie, nationalisme et patriotisme en France au XVIIIe siècle," *AHRF* 43 [1971]: 481—501, esp. p. 495）。

[41] *The Machiavellian Moment: Florentine Political Thought and the Atlantic Republican Tradition* (Princeton, 1975).

[42] 参见 *The Compact Edition of the Oxford English Dictionary* (1971) 中 "Revolution" 这一词条。

[43] *Anatomy of Criticism: Four Essays* (Princeton, 1957), pp. 163—186. 历史学家对弗莱观点的运用，还可参见 Hayden White, *Metahistory: The Historical Imagination in Nineteenth-Century Europe* (Baltimore, 1973), esp. pp. 1—42（中文版，参见 Hayden White 著，刘世安译：《史元：十九世纪欧洲的历史意ояс》，台北麦田出版社，1999；海登·怀特著，陈新译：《元史学：19世纪欧洲的历史想象》，译林出版社，2013——译者注）。

短语就是在这个时期发明出来的)与新社会秩序的冲突,往往表现为儿子希望从独断专行的传统型父亲那里获得自由。在戏剧情节中,"阻碍性角色"(父亲,在法国就是国王)往往会和其他角色达成和解,但不会被抛弃。所以,往往节庆仪式的最后就会表现最终的和解,以及新社会的欣喜出现。

关于 1790 年 7 月 14 日联盟节(见图 2)的实况报道很好地呈现了革命修辞中的这种喜剧结构。无论是保守派还是刚萌芽的激进派,在描绘巴黎节庆时都强调了对和解和幸福团聚的向往:"在路上,在窗边,在屋顶上,到处都是欢聚的人们,洋溢着聪慧明智的喜悦,奴隶们挣脱束缚的喜悦也无法与之相比。"[44] 臣民成了公民,国王好像也认可了新社会的出现。在拉法耶特(Lafayette)的率领下,新官员、国民自卫军、前线部队和 8—10 岁儿童组成的儿童团都共同宣誓永远效忠国民、法律和国王。公众一致感谢"不可分离的所有法国人民的联合,无论性别、年龄、生活状况还是职业"[45]。甚至颇具影响力的保守派报纸《国王之友》也提到,联盟节是在庆祝"我们历史上最震撼人心的时代"。编辑还重述了几起事件来证实"所有法国人民都发自内心地热爱国王本人和王室"[46]。联盟节让法国家庭重新走到了一起,父亲应儿子们的强烈要求做出了让步。

然而,和解并未持续很久,革命的叙事也未终止于 1790 年。国王只是在表面上默许了和解,激进派也不满意家庭和睦的恢复。1792 年,尤其在 9 月宣布实行共和制之后,激进派掌握了话语权,一般情

---

[44] Anon., *Description fidèle de tout ce qui a précédé, accompagné et suivi la cérémonie de la Confédération nationale du 14 juillet 1790* (Paris, n.d.), p. 16.

[45] Anon., *Description de la Fête du Pacte fédératif, du 14 juillet, fixée par la ville, avec le réglement de la police* (Paris, n.d.).

[46] *L'Ami du Roi*, No. 56(1790 年 7 月 26 日)和 no. 57(1790 年 7 月 27 日)。

第1章 革命的修辞学 037

图 2　1790 年 7 月在巴黎举行的联盟节
（法国国家图书馆图片收藏部允许转载）

节从喜剧转向了浪漫剧。现在，法国大革命更像是一种求索，具有革命博爱精神的弟兄们就是其中的英雄，他们同反革命的邪恶势力展开了一系列的殊死搏斗。

正如弗莱所说，浪漫剧不喜欢特别复杂或微妙的形象，只青睐神话英雄和与之为敌的恶棍、懦夫及恶龙。[47] 所以在1792年和1793年，共和派一边强调他们为解放法国而进行的伟大斗争、与过去决裂的坚定决心和努力奋斗的高尚德行，一边凸显敌人彻头彻尾的道德败坏。虽然如幸福家庭般的法国不会再有了，但人们仍坚信，共和派会重塑一个美好的法国。一位声名不显的议员看到了求索的紧迫性，他说：“大灾难的时刻来临了，应该立刻消除所有偏见。如果不彻底消除偏见，我们就会被打垮。我们必须在（1792年）8月10日到1793年1月1日之间勇敢无畏地跨越几个世纪。”[48] 他是在1792年12月中旬说这席话的，正好在他预计的最后期限之前。他劝诫其他议员要遵循的正是浪漫剧中的典型美德：勇敢、无畏、直率向前。

当预想的朝着未来的飞跃遭遇越来越多的障碍时，当1794年1月格雷古瓦所见的"在我们差强人意的存在方式与我们可能达到的最好存在形态之间仍旧横亘着的巨大鸿沟"（见本书导论）无法填平时，第三种一般情节——悲剧——就开始浮出表面。在悲剧中，那些半人半神的英雄（在法国就是越来越孤立的共和派领袖），他们非凡的命运几乎尽在自己的掌握之中，他们的丰功伟绩光辉灿烂、永不褪色。然而，虽然目标正确，但追求目标的尝试却最终失败了，这就是悲剧。追求目标的英雄也为共同体牺牲了自己。结果，正如弗莱所说，"悲剧的修辞需要最高尚的措辞"[49]。1793年年末到1794年年初，共和派说出了

---

[47] *Anatomy of Criticism*, p. 195.

[48] 出自雅各布·杜邦（Jacob Dupont）的演说，1792年12月14日的国民公会会议报告引用了此演说：*Réimpression de l'Ancien Moniteur* 14 (Paris, 1847), no. 744 (1792年12月16日)。

[49] *Anatomy of Criticism*, p. 210.

最富悲剧性的言辞。例如，1794年5月初，罗伯斯庇尔（见图3）在一次重要演说中为浪漫剧的延续主题做了悲剧性的注解：

> 自然界的万物都有了变化（多亏了科学的进步）；在道德和政治的秩序里，一切也要改变。一半世界已完成了革命，另一半也应该圆满完成……我们要教导（全欧洲）记住为自由而牺牲了的英雄们的名字和美德……我们要让全欧洲知道为压迫者敲响丧钟的那一时刻……我是法国人，是你们的代表……哦！高尚的人民！请接受我本人这一祭品吧！诞生于你们之间是多么幸福！为你们的福祉而死会更加幸福！[50]

图3 马克西米连·罗伯斯庇尔像
1849年普雷瓦尔（Préval）所作平版画。（法国国家图书馆图片收藏部允许转载）

---

[50] 引自罗伯斯庇尔的演说 "Sur les rapports des idées religieuses et morales avec les principes républicains, et sur les fêtes nationales", in *Oeuvres de Maximilien Robespierre* 10（1793年7月27日—1794年7月27日）(Paris, 1967): 445。米歇尔·沃韦勒认为革命的行动者将法国大革命作为一种悲剧在经历着，参见 Michel Vovelle, *Idéologies et mentalités*, p. 301。

似乎他已经知道，几周后他的末日就会到来。

叙事结构从喜剧到浪漫剧，再到悲剧，都是由法国大革命对密谋的沉迷所造成的。如果获得新生后的民族共同体的神话般现时是革命者的伊甸园，那么密谋就是那股邪恶的力量。大革命的敌人破坏了1790年的表面和解。共和国的敌人始终在阻挠革命者对道德和政治复兴的求索。一个密谋刚被发现，另一个又接踵而至。法国人对密谋的沉迷并不是独一无二的。在18世纪60年代和70年代，生活在美洲殖民地上的英国人就坚信，英国的腐败大臣们一直在密谋剥夺他们传统的天赋权利。[51] 虽然密谋的修辞并不是法国大革命所独有的，但即使在旧制度被推翻以后，它在法国还一直主导着政治话语。在美洲，密谋很可能推动了殖民地投入与遥远宗主国之间的斗争，但当殖民地脱离宗主国之后，美国革命者就将注意力转移到了如何代表新秩序下不同宗教和不同社会群体的利益之类的问题。[52] 但在法国，密谋却发生在兄弟之间，造成了兄弟间的自相残杀。1789年之后这种沉迷密谋的现象更加严重。正如傅勒所说，对密谋的沉迷成了法国大革命修辞的核心组织原则。[53] 法国大革命的叙事由密谋主导。

密谋如同隐匿的幽灵，一直困扰着革命者，他们不停地谈论着如何揭穿阴谋。激进派报人，例如马拉和埃贝尔，非常擅长这种痛斥型修辞，但从大革命一开始，各个政治层面上的人也都使用类似的语言。1789年7月已经有一份名叫《国家检举者》（*Le Dénonciateur national*）的报纸。到1793年为止，有关密谋的措辞已经成了革命话语中固定的、必需的一部分。从一份针对只有初等读写水平的读者的匿名布告

---

[51] Bernard Bailyn, *The Ideological Origins of the American Revolution* (Cambridge, Mass., 1967).

[52] Wood, *The Creation of the American Republic*, and Pole, *Political Representation*.

[53] *Penser la Révolution française*, pp. 78—79.

中，我们就能发现密谋古怪反复的特点：

> 无套裤汉们，是敲响警钟的时候了……小心，是时候了，内战已准备就绪，那些可能控制着共和国的恶棍要把你们变成他们的玩偶。他们是巴黎的商人，是阴谋家，我唾弃他们。有些人读到了我的这些文字（其实这些都是纯粹的真相），就会说我是密谋分子，因为我说出了真相。[54]

1793—1794年的革命法庭（tribunal）合法化了密谋的修辞，却没有发明它的用法。

革命者对密谋的沉迷存在两个明显的社会根源，一个是通俗文化，另一个是1789年"爱国者"对"贵族"反革命的担心。法国老百姓对密谋的迷恋有着悠久的历史，僵化的自给经济培育了它，依靠口口相传的方式传播消息的共同体又轻松地维系着它。老百姓对藏宝的迷信引发了很多关于密谋的传说，比如贵族的武器密窖、秘密通信和秘藏的粮食等。[55]饥饿和可能被饿死的威胁又让人们更加担心会有密谋。[56]饥荒不是从来没发生过，老百姓对可能的投机行为及自发的价格垄断怒不可遏，在历史上也屡见不鲜。但在旧制度的最后几十年里，有关囤积居奇的讨论却越来越多地与国家政治事务有了联系。在18世纪60年代和70年代，王室曾交替采取两种措施：一是放宽对粮食贸易

---

[54] 引自1794年3月9日汇报给警方的"埃贝尔式"告示，重印于Markov and Soboul, *Die Sansculotten*, p. 203。

[55] Richard Cobb, "Quelques aspects de la mentalité révolutionnaire (avril 1793—thermidor an II)," in Cobb, *Terreur et subsistances, 1793—1795* (Paris, 1965), pp. 20—21.

[56] Georges Lefebvre, "Foules révolutionnaires," 重印于Lefebvre, *Etudes sur la Révolution française*, 2nd ed. (Paris, 1963), pp. 371—392。

的限制，二是通过非公开化的政府干预来支持粮食贸易自由化。政府的批评者指责机要大臣和国王本人通过人为地引发饥荒来获利。作为反击，政府也开始宣传攻势，描绘了一些违反规章制度的地方行政官员，指责他们才是危机的制造者。[57] 政府最高层面的互相推诿加深了老百姓对政府的不信任，甚至高层人士也认为粮食的主要供给都听命于政治操纵。

1789 年，在宪政危机中，老百姓开始怀疑粮食价格要上涨。而新国民议会的议员们看到大批军队开入巴黎和凡尔赛，也开始相信确实存在贵族密谋，而且是政治性密谋，不是社会性密谋。一名议员在 6 月 24 日的家书中描绘了他所见到的情形，认为这是企图"加强我们身上的奴隶制枷锁"[58]。7 月 10 日，这名议员（是一名来自特鲁瓦［Troyes］的商人，政治温和派）又写道："所有人都坚信，军队的推进隐藏着某种暴力图谋。"他认为此图谋是"用铁棍统治着我们的贵族们"的"可怕密谋"。[59] 大臣内克尔（Necker）因为被怀疑同情国民议会的请求而遭到解职，这进一步加深了老百姓和资产阶级对密谋的担忧。

密谋的修辞渗透到革命话语的各个政治层面，但首先是用于激进派的标语口号。根据保守派的分析，邪恶的始作俑者并不是密谋者，而是在传统社会纽带被摧毁后脱缰逃逸出来的怪兽、恶棍、野蛮人和食人者。1792 年 1 月，《巴黎报》的编辑总结说，是"我们那些卑鄙的革新者"引领人民走上了歧途："宣传（*propaganda*）这个怪物在世上所有民族中都开始出现……她的侧腹已被剖开，成千上万条毒蛇幻化

---

[57] 综合叙述可参见 Steven L. Kaplan, *Bread, Politics and Political Economy in the Reign of Louis XV*, 2 vols. (The Hague, 1976).

[58] A.N., W 306, "Dossier de l'abbé de Champagne," 特鲁瓦管辖区（bailliage）的第三等级代表卡米萨·德·贝隆布尔（Camusat de Belombre）于 1789 年 6 月 24 日写的信。

[59] Ibid.

成了人形，而且这些毒蛇还遗传了其母亲——宣传这个怪物——的道德、品性和本事。"[60]

不久以后，密谋的修辞出现在了法国的各式政治话语之中。1791年，右翼报纸揭发了新教徒和共济会的秘密计划、归咎于奥尔良公爵（Duke of Orleans）的密谋和其他欺骗人民的狡猾企图。[61]但是，保守派最有影响的密谋叙述却是作于罗伯斯庇尔倒台之后，他们对整个革命进程做解释，而不像激进派评论家那样只做每日评论。[62]为普通大众写的激进派小册子、激进派报纸文章、国民公会上的雅各宾派演说和由激进派主导的革命法庭所作的起诉书等，都充斥着冗长细致的分析调查，针对的都是那些遭受责难之人的政治行为和言词。[63]开始时只是因为担心价格操纵和贵族的秘密花招而做出的反应，后来就越来越系统，欲罢不能，并席卷了公共政治生活的各个方面。

对密谋的指责往往既含糊又具体，这一点让当时的观察家（和自那以后的史学家）很讶异。所有人，尤其是朋友，都可能是敌人。一

---

[60] *Gazette de Paris*，1792年1月4日和6日，以及4月15日。

[61] W. J. Murray, "The Right-Wing Press in the French Revolution（1789—1792），"博士学位论文，澳大利亚国立大学，1971。虽然默里没有特别分析这个主题，但提供了许多颇有启示性的例子。

[62] 关于新教徒的密谋，可参见 *Les Véritables auteurs de la Révolution de France de 1789* (Neufchâtel, 1797)，通常认为该书作者是特鲁瓦的苏尔达（Sourdat of Troyes）；关于共济会的密谋，可参见 Abbé Barruel, *Mémoires pour servir à l'histoire du jacobinisme*, 5 vols. (Hamburg, 1798)。综述可参见 Jacques Godechot, *The Counter-Revolution, Doctrine and Action, 1789—1804*, trans. by Salvator Attansio (New York, 1971)。

[63] Suzanne Desan, "'Avec des plumes': Parisian Journalism in 1791—1792，"未出版的学士学位论文，普林斯顿大学，1979年4月。苏珊娜·德桑的这篇论文注意到了激进派报纸、温和派报纸和保守派或反革命报纸在文风上有许多差异。她将文章借给我参考，我从中获益良多。另参见 Jack Richard Censer, *Prelude to Power: The Parisian Radical Press, 1789—1791* (Baltimore, 1976)。

旦在革命朋友中发现了叛徒，大家就会不遗余力地重新解读他之前的所作所为。例如，圣茹斯特在1794年春整理对丹东（Danton）及其朋友的指控时，觉得很有必要检查丹东自大革命以来做过的所有事和认识的每个人。如果叛国的将军迪穆里埃（Dumouriez）赞扬了法布尔-丰（Fabre-Fond），也就是丹东的朋友法布尔·代格朗蒂纳（Fabre d'Eglantine）的兄弟，那么，"是不是可以怀疑你们曾参与密谋推翻共和国呢"[64]？密谋的蛛丝马迹几乎随处可见，每次发现都要求重写历史。

密谋在革命修辞中的核心地位很难从历史的角度得到充分解释。它不仅仅是对饥饿的传统愤恨，或王室密谋的延续，也不仅仅是基督教认为处处隐匿着邪恶力量这一信念下形成的古老道德感受。[65] 所有这些因素共同促成了密谋的可信度和情感上的驱动力。但是，直到革命者面对群众性政治（mass politics）这一新鲜事物时，密谋才成了一种系统化的沉迷。傅勒将这种情况描述成"权力的民主式想象"的两个面：他认为，"密谋与人民的意愿一样，都是关于权力的极度狂想"[66]，一面是民主、人民的意愿、大革命，另一面则是密谋、反原则、否定论。这种说法意图哲学化和必然化民主与密谋之间的联系。但同时期美国的经历却显示，这种联系并不是必然的，美利坚合众国并没有受到叛国密谋的暗中破坏。而不同的是，在法国，所有组织政治（organized politics）都与密谋密不可分。

---

[64] "Rapport sur la conjuration ourdie pour obtenir un changement de dynastie; et contre Fabre d'Eglantine, Danton, Philippeaux, Lacroix et Camille Desmoulins," *Oeuvres complètes de Saint-Just*, 由夏尔·韦莱（Charles Vellay）作导论和注释, 2 vols. (Paris, 1908) 2: 305–332, 引文引自 p. 319。

[65] 傅勒在 *Penser la Révolution française*, p. 78 中提到了在密谋理论形成中宗教情感的重要性。

[66] Ibid., p. 79.

在很大程度上，18世纪大西洋东西两岸受过教育的人都对组织政治持矛盾态度。似乎大家都担心幕后的政治活动、隐秘的策划和派系的分裂，但在法国却没有"辉格党的政治学"，没有交替执政的执政党与在野党之间的亲密关系，也没有庇护体系和利益团体。[67] 所以，从旧制度的压抑政体到看似可以毫无约束地参与其中的新政体，这种过渡显得特别突兀混乱。除了要解释由远在国外或就在国内的大臣发起的政变，法国人民还有其他许多需要自我解释的地方。除了要担心在王室效忠方面的变化和"国家"对国家政策的把控上出现的轻微起伏，法国人民还有许多其他担忧。从没经历过的政治动员方式、紧张的社会敌对局势（在关于饥荒密谋的讨论中举例说明过）、对成就世上全新事业的极力强调等，这些汇聚起来，使得新生的法兰西民族与其假想敌之间的斗争尤为加剧。如果说美国人和英国人难以接受政党政治和派系竞争的出现，那么法国人就更加坚定地拒绝认可它们，而这种拒绝只会带来更多灾难。

当美国共和党致力于发展政党政治和不同利益的代表时（尽管此过程断断续续），法国人民则发现自己尽管有美好的意愿，却否定了"自由"政治的可能性。[68] 杰斐逊（Jefferson）或麦迪逊（Madison）与罗伯斯庇尔或圣茹斯特之间的社会、政治差异不大，但演说时的语境却明显不同。他们在成长过程中学会了同样的修辞方式，阅读了许多同样的书籍，但当罗伯斯庇尔、圣茹斯特或与两人相似的某个人走上国民公会的演说台时，言词和修辞却有了不同的意义。法国的政治演说家在两种语境中开始演讲：一种是政治的，一种是神学的。在缺乏

---

[67] 关于美国的背景，可参见 Wood, *The Creation of the American Republic*。
[68] 关于美国方面，可参见 Pole, *Political Representation*。值得注意的是，目前还没有关于法兰西第一共和国时期的意识形态和政治发展的相似研究。

普通法（common law）传统和共同认可的神圣参考文本的情况下，保证人民能一直听到民族的声音就显得至关重要。演说和命名的意义非常重大，它们成了意义的源泉。[69] J. R. 波尔（J. R. Pole）得出的结论是，在美国，书面形式的宪法有着至高无上的地位，以后的政治话语都必须围绕利益、财产、权利、代表、制衡等议题来展开。[70] 在法国，却是演说中的言词保持着至高无上的地位（至少到 1794 年，可能一直延续到 1799 年），而且政治话语由透明、公开、警惕和恐怖等概念构成。

在 18 世纪 90 年代的法国，派系政治是密谋的同义词，而"利益"就是背叛联盟国家的代名词。特殊事物（所有"利益"在定义上就是"特殊的"）不能分割普遍意愿。要始终保持警惕，坚持政治公开，这样才能防止特殊利益和派系的出现。支持这种想法的后盾就是，革命者相信公民与公民之间、公民与政府之间、个人意愿与普遍意愿之间的"透明"是可能实现的，而且他们也是如此祈盼的。[71] 相应地，也就不存在任何人为的方式或习俗能使人们彼此分离，也没有任何机构能阻挡公民与他们的代表自由交流。于是，透明使公民宣誓和革命节庆有了意义，它们都依赖一种出于热情的亲密关系，亦即要求消除公民与公民之间、个人与共同体之间的距离。共同体实质上就意味着公民

---

[69] 对于演说中言词力量的强调，可参见 Furet, *Penser la Révolution française* 和 Blanchard, *Saint-Just & Cie*。

[70] *Political Representation*, p. 511.

[71] 我借用了 Jean Starobinski, *Jean-Jacques Rousseau: La Transparence et l'obstacle*（Paris, 1957）中"透明"的概念。傅勒在讨论人民与权力（或权力的代表）之间的关系时采用了此概念，但是他没有将此概念用于公民之间的关系上（例如 *Penser la Révolution française*, pp. 86, 103）。根据马克·里希尔（Marc Richir）的观点，"在很大程度上，所有'革命'的想法都来自大革命'时期'对社会透明的信念"，参见其为 J. G. Fichte, *Considérations destinées à rectifier les jugements du public sur la Révolution française* 所作的序"Révolution et transparence sociale"（Paris, 1974）, p. 10。

之间的透明，是又一个证实神话般现时的词语。

在政治上，透明意味着不再需要政客，也不需要对情感或象征物的职业化操纵；每个公民心情平静，从容不迫，不受任何关系、资助或派别的蛮横影响。埃贝尔的"迪歇纳老爹"就是一个鲁莽粗犷的无套裤汉版的爱国者形象，心地纯洁，没有花招。他表达的都是最简单最明确的情绪，要么"狂喜"，要么"狂怒"。1791 年 9 月 1 日，《迪歇纳老爹报》针对即将举行的选举建议道："公民们，假如你们不想被背叛，那么就要谨防表面现象。不要相信如簧巧舌……不要被美丽的许诺迷惑……如果你们认识某个胸无大志、无名小卒样的公民，那么他就是你们应该选择的人。"[72]

激进派议员的语言更精致，但同样重视真情实感，他们结合了演说的雄辩和心灵的纯净与美德。罗伯斯庇尔认为，人民代表必备的美德中，最重要的是"心灵的雄辩，没有它，我们就不可能说服他人"[73]。动词 *frémir*（意思是"颤抖，战栗"）一再出现在国民公会的演讲中。演讲者的话直接说到了听众的心坎儿里（虽然很少是即席演讲！），他们希望当即就能激起听众的情感共鸣[74]，也就是希望在政治上实现卢梭所谓的"真诚"（authenticity），而真诚是公民之间彼此透明的前提条件[75]。

真诚的政治就是公开的政治，每个公民和他选出的所有代表都公开地当着其他公民的面商谈。真正的爱国者没什么需要隐瞒。无论是最贫贱居民区中的战斗派会议，还是国家选出的立法者会议，

---

[72] Braesch, ed., *Le Père Duchesne*, no. 72, p. 751.

[73] Pierre Trahard, *La Sensibilité révolutionnaire (1789—1794)* (Paris, 1936), p. 189.

[74] Ibid., p. 186. 参见 F.-A. Aulard, *Les Orateurs de la Révolution: L'Assemblée Constituante* (Paris, 1905).

[75] Starobinski, *Jean-Jacques Rousseau*.

都必须公开举行。居民区俱乐部选出的"检察员"（censors）巡视会议大厅，以杜绝"私人谈话"。[76] 无套裤汉将"公开"这个"人民的警卫"的作用发挥得淋漓尽致：与法律规定相反，巴黎几个区坚持要求在选举中采用口头甚至欢呼的方式来投票。他们坚持认为这是自由人投票的方式，是共和派投票的方式。[77] 政治公开了，人民才可能保持警惕。保持警惕是必要的，因为很难相信最近才新生而且并未完全新生的人民能够维持政治的透明，一再发生的密谋就证实了这点。要保持警惕，绝对有效的做法就是告发。当然，旧制度下也出现过向警察告发的告密者，但在大革命时期，告发却被提升成了好的德行、公民的职责。

群众的警惕和告发在恐怖时期被制度化了。罗伯斯庇尔解释说：

> 在这种形势下，你们的政策要遵循这个首要原则：用理性指导人民，用恐怖对付人民的敌人……恐怖就是公正、果断、刚正不阿，就是美德的流露……用恐怖击垮自由的敌人，你们作为共和国的建设者，完全有理由这么做。革命政体就是自由对暴政的专制。[78]

恐怖政策对罗伯斯庇尔和其他激进派来说是美德的流露，因为这是为了保障新共和国的安全。所以在一定程度上，它在逻辑上延续了革命

---

[76] 例如，可参见 "Réglement pour la Société populaire de la Section de la République," 重印于 Markov and Soboul, *Die Sansculotten*, pp. 258—267。

[77] Albert Soboul, *Les Sans-culottes parisiens en l'an II*, 2nd ed. (Paris, 1962), pp. 549—561.

[78] 引自他的 "Rapport sur les principes de morale politique qui doivent guider la Convention nationale dans l'administration intérieure de la République," 1794年2月5日, in *Oeuvres* 10: 356—357.

语言关于公开透明的预设。[79] 如果大革命的第一步是建立新的共同体，那么罗伯斯庇尔所谓的"革命政体"就是共同体规训的执行者——"自由对暴政的专制"。革命政体不是利益冲突（例如农业与商业）的仲裁者，而是确保个人意愿能融汇成一种单一、普遍或全国意愿的机制。

与 J. L. 塔尔蒙（J. L. Talmon）等学者的观点恰恰相反，恐怖时期的法国不是一党制的极权主义国家，而是没有任何政党的共同体国家。[80] 革命修辞的原则不允许雅各宾派成为幕后的统治代理人，雅各宾俱乐部也没有接管革命国家，而是或多或少地融入国家当中，退而充当为政府政策仗义执言的董事会角色。[81] 因为雅各宾派比别人更乐于接受革命修辞，所以在罗伯斯庇尔垮台以后，他们并未有组织地反对加诸自己身上的各种约束。事实上，一些法律约束反而受到了欢迎，因为他们认为这些限制有助于打破"对群众社团能成为人民与国民公会之间的协调力量……的幻想"[82]。雅各宾派面对日益增长的压制和迫害，经过几年合法组织的努力后，终于在 1799

---

[79] 对于傅勒来说，恐怖政策是革命话语及其"有关政治的幻象"的逻辑结果（*Penser la Révolution française*, esp. pp. 229, 259）。帕特里斯·伊戈内（Patrice Higonnet）的立场与傅勒接近，但与托克维尔的不同；伊戈内强调"资产阶级个人主义"与"资产阶级普世主义"中共同体那部分内容的固有矛盾（*Class, Ideology, and the Rights of Nobles during the French Revolution* [Oxford, 1981]）。

[80] *The Origins of Totalitarian Democracy* (New York, 1965). 傅勒对恐怖政策的判断与塔尔蒙接近，解释却不同。塔尔蒙强调极权主义的思想传统，即启蒙哲学的影响。傅勒（跟随托克维尔和科尚 [Cochin]）则强调民主在实践中被生成时所产生的哲学问题。

[81] 在 Crane Brinton, *The Jacobins: An Essay in the New History* (New York, 1930) 中有许多颇具启发性的言论，例如，"当时，雅各宾俱乐部不再对抗政府，不再是由会员完全主宰的机构，也就不再实施与其称号相关的策略了……可以说，这样的俱乐部最后就沦为一种辅助性行政实体了"(p. 129)。

[82] 议员克拉苏（Crassous），来自 Isser Woloch, *Jacobin Legacy: The Democratic Movement under the Directory* (Princeton, 1970), pp. 15–16 中的引文。

年年末改变了立场。他们开始在印刷品中作为一个政党、一股忠实的反对力量为自己辩护。[83]但一个月之后，拿破仑终止了这种实验，以及其他许多实验。

恐怖统治虽然在逻辑上遵循了革命修辞的原则，但并不是这些原则导向的唯一可能的结果。1795—1799年的大革命历史，甚至拿破仑崛起之后的历史都证实了这一点。督政府政体的失败很大程度上也是因为它对组织政治的抵制。虽然督政府的某些领袖努力组织一个中心政党，但大多数督政府的支持者都害怕政治组织只会让雅各宾派和/或保王党受益。结果，他们拒绝许可任何对抗性组织的形成，不管左翼还是右翼即将赢得选举，他们都会整肃立法机关。但与此同时，督政府派（Directorials）又不能说服自己放弃频繁的选举，或是为自己组建一党制国家。[84]

在拿破仑统治时期，对所有有党派之嫌的政治活动进行压制也体现了对组织政治的矛盾心理。督政官和拿破仑"解决"革命修辞中相互矛盾之处的办法恰恰反映了这种修辞最初的强大力量。透明、公开和警惕的原则并未被有原则地代表部分人利益的组织政治所取代（尽管有些督政府政客确实有这样的愿望）；最初的革命原则被认为是无效的，甚至是危险的，被弃绝了，但又没有别的令人信服的修辞可以取而代之。督政府希望在没有原则或只有已经衰落了的革命原则的情况下，继续维持其统治；督政府既不想成为保王党，也不想成为恐怖派，但除宣称反对以上两者之外也难有建树。拿破仑却相反，他宣称会坚持革命修辞的原则，但又宣布自己就是人民的声音。他认为，关于国

---

[83] 关于此问题的较详细讨论，可参见 Lynn Hunt, David Lansky, and Paul Hanson, "The Failure of the Liberal Republic in France, 1795—1799: The Road to Brumaire," *Journal of Modern History* 51 (1979): 734—759, esp. p. 755。

[84] Ibid.

民、魅力或社会中心的定位，根本不存在任何问题。

革命修辞的失败一定程度上就是因为它天生自相矛盾。在政治上，它不允许党派政治活动。在展示修辞的力量上，它否定修辞性演讲的合法性。要代表新共同体，但它又倾向于（以公民之间的透明为名）抹杀代表性。谈到神话般现时时，革命修辞还得解释现时中的失败——除归咎于密谋政治外别无选择。简而言之，作为文本，它一直在损毁自己的威权基础。[85] 然而与此同时，法国大革命也为现代政治、政治实践的概念，以及许多不同的、相互冲突的政治意识形态打下了基础。

法国大革命的修辞突破了以往政治的限制，假定建立了一个新共同体（而不是复兴了某个先前更纯粹的共同体），并坚信这个新共同体一定能通过政治（而不是通过真正的宗教、回归过去的传统，或墨守一些以前就制定好的社会契约）得到实现。可能会有人认为，既然大革命没能直接促进自由政治的发展，那么革命政治也就只能依照共同体规训这类术语来界定。然而，这些"狭隘的术语"在其他方面却意义广泛；自此以后，政治不再只关乎大臣、议会、宪法、利益或政府，还包括社会关系的本质。[86] 政治不是表现利益冲突的竞技场，而是重塑人类本性的工具，它使依附于他人的人成了公民，奴隶成了自由人，

---

[85] 这里有关革命政治文本的分析可以与德里达有关写作的分析相比较，参见 Derrida, *Of Grammatology*, trans. by Gayatri Chakravorty Spivak (Baltimore, 1976), esp. Part II. 德里达的"在场的形而上学"（metaphysics of presence）与写作暴力的威胁之间存在紧张关系，同神话般现时（指共同体的透明性、演说的充分性）与密谋政治的暴力之间的紧张关系相同。在此意义上，革命修辞一直"解构"着自身，即假定可能存在没有政治的共同体，但同时又在各处创造政治。

[86] 其他启示性文章可参见克洛德·勒福尔（Claude Lefort）对傅勒的评论，"Penser la Révolution dans la Révolution française," *AESC* 35 (1980): 334−352.

受压迫的人成了共和派。

虽然革命修辞的整合功效最终受到了阻碍,但是建立全新共同体的信念还是取得了超乎想象的成果。尽管1794年和1799年的革命失败了,但是,一种不同的、人人平等的共和传统已经建立了起来,这种传统彻底重塑了法国政治辩论和社会斗争的术语。所以说,涂尔干的观点对革命修辞的运作有着非常重要的洞察。新共同体遭遇的阵痛和挫折并没有使这一概念本身成为痴心妄想。或者可以借用托克维尔的说法,假如革命者是为了创建"想象的理想社会"而行动,这并不意味着他们如此行动的结局一定是"想象的"。

不能以经典马克思主义的术语来解释革命修辞:资本、利润、劳动和阶级在革命修辞中都不是结构性原则。也不能用马克思主义界定的某个阶级的革命话语来解释革命修辞。但是,它可以被称之为一种"没有阶级之阶级斗争的语言"。法国大革命的修辞明显是反贵族的,它最初就是作为打击旧社会的工具而发展起来的。事实上,新修辞最初的成就之一就是发明了"旧制度"这个词语。一旦法国社会在修辞上分裂成新国家和"旧"制度或前制度,革命就已经开始了。[87] 革命的目的就是要形成两个分裂的绝对概念。

大革命的修辞可以被称为"资产阶级的",因为它表达了要与过去贵族主导的制度决裂的意愿。但是,革命者并没有以资本主义的名义进行革命,而且事实上,尤其是激进派,一直受到商业腐败的困扰。[88] 与过去彻底决裂的愿望就隐含着对创新本身的新评价。革命就是要创新,自命的革命者不害怕被称为"卑鄙的革新者"。这种对创造新事物的执着可能使革命者没有发现他们如何助长了法国国家权力的暗暗滋

---

[87] 此术语的发明可参见Pierre Goubert, *The Ancien Régime: French Society 1600—1750*, trans. by Steve Cox(New York, 1974), esp. chap. 1。

[88] 在法国情境下拓展波科克的"马基雅维利时刻"(Machiavellian Moment)应该会很有成果。

长，但创新的修辞并不因此而成为一种幻影。正如对共同体的信仰在法国开辟了平等主义和共和政治的传统，相信他们有着全新的经历这一点也使革命政治可能成为不断延续的传统。毕竟，马克思是从法国大革命这个例子中形成了可以通过革命重新构建社会的观念，但是，他没有体会到这种观念的根源有着怎样的讽刺性与意义；关于政治创新和革命的修辞并不是英国这个最先进工业社会的产物。革命的语言反而是法语。

美国的革命修辞没有发展出革命传统，相反却形成了立宪制和自由政治。法国的不同在于，它一再强调要摒弃法国以往历史上的所有模式。可以想象在共和国学校教授历史是如何困难，一篇小学课文这么描述这个问题："年轻人翻阅历史书，也就是翻阅记录人类不幸的书，随时会读到国王、大贵族，到处都有受压迫的人，每页书上人都像牲口一样被计数。"[89] 要反抗以往的不幸历史，共和派只能零零星星地找到几个榜样，远的如古罗马共和国、雅典和斯巴达，近的只有瑞士和美国。然而它们中没有一个能像法国那样，走得那么远，面临如此多的阻碍。革命预言家卢梭的出现是个奇迹——他在轻浮、玩世不恭的世纪里独自发出了理性和自然的声音。然而，之前受压迫的历史只是要为了彰显革命成就的伟大意义。

正如拉阿尔普愤慨地指出，语言是大革命"首要的、最令人惊异的工具"。政治创新的修辞使革命成为"世上闻所未闻的丑闻"，因为它激励着革命者涉足未知的水域，寻求能够抵达再生之国家和有德行

---

[89] 来自 Louis Trenard, "Manuels scolaires au XVIIIe siècle et sous la Révolution," *Revue du Nord* (1973): 107 中的引文。也可参见 Jean-François Chassaing, "Les Manuels de l'enseignement primaire de la Révolution et des idées révolutionnaires," in Jean Morange and Jean-François Chassaing, *Le Mouvement de réforme de l'enseignement en France, 1760—1798* (Paris, 1974), esp. pp. 142—143。

之民众的彼岸。革命者发明了新言词,但最重要的是,他们在激烈政治变化的语境中,在寻求激烈政治变化的过程中,演说了这些新言词,并以此赋予它们新的含义。是他们演说的劝服力量——是修辞,而不是词汇——和新世俗价值观的劝诫才使得大革命成为震撼世界的经验。传统的形成自有它的道理,但是,像其他新意识形态一样,它再也不会与语言无关。

第 2 章
革命实践的象征形式

攻占巴士底狱、国王出走瓦伦（Varennes）、马尔斯校场（Champ-de-Mars）大屠杀、攻打杜伊勒里宫（Tuileries）、推翻君主制、吉伦特派倒台、罗伯斯庇尔倒台、整肃保王党、整肃雅各宾派、拿破仑的崛起——这一连串大革命的转折点，党派的兴起和倒台，令人头晕目眩。每次事件都需要公告、演讲、报告，以及最后的节庆和对节庆的修正。在这连绵不绝的词语生产中，可以找到许多不同的叙述，其中一份 1797 年的典型公告就是一个地方性范例。在这份材料中，伊泽尔（Isère）省的政府代理人（隶属于省行政部门的督政府特派员）就地方人民如何应对国家立法机构新近采取的清算行动发表了官方评论。在清算行动中，许多被认定是保王党的议员遭到逮捕，其他大量议员的当选也宣告作废。

听说共和国和共和三年宪法战胜了**保王党的阴谋分子**，并躲过了企图进行破坏活动的愤怒暴徒，每个优良公民当然可以尽情表达喜悦之情。但为什么在这种情况下，公民们会因服装和意见的不同而彼此威胁和挑衅呢？因为公民对服装的不同选择而对他们进行侮辱、挑衅或威胁……是违反宪法规定的。让品味和礼仪来决定你的穿着，千万不要放弃赏心悦目的简洁风格……**抛弃集结标志和叛乱服饰吧，那是敌军的统一服装**。[1]

在格勒诺布尔（Grenoble），服饰与政治的联系在1797年突然彰显。政府代理人想警告人民不要过度关注服饰，但自己也不禁认识到了服饰的力量，最后只能警告那些穿着与保王主义复兴相关的颜色和褶边衣服的人。

服装的问题既不新鲜也不仅限于格勒诺布尔。政治不只是口头表述、议员选举，或俱乐部、报纸和集会上的公开辩论。政治意义被密密地织进了各式象征性表述之中，其中言词只是拉阿尔普所谓的"首要工具"。不同的服装标示出不同的政治含义，颜色的不同、裤子的长短、鞋的款式，或者帽子错戴了，都有可能引起争吵、拳斗，乃至街头巷斗。在大革命时期，即使最普通的物品和风俗都成了政治象征物，可能引起政治和社会冲突。颜色、装饰品、衣服、餐具、钱币、历法和纸牌都成了某一派别的"集结标志"。[2] 这些象征物不单单表达人们的政治立场，还是人们认识其政治立场的工具。通过彰显政治立场，人们才有可能或赞成，或反对，或漠不关心。于是，这些象征物构建了政治斗争的战场。

革命的修辞说权力来自国民（或人民），却从来没说清楚国民的意愿如何在实践中得到承认。正如邦雅曼·贡斯当（Benjamin Constant）在1796年所说，"法国大革命消除了细微差异……一股潮流使万物趋同"。[3] 在革命事件的一波波冲击下，很难确定某个政府是否正当合法。

---

[1] A.N., F^{le} III Isère 9, Correspondance, 1791—1853, "Adresse du Commissaire du pouvoir exécutif près l'administration centrale du département de l'Isère," 2e jour complémentaire an V.

[2] 关于日常生活用品的政治化的综述，可参见 Serge Bianchi, *La Révolution culturelle de l'an II: Elites et peuple (1789–1799)* (Paris, 1982)。

[3] *De la force du gouvernement actuel de la France et de la necessité de s'y rallier* (1796), p. 10.

在这种形势下,"拥有"权力就意味着能够掌控新民族对外声明的表达方式和措辞,即使掌控的时间很短暂。俱乐部和集会中的演说者都尽力争取为国民说话的权利,但个人的声音很容易就被淹没,更持久的还是那些更集体化、更易被复制的革命象征物和仪式,例如自由树和自由帽、代表自由和共和国的女性形象,以及像节庆、学校竞赛、选举和俱乐部会议等各种仪式性场景。仪式的形式同具体的政治内容一样重要。政治象征物和仪式不是权力的隐喻,而是权力的工具和目的。

权力的练习少不了象征性实践。没有不使用仪式或象征物的政府,即使政府看上去既不神秘也不魔幻。[4] 治理国家不能没有故事、标识和象征物,因为它们能以各种非言说的方式来传达和确认这种治理的合法性。从某种程度上来说,合法性就是人民对标识和象征物的普遍认同。所以,革命运动要挑战传统政府的合法性,就必须向传统政府的象征物发出挑战,着手发明可以准确表达新秩序的理想和原则的政治象征物。

这种发明象征物的过程在法国大革命中尤其生动突出,因为革命者发现,在有机会思索所处形势之前,他们就已经身处革命当中了。法国人民的革命不是始于有组织的政党或连贯的运动,他们没有旗帜,只有一些简单的标语。他们是在革命进程当中才发明了象征物和仪式的。革命者从启蒙哲人那里得知,其他社会有各种象征物和仪式。但是以前的社会根本不值得仿效。罗伯斯庇尔说:"革命政体的理论,与

---

[4] Clifford Geertz, "Centers, Kings, and Charisma: Reflections on the Symbolics of Power," in Joseph Ben-David and Terry Nichols Clark, eds., *Culture and Its Creators: Essays in Honor of Edward Shils* (Chicago, 1977), pp. 150–171. 这些"思考"在Geertz, *Negara: The Theatre State in Nineteenth-Century Bali* (Princeton, 1980)(中文版,参见克利福德·格尔兹著,赵丙祥译:《尼加拉:十九世纪巴厘剧场国家》,上海人民出版社,1999——译者注)中有更全面的展开(虽然与欧洲的关联不多)。

建立革命政体的革命一样，都是全新的。我们没必要到政治作家的书本中去寻求什么理论，因为这些作家根本不能预见这次革命；也不要到暴君的法律中去寻找，因为他们只醉心于滥用权力，根本不会尽心实现合法公正。"[5] 荒谬的过去不具备任何指导意义。

然而，法国君主制曾经展示过象征的力量。托克维尔认为，波旁王朝不仅彻底限定了法国臣民的政治责任，还成功地将权力与君主制的象征性机构，尤其与君主本人相联系。权力的大小就取决于接近国王本人的程度。法国人民要重新获得作为公民的政治责任，为自己夺回权力，就必须消灭所有与君主制和国王身体有关的象征物。最后，他们采取了审判并当众处死国王的方式。就是因为波旁王朝非常重视象征统治的人或物，革命者才对其意义尤其敏感。

影响革命政治修辞的因素同样也促进了象征形式的发明。出于对组织政治，尤其是政党或派系政治的矛盾心理，新的象征物和庆典仪式就成了发展政治态度最容易被接受的媒介。种植一棵自由树，或穿上象征新国家颜色的衣服，不会代表任何"派系"。在象征领域里，政治冲突可以在不提政党或政客名字的情况下进行。所以，革命者对讽喻化、戏剧化和风格化的执着并不是古怪的失常，而是努力塑造自由人的基本要素。而且，从长远来看，象征形式让革命经验在政治心理上有了连续性。象征物和仪式赋予了大革命"长时段"（*longue durée*）的意义，切切实实地向人们提醒着共和制和革命的世俗传统。

但是在有些方面，革命者只是在旧制度的政治实践上进行了简单的拓展。托克维尔很早就观察到，革命者在打击君主制国家方面，并不如在提高其官僚政治和行政权力方面所取得的成就高。君主制的现

---

[5] 来自他的 "Rapport sur les principes du gouvernement révolutionnaire," 1793 年 12 月 25 日，in *Oeuvres de Maximilien Robespierre* 10（1793 年 7 月 27 日—1794 年 7 月 27 日）(Paris, 1967): 274。

代化梦想在共和政府下得到了实现。[6] 而且，在地方上，同国家部门一样，旧制度与新制度之间也存在延续。例如，虽然市府官员由更多的公民选出，但他们也得做会议记录，举行辩论，选任委员会，批准法令，并全面管理地方生活。[7] 所有革命城市议会的会议记录与旧制度相应机构的一样，语气都尽心尽责。

行政领域之外的政治活动也在激增，尽管革命者讨厌政客和政治花招。俱乐部、报纸、宣传册、海报、歌曲和舞蹈（所有这些"厅外"政治利益的常见表现形式）在 1789 年至 1794 年间快速增长。然而，不管报纸和俱乐部相比于革命前增加了多少，它们并没有使法国大革命的政治更加革命化；政府大厅外的政治事务激增只是让法国看上去更像英国或新建立的美国。使法国人民不同，使他们在自己和观察家的眼里更像"新人类"的，是他们坚定的信念：他们深信，就在当前，他们史无前例、独树一帜地建立起了一个新的人类共同体。

因为革命修辞坚持要与过去彻底了断，所以它质疑所有风俗、传统和生活方式。国家再生需要新人和新习惯，人民要在共和主义的模子里被重新锻造。因此，日常生活的所有犄角旮旯都要接受检查，找出旧制度的腐化痕迹后彻底予以扫除，以做好迎接新制度的准备。修辞上拒绝政治的另一面就是积极地到处注入政治。[8] 政治不是发生在限定的领域里，而是侵入了日常生活的方方面面。日常生活的政治化不仅是革命修辞的结果，也是自觉地拒斥组织政治的结果。通过政治

---

[6] 参见 Clive H. Church, *Revolution and Red Tape: The French Ministerial Bureaucracy, 1770–1850* (Oxford, 1981)，该书明白易懂。

[7] 有关法国大革命时期市政府的研究，可参见 Christiane Derobert-Ratel, *Institutions et vie municipale à Aix-en-Provence sous la Révolution, 1789–an VIII* (Aix-en-Provence, 1981)。

[8] 博勒对这种行为做了颇有启发性的描述："法国大革命就是一整套新实践，它们为政治注入了过多的象征意义。"(*Penser la Révolution française* [Paris, 1978], p. 73.) 但是，他对"新实践"本身并没有做多少分析。

化日常生活，大革命大幅度地提高了权力练习的可能性，而且增加了行使权力的方法和策略。[9] 通过拒绝特定的政治，革命者也为权力的表演开辟了令人意想不到的新天地。

日常生活的政治化并不是突然发生的，但是从一开始，参与者和观察者就都察觉到了法国正在经历某种变革，他们通过象征物来体验并解释这些变革。多塞特（Dorset）公爵在1789年7月16日写给伦敦英国政府的信中提到了"我们所知道的最伟大的革命"，他还详细描述了人们所戴帽子上的帽饰。[10] 7月22日，他汇报道，"我想，法国宪法和政府的革命现在看来是圆满结束了"，因为最近国王被迫去了巴黎。在一次默许七月革命的象征性游行中，"他像一头温顺的熊，被趾高气扬的议员和市民兵牵着"[11]。这些象征性行为，如戴上爱国帽饰和"羞辱"国王进入巴黎的情景，都是最清晰的革命变化标志牌，也是革命政治构建过程中最初的尝试。

第一批象征物一被发明出来，政治与社会相冲突的可能性就立刻变得明显了。帽饰就是一个很好的例子。据多塞特公爵所说，第一批帽饰是用绿缎带做的，但未被采用，因为国王的弟弟阿图瓦（Artois）伯爵家的仆人制服是绿色的，而这个伯爵臭名昭著。[12] 绿帽饰很快被

---

[9] 关于这方面，米歇尔·福柯（Michel Foucault）有关权力的分析比托克维尔的分析更富有成效，但福柯从来没有分析政治舞台上的权力。本章开发了一种可称作福柯式的分析方式，认为政治是为捍卫权力而创造发明出来的新策略。我认为，法国大革命就是这一过程的典型案例。福柯对权力的定义，可参见其著作 *The History of Sexuality. 1: An Introduction* (New York, 1978), esp. pp. 94—95（中文版，参见米歇尔·福柯著，张廷琛等译：《性史》[第一、二卷]，上海科学技术文献出版社，1989。——译者注）。

[10] PRO, FO 27, 法国, 32, 1789年5月—8月, 信no. 39。

[11] Ibid., 信no. 42。

[12] Ibid., 信no. 39 (1789年7月16日)。多塞特认为，红色和白色取代了绿色，是因为它们是奥尔良公爵的颜色。但是，大部分人则认为三色帽饰或花饰综合了王室和巴黎的代表色，可参见Albert Mathiez, *Les Origines des cultes révolutionnaires, 1789—1792*（转下页）

红、白、蓝三色帽饰替代。三色帽饰被广泛接受后,就呈现出了重要的政治意义。路易的生死简直就取决于他是否会戴上这三色帽饰。关于三色帽饰遭"冒犯"的谣言还促使许多妇女于1789年10月向凡尔赛进军。无疑,妇女们在向凡尔赛进军时都明白她们是在保卫革命,但没有任何关于"革命"的演说能像帽饰那样动员她们。当她们听说凡尔赛的士兵践踏了三色帽饰,并在原来的地方换上了代表波旁王朝的白色帽饰或贵族反革命的黑色帽饰时,她们就出发了。图4是一位佚名雕刻师绘制的当时三色帽饰遭冒犯的情景。一篇关于"十月事件"的

图4　1789年10月禁卫军在凡尔赛的狂欢
版画,来自 *Révolutions de Paris*,no. 13。据所附文本记叙,士兵们正踩踏三色帽饰,却向黑、白帽饰敬礼。(来自加利福尼亚大学伯克利分校图书馆影像部)

(接上页)(Paris, 1904), p. 30。不管是什么原因让人们采用了这三种颜色,帽饰都是一个发明革命象征物的好例子。马迪厄对此是这么描述的:"革命象征性符号是资产阶级和人民在1789年、1790年和1791年共同努力的产物,是在没有先入为主的思想,也没有总体规划的情况下,凭着非凡的自发性偶然形成的。"(p. 29)

报纸文章就引用了这幅图，这也体现了象征物在情绪调动上的重要性。当"象征法国自由的神圣标志"被践踏于脚下时，国民本身就被侮辱了。[13] 甚至在革命的最初几个月，象征物就已经明确了敌对双方——即便当时敌对双方还没有真正形成。

跟帽饰一样，自由帽、爱国神坛和自由树都出现在大革命的最初几个月。每个象征物的谱系不同，但都被广泛接受了。自从被发明并得到广泛传播以后，这些象征物就引发了各种竞争和对抗。例如，大革命的敌人拔出或任意破坏自由树，而地方政府又重新种植。权力的象征物不仅卷入一时的政治斗争，还出现在官僚作风与民众热情之间更隐秘的紧张关系之中。官员们有时希望能找到最初发明某民众象征物的个人，然后控制该象征物。例如，在共和二年，格雷古瓦写了《关于自由树的历史和爱国主义散文》("Historical and Patriotic Essay on the Trees of Liberty")一文。在文中他断言，第一棵自由树是1790年5月居住在普瓦图（Poitou）农村的一名教区牧师种的。但是，历史学家现在却发现，第一批"树"其实是1790年冬天居住在佩里戈尔（Périgord）的农民在发动反抗当地领主的叛乱期间所竖起的五月花柱（maypole）。柱子看上去像绞刑架，经常用来悬挂恐吓标语。被派去调查的牧师、显贵和国家特派员认为这些五月花柱是"侮辱的见证""反叛的象征"和"叛乱的纪念碑"[14]。然而，不久以后，自由树就成了坚持革命的普遍象征物。到1792年5月，全法国已经种植了6万棵自由树。[15]

---

[13] 引自文章 "Détails du 3 au 10 octobre 1789: Conjuration formée par les aristocrates contre notre liberté: Preuves et suite de cette conjuration," *Révolutions de Paris*, no. 13, vol. 1（该文章所附的版画就是图4）。

[14] Mona Ozouf, *La Fête révolutionnaire, 1789–1799* (Paris, 1976), pp. 280–290.

[15] 关于革命象征物的广泛传播，可参见Maurice Dommanget, "Le Symbolisme et le prosélytisme révolutionnaire à Beauvais et dans l'Oise," *AHRF* 2 (1925): 131–150; 3 (1926): 47–58, 345–362; 4 (1927): 127–134; 5 (1928): 46–57, 442–456; 6 (1929): 372–391; 7 (1930): 41–53, 411–442.

一旦象征物通过广泛传播得到普及，它们就更加官方化了。1792年7月5日以后，所有男子都必须戴上三色帽饰。而几天前，国民立法议会（Legislative Assembly）还要求每个市镇（commune）设立爱国神坛来迎接新生儿。雅各宾俱乐部和地方政府接管了种植自由树的任务，并将其变成了自己的一种庆典。禁止过度表现的法令也得到了通过。例如，在博韦（Beauvais），敌人会被拖到新种的树前，被迫表示敬意。官员们对此很头疼[16]，就在树周围竖起栅栏，划分出圣地，并规范进入圣地的行为。栅栏、法令，以及将这些象征物纳入官方典礼和节庆中，都是为了要规范新形式的民众权力。

这种规范行为的最重要表现就是节庆的制度化，奥祖夫对此做了生动描述。[17]第一批"原始"节庆诞生于1789年年末至1790年年初那段忧虑、恐惧又开心的日子，只是一些简单的暂时性的联合行动，或反对假想出来的阴谋策划，或推行新的革命象征，如种植自由树、强制大家戴帽饰和宣誓效忠革命等。1790年的联盟节就是规范举措的第一步。在典礼上，穿制服的人被有意安排在中心位置。正午时分，法国所有的士兵、国民卫兵和官员都进行宣誓，承诺保护人民和财产，保证粮食的自由流通和税款的缴纳。[18]普通老百姓聚集在典礼的边缘，观看三色帽饰、爱国神坛和其他自由标志如何通过他们的使用在新的国家仪式上被神化（见图2）。最初，是人民的热情赋予了象征物意义；现在，官方的典礼对它们进行了规范。这样，人民的贡献得到了承认，

---

[16] Maurice Dommanget, "Le Symbolisme et le prosélytisme révolutionnaire à Beauvais et dans l'Oise," *AHRF* 3（1926）.

[17] *La Fête révolutionnaire*. 另参见 Michel Vovelle, *Les Métamorphoses de la fête en Provence de 1750 à 1820*（Paris, 1976）.

[18] Anon., *Description de la Fête du Pacte fédératif, du 14 juillet, fixée par la ville, avec le réglement de la police*（Paris, n.d.）.

又同时被部分消解。

  随着节庆越来越复杂精巧，一批比较隐晦的象征物也加入进来。有些是从圣经或天主教中获得的灵感，但更多的则来自古代或共济会，自然得不到良好的"民众"共鸣，例如象征平等的共济会水平仪，象征联合的古罗马权威束棒（fasces），标志公民美德的古罗马和高卢的月桂，象征警惕的埃及人的眼睛，以及一群不仅代表自由还象征理性、自然、胜利、感性、怜悯、慈善等的女神[19]。长长的行进队伍挥舞着教化的旗帜，去参观那些能启迪民智的讽喻型"分站"。革命的新再现形式取代了天主教圣徒，新制度下的官员和盛大庆典的主持人代替了教堂和教区的牧师。[20]

  革命政权下的官员们极力规范民众的政治庆典，正如17世纪晚期反对宗教改革的教会尽力规范民众的宗教庆典一样。官员们将民众的象征物融入有组织的节庆和典礼当中，同时也为民众设计了其他象征物。其中，自由女神最广为人知，也最成功。其实在1792年自由女神被选为共和国印章的图案（见图5，在第3章会更具体地讨论这个选择）之前，法国人民就已经从图像中认识了自由女神。1775年，莫罗（Moreau）绘制了一幅自由女神像：这是一位身穿古罗马样式服装的年轻女子，手拿一根长矛，长矛上顶着一顶自由帽。[21]在法国大革命时期，自由女神最早出现在一枚为纪念1789年7月新成立的巴黎市政府而设计的勋章上。1792年9月，自由女神的形象得到了擢升，但在此之前，她的重要性却一直被其他法国"守护神"的形象所掩盖。如

---

[19] 对革命图像的充分阐述，可参见Jules Renouvier, *Histoire de l'art pendant la Révolution considéré principalement dans les estampes*（Paris, 1863），还可参见Dommanget, "Le Symbolisme"。

[20] David Lloyd Dowd, *Pageant-Master of the Republic: Jacques-Louis David and the French Revolution*（Lincoln, Neb., 1948）.

[21] Renouvier, *Histoire de l'art*, p. 401.

图5　1792 年的共和国印章
（法国国家档案馆允许转载）

墨丘利（Mercury）、密涅瓦（Minerva）和其他代表巴黎市的女性形象，都被印在 1791 年新发行的王室硬币的背面。[22] 等到法国大革命末期，自由女神的形象就与共和国的记忆紧密相关了。在集体记忆中，共和女神（*La République*）就是"玛丽安娜"（Marianne）。这个名字最初是革命的敌人为嘲笑自由女神——共和女神——而取的，但不久就成了一种满怀感情的亲密昵称，她的形象也频繁出现在此后建立的每个共和政体中。[23]

1792 年印章上的自由女神泰然自若，很难让人联想到革命"日

---

[22] Michel Hennin, *Histoire numismatique de la Révolution française*, 2 vols. (Paris, 1826) 1: 32—33.

[23] Maurice Agulhon, *Marianne au combat: L'Imagerie et la symbolique républicaines de 1789 à 1880* (Paris, 1979).

子"里民众运动的疯狂暴力。就像一位反宗教改革的圣徒,她表现了新秩序梦寐以求的美德:以更规范更普适的崇拜方式来超越地方主义、迷信和特殊性。自由是基于理性的抽象品质。她不属于任何团体、任何特定地区。她与1790年激进派所谴责的"荒谬习俗、粗野俗套话、荒唐幼稚的礼节、被教士篡夺的权利"[24]完全相反。然而,当自由女神得到官方承认并广泛传播后,她也为广大民众所用。革命政治实践运动,像其他反宗教改革的运动一样,不是单方面被规范的。[25]

著名的"理性节"就很好地体现了象征物的这种顺应性,尤其是自由女神的顺应性。根据激进派巴黎市政府的决定,原本定于1793年11月10日以自由的名义举行的节庆被改为"理性的胜利"。最初决定在以前的巴黎王宫(Palais Royal)举行,但为了能更加明确对天主教的攻击而改在巴黎圣母院举行。节庆既有精英的主题也有人民的关注,因为巴黎公社或市政府认为,自己能够调和国民公会议员的激进看法与巴黎底层阶级更切实的关注之间的矛盾。[26]一座"山"被安置在以前是天主教堂的圣母院中央,象征着国民公会中的左翼。山上的小型神庙流光溢彩,上面镌刻着"献给哲学"(À la philosophie)的题铭。神庙入口处还排列着启蒙哲人的半身像。一个组织者注意到:

---

[24] 根据1790年联盟节的一个观察员所说,这些都是用来描述加冕典礼的词语("cette fête bizarre [sic] instituée à l'avènement au trône")(Anon., *Description fidèle de tout ce qui a précédé, accompagné et suivi la cérémonie de la Confédération nationale du 14 juillet 1790* [Paris, n.d.])。

[25] 这里所做的关于反宗教改革运动的比较是基于Keith Phillip Luria,"Territories of Grace: Seventeenth-Century Religious Change in the Diocese of Grenoble,"博士学位论文,加利福尼亚大学伯克利分校,1982。

[26] 参见F.-A. Aulard, *Le Culte de la Raison et le culte de l'Etre Suprême (1793—1794)* (Paris, 1892)的分析。另外参见M. J. Guillaume, ed., *Procès-verbaux du Comité d'Instruction publique de la Convention Nationale* 2(1793年7月3日—共和二年雾月30日[1793年11月20日])(Paris, 1894): 803—806。

这次庆典与希腊、拉丁的虚伪仪式毫无相像之处，它直接触及人们的灵魂。乐器不像教堂里的蛇那样嘶叫。共和国的乐队在山脚下演奏着共同的语言（*en langue vulgaire*），人们都能理解演唱的曲调，因为它表达了自然真理，而不是神秘、异想天开的阿谀奉承。[27]

两队年轻女子身穿白裙，头戴月桂花环，手举火炬从山上款款走下，然后再折回，又袅袅走上山去。然后，"由一名美丽女子装扮的"自由女神从神庙里漫步走出，坐在用绿色植物装饰的王座上，接受在场共和人士的宣誓效忠（见图6）。

节庆中最令人意外的发明就是由一名活生生的女性装扮成自由女神。三天前，当市政府投票决定变更庆典地点时，人们脑海中想的还是平常所用的塑像："自由女神像要竖立在'前圣母像'的地方。"[28] 我们还不清楚为什么会有这个变化，但在许多外省城镇，这种仪式被一再模仿。[29] 让真人来扮演自由女神（或理性女神、自然女神、胜利女神——她们之间的区别在很多地方，甚至在巴黎，对于参与者或组织者来说都不甚明了）[30] 是出于对透明的再现形式的向往，因为这是一种接近本质的再现形式，不会引起像原来那种对虚假形象的盲目狂热的崇拜。一份报纸如此评论：

---

[27] 根据Guillaume（见本章脚注26），有关节庆的唯一最好的描述来自*Révolutions de Paris*，通常认为该书的作者是一个名叫莫莫洛（Momoro）的省行政人员，他也是节庆的组织者之一。引文来自*Procès-verbaux du Comité d'Instruction publique* 2: 805。

[28] 巴黎公社的决定在*Feuille du salut public*中有报道，引文来自ibid., pp. 803—804。

[29] 各省的理性节是去基督教化运动的顶点。理性节常伴随着声明放弃牧师职务、允许牧师结婚、焚烧宗教书籍和法器，简而言之，就是在力图建立新的公民迷信崇拜的同时，自觉地对天主教进行攻击。在Aulard, *Le Culte de la Raison*, pp. 112—194中有具体详细的描述。

[30] Ozouf, *La Fête révolutionnaire*, pp. 116—117。

图 6　1793 年 11 月理性节
版画，来自 *Révolutions de Paris*，no. 215。（来自加利福尼亚大学伯克利分校图书馆影像部）

  人们从最开始就希望改掉偶像崇拜的习惯；我们避免用毫无生气的自由女神像来取代圣餐，因为普通老百姓可能会误解，最终只是石头神取代了面包神……而这个活生生的女子，尽管有着迷人的魅力，但绝不会像石像一样被无知的人奉为神。

  我们应该不厌其烦地告诫人民：自由、理性和真理都只是抽象的存在，不是神，准确地说，就是我们自身的一部分。[31]

自由女神应该看起来像个普通女子，而不是供人迷信的圣像。但是，几乎各个地方选出的自由女神都像嘉年华女王——是村里或居民区里最漂亮的女子。人们在那天也确实将她奉为女王。因此，激进派希望

---

[31]　*Les Révolutions de Paris*, no. 215（共和二年雾月 23 日—30 日），vol. 17。

压制所有偶像的教育初衷却被民众的节庆仪式挪用并颠覆了。国民公会在节庆中没有承担角色，至少官方上没有。所以节庆结束后，参与者行进到国民公会，邀请议员参加重演。在巴黎地方政府的指引下，人民上演了自己的戏剧。

这种不久以后被称作理性节的节庆，展现了象征性权力领域中的复杂性。国民公会、巴黎市政府、地方战斗派和普通的巴黎民众都有着各自的利益与期盼。国民公会引介罗马的自由女神来取代法国的国王，成为政府及其正当性的核心象征。议员们企盼一种抽象的、与法国君主制的过去只有很少或者根本没有任何共鸣的象征。巴黎市政府在节庆时寻求的则是能够挑战天主教地位的方式；自由女神是世俗的，容易让人联想到理性（两者在图像上都由女性形象来再现），而且能够与天主教的核心女性形象——圣母马利亚——相抗衡。参加节庆的老百姓却将抽象、世俗的女神转化成了真人版的嘉年华女王，就像传统民众宗教仪式上的女王。然而，人民只能通过戏剧装饰、芭蕾舞演员的参与和戏剧音乐来塑造真人版女神。[32] 人民将自由塑造成他们自己的女神，但却发现她只是个演员，扮演着教化他们的角色。

并不是只有法国大革命的支持者会使用象征物来进行政治斗争，拓展政治立场。1799 年 5 月，图卢兹市行政官员写信给巴黎的公安大臣（Minister of Police），抱怨当地由黑圣母神像引发的示威。黑色的木制圣母神像（Notre-Dame-la-Noire）几个世纪以来在当地的宗教庆典上都起着举足轻重的作用。就在 1785 年，市议会还在一次求雨的公共游行中供奉了她。1799 年，这座神像被找到，供奉在当地的教堂里："神像募捐到了大笔钱，牧师使用的荒谬祝福语也有所更新；每个人都

---

[32] Judith Schlanger, "La Représentation du bien," 重印于 Schlanger, *L'Enjeu et le débat* (Paris, 1979), esp. pp. 123—127。

想拥有触碰过圣母马利亚雕像的东西，比如一块手帕、一枚戒指或是一本书。"行政官员非常气愤，因为"在启蒙世纪末，我们看到在我们的市镇，那些可悲的狂热主义又死灰复燃，这都要归咎于这个无知迷信的时代"。几天后，神像被焚毁。[33]

除了传统的宗教象征，革命创新的敌人还复兴了民众的嘉年华活动。四旬斋（Lent）之前，地方共同体组织了一些游行、巡游和舞蹈。这些庆祝活动往往会失控，发展成为对地方政府的喧闹性甚至暴力的挑战。在这些节庆上，戴面具和穿女性衣服的现象很普遍。1794年之后，"反恐怖"队的成员经常用这种方式掩盖身份，躲避当局。1797年1月，位于波尔多的吉伦特省行政机构通过一项法令，禁止化装或使用面具，尤其不能非法穿着"异性服装"。督政府特派员解释了制定这一法令的必要性：

> 在面具的掩饰下，复仇者胆大妄为地伸出了匕首；在面具的掩饰下，邪恶之徒侮辱虐待他们认定的敌人而免受责罚；在面具的掩饰下，小偷和恶棍轻易地抢夺他们觊觎的他人财物；在面具的掩饰下，有人轻率地投身于给家庭带来毁灭荒芜的放纵游戏之中。[34]

官方认为，面具和化装即使没有真正导致，至少也助长了人类共知的几乎所有政治和道德恶行。

---

[33] A.M., Toulouse, 2D4, "Correspondance de l'administration municipale," 共和七年牧月7日的一封信。关于塑像的历史，可参见 Abbé Degert, "Origine de la Vierge noire de la Daurade," *Bulletin de la Société archéologique du Midi de la France*, no. 31（1903）: 355—358。

[34] A.N., F^7 3677^9, Police générale, Gironde, "Arrêté de l'administration centrale du départment de la Gironde, qui prohibe les Masques et les Travestissements: Séance du 21 nivôse an V de la République française, une et indivisible."

这种对革命的象征性抵制根植于传统的民众文化之中。在 16 世纪和 17 世纪，地方民众使用嘉年华面具和地方圣贤来维护其集体的身份认同，抵挡主张改革的主教和野心勃勃的地方显贵的入侵。在旧制度末期，这种斗争不再激烈了，但法国大革命却复兴了这种斗争，并注入了新的政治内容。在一些愤懑的当地人看来，革命思想家和共和派显贵只是从旧制度的主教和地主那里接管了政权而已。相反，坚定的共和派却认为，嘉年华面具和黑圣母像代表的就是大革命极力想克服的王权、狂热、无知和迷信，也就是法国所有应受指责的过去。黑圣母像侮辱了自由女神，嘉年华面具遮盖了透明的公民的脸。

共和派明白，这些有关象征物的斗争远不"只是"象征性的，所以他们经常会拿起象征理性主义复仇的粗短棍。1796 年，坚定的共和派图卢兹市行政机构请求批准他们购买一座教堂来存储粮食；同年，他们又想将以前天主教的加尔默罗会女修道院（Carmelite convent）改造为植物博物馆；1798 年，他们还请求将修道院改造为粮食市场。[35] 不难想象，一些人特意明目张胆地去参拜当地的黑圣母像，就是为了要反对这些去基督教化的措施。共和派经常对这些象征性冲突所激起的敌意之深感到迷惑不解。例如，一名图卢兹行政官员被指责是"恐怖派"。他辩解说，"我总是基于最柔和的仁善来表达我的观点"，还将卢梭、伏尔泰和爱尔维修（Hervétius）引为其"道德原则"的根源。[36] 其实就是这些原则不可避免地导致了他与天主教会象征物和旧制度象征物之间的斗争。

革命者只有成功教化了民众才有希望赢得"象征的"战役。政治

---

[35] A.N., C 400 (no. 290), 402 (no. 327), 432 (no. 175).

[36] 这是雅克·韦斯（Jacques Vaysse）写给当地右翼报纸的一封信，参见 *L'Anti-Terroriste*，共和三年穑月 2 日（1795 年 6 月 20 日）。

教育中必要的强化课程就是要教会人民如何区分现时共和派的自由女神和过去王权制的黑圣母。因此，共和派政治实践的基本就是教化，要教会人民如何解读革命的新象征文本。当然，教育要从孩子开始。真正的共和派新一代只有通过有组织的、全国性的、非宗教的公共教育系统才能得以产生。正如1793年罗默（Romme）在报告中所说："宪法将赋予国家政治性和社会性的存在，公共教育则将赋予国家道德性和知识性的存在。"[37]

因此，法国大革命中的各个议会都提出了重新构建各级教育的宏伟计划。天主教会对教育的控制权被打破，基础教育不论社会背景向所有孩子开放。学校"校长"被非宗教的、由国家支付工资的学督（*instituteur*，字面含义是"建立新价值观的人"）取代。[38]虽然大部分计划由于时间仓促和经济窘迫被搁置，平等和免费入学的更激进观念在1795年之后也被放弃，但还是出版了许多教导手册和"共和教义问答"，并分发给新式学校的教师。[39]理论上来说，学生们除了要学习法语语法、读写，学习一点博物学知识和以前的共和政体实例，还要学习《人权与公民权宣言》（Declaration of the Rights of Man and Citizen）、共和国的领土疆界、共和诗篇和赞美诗，以及共和政府的原则。但是，

---

[37] *Rapport sur l'instruction publique considérée dans son ensemble, suivi d'un projet de décret... présentés à la Convention Nationale, au nom du comité d'instruction publique, par G. Romme* (Paris, 1793).

[38] 关于基础教育的立法，最好的概要可参见Maurice Gontard, *L'Enseignement primaire en France de la Révolution à la loi Guizot (1789—1833)* (Lyon, 1959), pp. 79—188.

[39] 关于问答教学法的普遍讨论，可参见Jean-François Chassaing, "Les Manuels de l'enseignement primaire de la Révolution et les idées révolutionnaires," in Jean Morange and Jean-François Chassaing, *Le Mouvement de réforme de l'enseignement en France, 1760—1798* (Paris, 1974), pp. 97—184. 另可参见Emmet Kennedy, "The French Revolutionary Catechisms: Ruptures and Continuities with Classical, Christian, and Enlightenment Moralities," *Studies on Voltaire and the Eighteenth Century* 199 (1981): 353—362.

那些负责监督教育的地方行政官员却发现，教师人手不够，准备不足，而且还缺乏对新秩序的热情。[40]

无论如何，共和派不能只等待新一代的成长，还要努力改造成人。最重要的"雅各宾派学校"就是1792—1794年的军队。[41] 国民公会派遣议员深入每支正在战场上的队伍，监督士兵和军官遵守共和国纪律。他们逮捕叛徒，设立革命法庭，分发公告、演说、宣言、讲义，甚至报纸。政府出资订购了5 000份雅各宾派报纸《自由人报》（*Journal des hommes libres*），而且9个多月里向军队直接运送了100万份《迪歇纳老爹报》。宣传攻势最高峰的时候，国民公会一天之内就往军队运送了3万份报纸。[42] 而且，还专门为军队策划了胜利节，许多公民节庆也有大量军人参加。一名中尉给战争部（War ministry）官员写信，请求运送更多的报纸，从信中可以清楚地看到对这种改造成人的努力的评价："士兵们心地善良，但需要启蒙。"[43]

甚至革命官员也必须接受教育，以适应新角色。为了实现这一目的，中央政府开始了没完没了的信息公告，具体介绍官僚的职责和原则。中央政府要求各省代理人定期提供报告，各省又要求下属各市代理人提供报告。定期统一的信息收集确保了政府能及时了解民众观点，

---

[40] 关于教育的实际状况，可参见G. Chianéa, "L'Enseignement primaire à Grenoble sous la Révolution," *Cahiers d'histoire* 17 (1972): 121—160。关于法国大革命所取得的成就，一种更肯定的观点可参见Emmet Kennedy and Marie-Laurence Netter, "Les Ecoles primaires sous le Directoire," *AHRF* 53 (1981): 3—38。

[41] Jean-Paul Bertaud, *La Révolution armée: Les Soldats-Citoyens et la Révolution française* (Paris, 1979), pp. 194—229。

[42] Marc Martin, *Les Origines de la presse militaire en France à la fin de l'Ancien Régime et sous la Révolution (1770—1799)* (Paris, 1975), pp. 149—227。

[43] 中尉特别请求运送《迪歇纳老爹报》和《马拉之灵报》（*L'Ombre de Marat*），参见Arthur Chuquet, *Lettres de 1793* (Paris, 1911), pp. 162—163。

与此同时又提醒其代理人和下级部门要保持忠诚。这种举措的精神可从旺代（Vendée）省的督政府特派员写的一封信中窥见一斑。这封信是写给该省各市级行政机构特派员的，提醒他们要每十天（décade，根据新革命历法，是"十天"的意思）提供一份地方形势的"分析报告"。他抱怨许多人缺乏热忱，并坚持认为"我有权利要求你们提供井井有条的精确叙述、有理有据的结论和新的观点，尤其要求准确"。为了鼓励他们，他还随信寄了几份印刷好的分栏报表，以备填入针对每项问题的回答。他的结论是，官员的热忱（他在信中多次用到该词语）是"完善政治机器"的关键。[44]

实行全民教育、在军队中做宣传、处理官僚日常事务等，都是为了拓展权力而采取的策略。这些策略通过将官员和普通公民纳入共和制国家里，有效地"完善政治机器"。在此之前，从来没有出现过像这般野心勃勃的政治规范行为。1792年9月宣告共和后，共和派官员发现，民族复兴力量与反革命密谋之间的斗争几乎到处都可能发生。报纸、军装、政府报表和学校课本，同帽饰和自由树一样，都可以是政治象征物。现在，甚至空间、时间和重量的计量单位也被列入考虑范围。所有人都要使用相同的语言、相同的重量及其他计量单位，并将旧硬币上交。而且，一个致力于建立公制系统的专门委员会也成立了，国民公会还颁布了新的历法。七日为一周的历法被取消，开始使用十日一旬，每月都有三旬。"陋俗时代"的命名被取消，改用能够反映自然和理性的名称来称呼月份和日子，例如，让人联想到春天的嫩芽和鲜花的Germinal（芽月）、Floréal（花月）和Prairial（牧月）（这三个月合起来对应3月21日到6月18日），无须借助圣徒之名就能理性地表

---

[44] A.N., F^{Ic} III Vendée 7, Correspondance et divers, 1789—1815, 日期为共和六年牧月28日的信。

明日期次序的 primidi（第一日）和 duodi（第二日）。[45] 在图卢兹，市府官员竟然与钟表匠签约，要将市政厅的钟改为"十进制"。[46] 甚至钟也能见证法国大革命。

大革命时期的政府有着严格的等级制度，在1792年后激进派掌权时尤其明显。在巴黎的议会（1792—1795年是国民公会）组建了中央政府，并希望威权能够自中央政府传达到各省，最终到各市。然而，尽管国民公会通过法律法令重新组建了教育体制、军队和官僚体制，但是，有关权力的战略和战术并不能简单地自上而下传递，或是从巴黎传递至外省。正如某些革命象征物来自民众的实践，一些政治再教育的伎俩同样也来自地方。1789年，甚至在巴黎的议员想到重新组建官僚体制之前，地方政府就已经有了自己的官僚程序。[47] 有些省的地方行政机构在国民公会就计划达成一致之前就已经在重新组织公共教育。[48] 而且，这些地方政府的成功举措，很大程度上都仰赖当地民众的"热忱"。

在大革命的大部分时期，尤其是1792年和1793年，政治动员基本上都发生在常规的、官方的政府渠道之外。俱乐部、民众社团

---

[45] 简要叙述可参见Bianchi, *La Révolution culturelle de l'an II*, pp. 198—203。革命历法的一年之始对应公历的9月22日（共和八年和九年是9月23日）。月份名称（自9月起）依次是葡月、雾月、霜月、雪月、雨月、风月、芽月、花月、牧月、稿月、热月和果月。多出来的5天（每月有30天）被称为"补充日"（*jours complémentaires*），并于共和二年被称作"无套裤汉日"（*sans-culottides*）。

[46] M. J. de Rey-Pailhade, "Etude historique sur l'emploi du calendrier républicain et sur le temps décimal à Toulouse pendant la Révolution," *Bulletin de la Société de Géographie de Toulouse* 27（1908）: 429—457.

[47] Lynn Hunt, *Revolution and Urban Politics in Provincial France: Troyes and Reims, 1786—1790* (Stanford, 1978), pp. 81—82.

[48] 例如，热尔省在1793年11月就通过了在小学设置教导课程的具体法令（G. Brégail, *L'Instruction publique dans le Gers pendant la période révolutionnaire* [Auch, 1899], pp. 3—6）。

和报纸主动承担了为共和主义事业改造地方人民的责任，包括改造地方卫戍部队。妇女俱乐部、工匠和店主行会也明确投身于共和主义的自我促进运动中。例如，一个由工匠和店主组成的"爱国主义协会"于1790年在波尔多成立，因为"既然每个人都是国家的一员，那么新秩序就可以号召所有人来参加公共行政管理"。协会的目的就是要通过讨论国民议会的法令和阅读报纸期刊来教育所有人民承担可能的责任。[49]

简而言之，革命国家的权力并不是因为领袖为自身利益操纵民主意识形态和官僚实践才得到了扩张；当不同阶层的民众发明并学会了新的政治"微观技术"时，权力在每个层面才得到了扩展。[50]做记录，旁听俱乐部会议，阅读共和主义诗篇，佩戴帽饰，缝制旗帜，演唱歌曲，填写报表，进行爱国主义捐赠，选举官员等，所有这些行为汇聚在一起，共同催生了共和主义公民和合法政府。在革命形势下，这些普通行为被赋予了不同寻常的意义。所以，权力不是某个派系所拥有的一个有限量（finite quantity），而是一个由各种创造了意外资源的活动和关系组成的综合体。革命队伍取得的意外胜利，只是在发现新的社会和政治能量过程中产生的最璀璨的果实而已。

虽然革命政治实践使有关权力的战略和战术迅速增多，但同样存在困扰革命修辞的紧张性，最主要的就是透明的信念与必要的教化之间的紧张性。如果人民意愿的真实性和公正性是不言而喻的，或者

---

[49] Pierre Bécamps, "La Société patriotique de Bordeaux (1790—1792)," *Actes du 82e Congrès-National des sociétés savantes. Bordeaux. 1957* (Paris, 1958), pp. 255—283, esp. p. 257.

[50] 参见福柯的 *Discipline and Punish: The Birth of Prison*, trans. by Alan Sheridan (New York, 1979)（中文版，参见米歇尔·福柯著，刘北成、杨远婴译：《规训与惩罚》，生活·读书·新知三联书店，1999——译者注），pp. 135—194。政治权力的微观技术可以譬之于福柯的"数以百计的小型惩罚剧场"(p. 113)，只是在法国大革命中，这些技术不仅具有监禁性，还具有潜在的解放性。

说深入人心的，那么，为了让美德来主宰一切，只要将人民的意愿说出来就可以。所以政治机制即使不是无关紧要的，那也只是次要的，至少在理论上应该如此。正如罗伯斯庇尔所说，"美德是单纯、谦逊、贫穷，常常无知，有时粗糙；它们是不幸者的品性，人民的世袭财产"[51]。心灵如果透明，美德就会闪光。如果人人都有好德行，有德行的共和国几乎就会自然生成。只有腐化的社会才需要政治，政治的存在就是社会败坏的标志。那么，革命实践就是要将人民的意愿从过去的镣铐中解放出来。

然而革命经验却显示，无知和迷信并不容易克服。罗伯斯庇尔自己也认识到了这个问题，他承认："我们用双手托举起仍遭受着专制主义炙烤的自由神庙。"[52] 大革命接近尾声时，斯塔尔夫人（Madame de Staël）总结说："共和主义在启蒙思想为其铺好道路之前就来到了法国。"[53] 结果，革命者必须坚信自己具备在短期之内重新建构社会和塑造个人的能力。为了这个目的，他们启动了浩大的学究式力量，政治化了日常生活中所有可能的方方面面。教化铺平了道路，透明才能实现。

透明与教化之间的紧张可以从苦心经营权力象征物这一点上看出。民众"发明"的象征物，例如帽饰和自由树，因为体现了人民的声音，所以必须被纳入象征物的整套体系。但同时官员们又极力规范这些民众形式，并将他们自己的象征物（例如共和国的女性代表——自由女神）强加给人民，以此进一步教育人民去了解他们的权利和职责。但是，政府规范只有承诺恢复人民的声音，恢复自然和理性的价值观，

---

[51] *Oeuvres* 10: 278.

[52] 来自 Alfred Cobban, "The Political Ideas of Robespierre, 1792—5," *Aspects of the French Revolution* (New York, 1968), p. 192 的引文。

[53] *Des Circonstances actuelles qui peuvent terminer la Révolution et des principes qui doivent fonder la République en France*, ed. by John Viénot (Paris, 1906), p. 33.

才具备合法性。教化是否正当，取决于是否透明。

有时，透明与教化之间的紧张也会表现在言词与意象，即语言再现形式和视觉再现形式之间的相对关系上。共和派领袖赋予了言词，尤其是篇幅较长的散文特殊的意义。农民可能在五月花柱上悬挂恐吓标语，城市里贫穷的出师学徒工和日薪工人也能理解威胁粮食商人的粗简布告。但共和派领袖却对言词有着更多的希冀；言词是自由的标志和保证，同时也是通过阐述进行规范的一种方式。自发的民众节庆不需要公告，但每次有组织的巴黎节庆都准备了印好的节目单、识别性旗帜和刻着文字的意象。朱迪思·施朗泽（Judith Schlanger）将这种行为称为"政治教育的话语构建"："这种题字证实，语言文字的阐明功效（l'explicitation）强于视觉再现形式的含义展示。"[54]

语言解释很重要，因为法国大革命的象征性架构需要不断阐述说明。大革命的政治文化生来就不断变化，神话般现时总是在更新。每几个月就有一批新象征和新意象，而"旧"意象也经历了频繁的修正。在大革命的流动政治形势下，对意象和象征物的解读出现了越来越多"正常"的不确定因素，结果，语言文本似乎比附录更加不可或缺。演说、旗帜与题字指引着参与者和旁观者的注意方向，压制不必要的阅读，诱导"正确的"阅读。[55]而且，演说和文本还确保了革命经验的延续。尽管政权几经易手（见第 5 章和第 6 章），象征物也多有变化，但阐释的原则却保持不变。

没什么比革命服装更能清晰地展现透明与教化之间的紧张的了。大革命一开始，服饰就有了政治意义。例如，当 1789 年 5 月 4 日三级会议伴随着庆典游行召开时，许多观察者惊讶地发现，王室要求

---

[54] "Le Peuple au front gravé," in *L'Enjeu et le débat*, pp. 163–164.

[55] 关于言词与意象的关系，可参见 Roland Barthes, "Rhetoric of the Image," in his *Image, Music, Text*, trans. by Stephen Heath (New York, 1977), pp. 32–51。

不同阶层的人穿不同的服装：第三等级的代表穿阴暗的黑色；贵族们则戴金色饰带，穿白色长筒袜、蕾丝领巾，帽子上还插着精致的白色羽毛。[56] 参观者约翰·穆尔（John Moore）评说，着装的不同不仅激怒了第三等级，还引发了政治服饰的革命："不久以后，在磨光绒毛的棕色大衣外披一件小小的黑色斗篷成了受人尊敬的装扮；后来，斗篷被搁置到了一边……简朴甚至破旧的着装……被认为是爱国主义的表现。"[57]

1789年之后的最初几年，革命者强调要消除令人讨厌的服饰差异。宗教服饰被取缔，城镇官员唯一被允许穿戴的服饰标记就是三色围巾。[58] 同时，一些个人装饰物可能暗示着装人是否支持大革命；帽饰的颜色，甚至帽饰的材料（羊毛比丝绸少一些虚饰）也都有了意义。1792年之后，着装方面越来越重视社会平等。一些激进的政客开始穿短夹克和长裤，甚至穿上了无套裤汉和城市老百姓阶层穿的木屐。[59] 巴黎一些区域的战斗派也经常佩戴红色的弗里吉亚便帽（Phrygian bonnet）或自由帽（当然是羊毛制的）。但大多数资产阶级领袖鄙夷这种装束，还是穿着马裤和褶皱衬衫。

1794年5月，对着装的关注达到了高潮，公共安全委员会（Commission on Public Safety）向艺术家-议员大卫（David）请教如何改进民族服

---

[56] *Costume de Cérémonie de Messieurs les Députés des trois Ordres aux Etats-généraux*（Paris, 1789）.

[57] *A View of the Causes and Progress of the French Revolution*, 2 vols.（London, 1795）1: 150.

[58] 在1790年10月和11月、1791年3月、1792年8月都提到过宗教服饰。市政官员佩戴围巾这一项是在1790年3月20日颁布的。参见Yves-Claude Jourdain, *Table générale alphabétique des matières continues dans les décrets rendus par les assemblées nationales de France, depuis 1789, jusqu'au 18 brumaire an 8*（Paris, an X）.

[59] Jennifer Harris, "The Red Cap of Liberty: A Study of Dress Worn by French Revolutionary Partisans, 1789—1794," *Eighteenth-Century Studies* 14（1981）: 283—312.

饰，如何使民族服饰更适应共和及革命的特点。大卫认为，要通过服饰来确保外观上的平等，消除政治差异的表述，最合理的办法就是设计一套全国性的公民制服。[60] 委员会非常喜欢他的设计，订制了2万份设计版画的复本，分发到全国公共官员的手中。珍妮弗·哈里斯（Jennifer Harris）在近年关于革命服装的研究中下结论说，大卫设计公民服饰的灵感来自历史、戏剧和所处的时代。短短的、敞开式的束腰上衣搭配贴身的长筒袜让人联想到文艺复兴时期的时尚，斗篷则让人想起了古典服饰。[61]

大卫的设计中，比折中主义和古典主义更值得注意的一点是，他明显回避了无套裤汉的着装。如果所有人都要看起来一样，那也应该是以一种恰当的、高尚的方式看起来一样。如果要消除差别，那也应该是向上看齐，而不是向下。大卫的设计没有表现出对平等的激进冲动，只表达了资产阶级要将古典主义进行到底的幻想。在实践中，很明显只有资产阶级精英才有钱穿那样的衣服，而且事实上，大卫设计的服饰从来就没有生产过。但是，委员会的请求和大卫的回应不只具有逸事的意义，它们还表现了当时对共和派外观的要求。服装，作为外观的表现形式，是界定革命实践的重要方面。

寻找合适的革命服饰包含了革命政治中的所有矛盾。大卫设计公民服饰的意义不仅在于他设计的服饰与无套裤汉的服装截然不同，还在于它是一项更宏伟计划（就是为军事、立法、司法和行政部门设计不同的服饰）的一部分。同时，每种官员服饰的版画都被预订了6 000

---

[60] Harris, "The Red Cap," p. 299. A.N., AF II 66, Comité de Salut Public, Esprit public, Dossier 489: "Arts, Caricatures, Costume national, 1793—an III," piece no. 15, 由巴雷尔（Barère）、科洛·德埃布瓦（Collot d'Herbois）、普里厄（Prieur）、卡诺（Carnot）、俾约-瓦伦（Billaud-Varenne）和罗伯斯庇尔签署。

[61] "The Red Cap," p. 307.

份复本。[62]虽然大卫设计的官员服饰看上去近似公民服饰，但区别还是很明显。例如，法官和立法委员穿长及脚踝的斗篷。[63]要使人民能够辨识出他们的代表，代表的服饰就要体现出不同和区分。大卫的方案受到相互矛盾的两股力量的影响。一方面，议员或人民的代表应该只是人民的透明反映，要像人民，因为代表本身就是人民的一部分。因此，每个人应该穿着一种新的、能够消除差别、全国性的统一服装。但另一方面，很显然，代表们是他者，是不同的，事实上并不像人民，因为代表们是教师、统治者、人民的向导。相应地，官员制服就应该有区分，便于辨识。

罗伯斯庇尔倒台，恐怖政策结束后，推广公民服饰的想法慢慢消退，但立法委员还没有放弃制订官员服装的计划。1794年10月，重新组建的公共安全委员会同意支付雕刻师德农（Denon）复制大卫设计图的报酬；他复制了总共将近3万份的设计图，得到了约2万法郎的报酬。[64]国民公会最后的行动之一就是通过了为新成立的督政府而制定的有关官员服装的法律：为议会两院、督政官、大臣、国家信使、法警、司法官、治安法官（justices of the peace）和省市级行政人员设计服饰（1795年10月25日）。[65]

---

[62] A.N., AF II 66, piece no. 19.
[63] Harris, "The Red Cap," p. 307.
[64] A.N., AF II 66, pieces nos. 40—50.
[65] 议员布瓦西耶（Boissier）在会议一开始就请公共教化委员会（Committee on Public Instruction）展示了他们设计的服饰，但这种服饰却被当场否决，因为看上去像雅各宾派的服饰。谢尼埃（Chénier）称，目前的服饰不行："绘画和雕塑艺术永远无法接受我们当下所穿服装的平庸和局限，正是这种打扮让'网球场宣言'的伟大蓝图几乎无法实现。"谢尼埃的观点反映了很多人有关服饰的想法。议员们觉得有必要穿得像伟大人物一般，而唯一可能的做法就是穿着古时的服饰。得知这种观点之后，国民公会就投票决定采纳格雷古瓦的设计方案。*Réimpression de l'Ancien Moniteur* 26: 165（共和四年雾月12日 [1795年11月3日]）。

1795 年制定的这项有关官员服饰的法律基本上依据的是 1795 年 9 月 14 日格雷古瓦所作的报告。他在报告中提出了制定官员服装的最明确原则:"符号语言自有辩术。有明确区分的服饰就是这样,因为这可以使客体产生同类的想法和情感,尤其当它凭借自身的生动逼真来左右人们的想象时更是如此。"[66] 服装不是化装或面具,而是增强对自然真理的感知的一种手段。"公共官员的服装就是要告诉公民:穿这身衣服的人是法律人……自由民族不需要偶像,但在每件事上都需要秩序、良俗和公正;自由民族在尊重崇敬立法议员、行政官员,即自己的选举成果(*ouvrage*)的同时,也实现了自尊自重。"[67] 公共官员的服装要实现两个相关目的:通过区分公共官员与其他人民来描绘特定的政治区域,并在此过程中致力于建立更高的政治规范,也就是格雷古瓦所说的对立法议员的尊敬。让人民知道有人代表他们,并鼓励他们尊重崇敬这些虽然与自己不同,但源自自己意愿的代表。

在 1795 年的报告中,格雷古瓦还很关注如何避免恐怖统治时期的"过度"民主:

> 服装的好处不仅在于以某种方式分辨出立法议员,而且毫无疑问,也会给法国带来活力:从现在起,会议场所就不再混乱了,走廊被封,就避免了人员走进走出的干扰;会议可能不像以前那样频繁,持续时间也会更短……三年之内催生了 15 000 条法令的旋风般事件和激情都将被驱散。到时候,我们就能节省出更多仅次于真理和美德的宝贵时间。所有会议都将内容充实,立法议员凭着庄重的风度和体面的服装,让人回想起国家的威严。[68]

---

[66] *Du Costume des fonctionnaires publics: Rapport fait par Grégoire (Séance du 28 fructidor an III).*
[67] Ibid.
[68] Ibid.

格雷古瓦的这份报告透露出议员们对那些看似琐碎如托加袍（toga，见图7）般的事物寄予了怎样的希冀。通过服装来确定立法议员的身份，可以清晰地区分代表与被代表者、国民代表与国民。那些现在坐在楼上旁听席，却想象自己也能平等说话的人，再也不可能干扰会议了，因为他们现在的穿着与议员席上的议员不一样。换句话说，官员服饰实现了政治区分，维持了政治秩序。议员们在讨论斗篷和帽子的问题时，也正在形成关于政治、再现和等级的概念。

官服又继续困扰了议员们几年。格雷古瓦在报告中建议穿戴不同颜色的长袍和天鹅绒帽子（见图8）。红色、白色和蓝色毫无疑问是主要颜色，所有布料也应产自法国。1797年11月，议会认识到格雷古瓦的建议难以实现，就将此任务简化，规定所有议员的穿戴都一

图7　1798—1799年元老院会议
（法国国家图书馆图片收藏部允许转载）

样："国民蓝色"的"法国"大衣、三色腰带、鲜红色的希腊式（*à la grecque*）斗篷和配有三色羽饰的天鹅绒帽子。[69] 尽管在运送上有困难，但所有议员还是在次年2月都穿上了官服。[70] 公众并没有如格雷古瓦所希望的那样热情接受官服。《箴言报》(*Moniteur*) 观察道："这么多的红色衣服让眼睛感到极度疲劳；但不得不承认，这种服饰确实优美、威严，有元老院议员的风范。"然而，编辑又警告说，只有坚持定期穿

图8　1798—1799年政府官员服装
（法国国家图书馆图片收藏部允许转载）

---

[69] A.N., C 519 (no. 194), "Extrait du procès-verbal des séances du Conseil des Cinq-Cents," 共和六年雾月29日。

[70] 这批斗篷在里昂（Lyon）被误当作英国的走私品没收！(A.N., C 521 [no. 225], "Résolutions du Conseil des Cinq-Cents approuvées par le Conseil des Anciens," 共和六年雪月27日。)

着才能消除可能出现的讽刺意味。[71]一个到巴黎参观的外国人发现立法委员的服装"高贵优雅，但是它与日常的穿着相差甚远，看上去有点像戏服……这个缺陷使它至少在现在很难实现严格意义上的体面和真正的威严"。[72]

督政府统治时期（1795—1799年），尽管立法机关对公民统一服饰已经不抱指望了，但对公民着装的关注却没有消失。如何着装一直以来都是个人自由（1793年10月29日国民公会宣布，着装自由是一种权利），但是直到1798年12月，五百人院（Council of Five Hundred）还在讨论是否要惩罚那些不戴国民帽饰的本国人，是否要禁止外国人戴这种帽饰。[73]在立法机构之外，"集结的标志"还是像以前一样可能会引起派系分裂。1798年，一本配有插图、题为《政治漫画》（Caricatures politiques）的小册子描绘了共和派中的五种"阶层"。[74]这些阶层是按照他们不同的原则、旗帜和格言，即他们的政治来区分的。但是，通过日常服饰、"风格"或生活举止更容易辨别他们。

"独立人"（independents）明显是真正的共和派，"受过良好教育，能成就伟业"。他们外表看上去骄傲高贵、举止自信、服装整洁，通常穿着制作精良的白色亚麻紧身裤、及踝靴子、晨礼服和圆帽（见图9）。相反，"排外分子"（exclusives）的脾性却粗鲁、"可疑"、烦躁（见图10）；眼睛不适应天光，所以更愿意待在黑暗中（这是一个不太精当的比喻，指他们的本性不够开化）；通常不关注头发，衣服有时很脏，穿短外套和普通羊毛制的裤子，鞋子用皮绳束住，戴古怪的帽子，多数

---

[71] *Réimpression de l'Ancien Moniteur* 29: 158（共和六年风月3日［1798年2月21日］）。

[72] Henri Meister, *Souvenirs de mon dernier voyage à Paris (1795)* (Paris, 1910), p. 106.

[73] 共和七年霜月15日（1798年12月5日）和共和七年雪月7日（1798年12月27日）的《箴言报》中有相关报道。

[74] 署名为博韦（Beauvert），共和六年。

时候都抽着短短的陶制烟斗，所以常常有着难闻的口气。"排外分子"是无套裤汉的战斗领袖。

　　人们可以通过穿着来辨别出优秀的共和党人。穿着得体是美德的标志，服饰通常能展现一个人的政治特征。真正的共和党人服饰是可以预见的，而"叛徒"(les achetés)却从来没有自己的特色外观，"恪守者"(systematics)每两周换一次衣服，"肥猫"(les enrichis，暴发户)则穿着只要是闪光奢华就能让他们愉悦的服饰。这种以穿着来分类的巧妙发挥是典型的督政府统治时期的政治关注。罗伯斯庇尔倒台后，政治区分变得越来越复杂，结果，要弄清共和派的外表就越来越敏感微妙。即使在共和派内部也有五种阶层。

图9 "独立人"
（法国国家图书馆允许转载）

公民和官员的服饰成为关注的焦点，是因为服装是一种政治符号。在旧制度下，不同等级、职业和行业就是根据服装来确定身份的，贵族、教士、法官，甚至共济会会员就是如此。革命者想打破讨人厌的社会区分系统，但又相信服装能展现一个人的某些特征。服装，在政治上可以说是透明的，因为可以从一个人的穿着来分辨出他或她的政治特征。这种观点发展到极致，就引导人们去寻找一种合适的公民统一服饰。如果每个阶级或群体中的人都有相同的美德，那就没有理由进行服装的社会或政治区分了。所有真正的共和党人看上去都应该彼此相似。

图10 "排外分子"
（法国国家图书馆允许转载）

但另一方面，共和党人也认识到，新国家要实现真正的自由还有很长的路要走。人民要在共和主义的模子里被重新锻造。这样看来，服装就不是性格的反映，而是重塑性格的方式。穿着全国性的公民制服能加深公民的民族观念，实现全民共和，就像说法语而不说方言会让他们更有民族观念和公民精神一样。红色托加袍能让立法议员的举止更显庄重严肃，最终使政治程序本身成功具备共和主义特色。服装可以衡量一个人，但更可以塑造一个人。

对平等的迷惑使共和党人越发不确定服装的政治意义了。督政府政客们明白，他们必须毫不妥协地直面此问题，因为他们想避免他们认为以前政权所发生的过激行为。因此，《政治漫画》的作者还是明确区分了优秀的共和党人（"独立人"）与真诚鲁莽的无套裤汉（"排他分子"）。从这种区分不难看出资产阶级的社会成分：优秀的共和党人穿得像资产阶级精英一般，没有旧制度下贵族的矫饰造作。甚至在恐怖统治时期，国民公会的议员们也担心服装与个人行为标准的退化。格雷古瓦为雅各宾派政府说话，指责说："那种污秽的言谈流毒甚广，甚至连妇女也沾染上了……语言、品味和道德的败坏是真正的反革命……只有体面周到的（soigné）语言才能配得上共和党人高尚灵敏的情感（sentiments exquis）。"[75] 这段话里，他还可以将语言替换成服装。如果下层阶级还有希望的话，那就是要学会跟上比他们更优秀的人；比他们更优秀的人是不愿意自降身份的。

关于平等，最让他们困惑的不是社会平等，而是政治平等。即使有，也是极少数雅各宾派领袖会相信所有人都应该或可能实现社会平等；很少有人会想看上去像无套裤汉。雅各宾派像卢梭一样，相信极端的不

---

[75] *Rapport sur les inscriptions des monuments publics, par le citoyen Grégoire (séance du 22 nivôse an 2).*

平等很危险，但他们没想到，政府可以不用去改善所有的不平等。更紧迫的问题是民主，尤其是如何处理人民与其代表之间的关系。甚至督政府派也相信，人民应该通过频繁的选举来参与政府事务；代表们就是格雷古瓦所谓的人民的选举成果。但人民与代表之间的界线是什么？随着大革命的推进，似乎没有出现任何界线。源源不断的请愿书、信件和演说使人民的要求都得到了议员们的注意。1789年10月，国民制宪议会迁到巴黎，议员们发现自己必须与巴黎人民面对面交流，因为巴黎人民希望能在立法机关里叙述他们的好恶。1793年5月中旬，国民公会搬到杜伊勒里宫剧院（*Salle de Spectacle*），使听众参与的可能性加大。即便如此，罗伯斯庇尔也不满意；他建议国民公会建一个能容纳12 000名观众的会议场所，因为只有这样，大众的意愿、理性的声音和公共的利益才能被听见。[76] 要确确实实地对待民众的参与。

经历了1793—1794年的广泛民主之后，共和三年（1795年）新宪法的撰写者最关注的问题之一就是限制观众的数量和作用。[77] 罗伯斯庇尔的继任者认为，应该在人民与其代表之间更加清楚地划清界限。如果要保证政治生活的稳定，就要更加清晰地绘制政治会场的分界线。格雷古瓦称，官员服装可以"以某种方式"分辨出立法议员，消除可能干扰立法会议进行的"不稳定现象"。官员服装的合理不是因为它重新确立了社会等级，而是因为它鼓励适当的共和主义（政治）尊重。立法议员、法官、行政人员和部队军官不一定在社会意义上更优秀，至少在理论上并非如此，但在政治意义上却不同。议员们希望官员服饰

---

[76] Joseph Butwin, "The French Revolution as *Theatrum Mundi*," *Research Studies* 43 (1975): 141–152, esp. pp. 144–145.

[77] 尽管议会会议向公众开放，但观众的人数不能超过议员的一半（*Projet de Constitution pour la République française et discours préliminaire prononcé par Boissy-D'Anglas, au nom de la Commission des Onze, dans la séance du 5 Messidor an III* [Niort, n.d.], pp. 93–94）。

可以固定政治符号体系，消除政治阐释中一再出现的不确定现象。官员服饰可以明确国家的声音。

服饰并没有像议员们所希望的那样迅速成为新的政治习惯，鲜红的托加袍也没能阻挡拿破仑的崛起，反而是一些穿红色长袍的人将他引进了权力的走廊。共和主义实际上是一种思想状态，不是一种时尚潮流。然而，由于这些古怪夸张的努力，共和党人学会了一套重要持久的真理。共和主义的学徒期即使不需要新服饰，也确实需要新习惯和新风俗。如果没有政治场所的分界线、对立法议员的尊重和受过政治教育的人民，共和主义就难以幸存。罗伯斯庇尔倒台后，共和主义仍旧幸存，督政府的政治实践与历时长久的法兰西第三共和国的政治主张也非常接近，这些都证明，18世纪90年代的共和党人不是乌托邦式的梦想家。他们的红色托加袍没有流行，许多黑圣母像反而得到了保留，但是，玛丽安娜、政治宴会、红帽子、三色旗和"自由、平等、博爱"都成了反抗与论争的标准剧目的一部分。当时，谁又能预测什么会延续，什么会消退呢？只有在当时的混战和共和派政治的忙乱中，共和主义的象征物和仪式才得到了尝试和测试，最终被选定。没有它们，共和主义的集体记忆和革命传统都将不复存在。

第3章
激进主义的意象

所有政治威权都需要克利福德·格尔茨（Clifford Geertz）所说的"文化架构"（cultural frame）或"主导性虚构"（master fiction），来界定自身并声明自己的主张。政治威权的合法性取决于是否能与更广泛的全球乃至宇宙文化预设形成共鸣，因为政治生活就"身处"现实的普遍构建之中。[1] 而且，许多人类学家和社会学家都坚持认为，每个文化架构都有一个神圣的"核心"。[2] 这个神圣核心有助于进行社会和政治定位，让社会成员认清自身的地位。它是事物的中心，文化、社会和政治汇聚的所在地。

旧制度下的法国政治威权与这种模式非常吻合：在君主制下，国王是神圣核心，牢固支撑其威权的文化架构就是由来已久的天主教等级秩序的观念。[3] 在存在巨链（great chain of being）中，国王立于凡夫

---

[1] Clifford Geertz, "Centers, Kings, and Charisma: Reflections on the Symbolics of Power," in Joseph Ben-David and Terry Nichols Clark eds., *Culture and its Creators: Essays in Honor of Edward Shils* (Chicago, 1977), pp. 150—171.

[2] Ibid., and Edward Shils, *Center and Periphery: Essays in Macrosociology* (Chicago, 1975).

[3] 我并没有暗示说旧制度的文化架构是静止不动的，因为它确实经历了长时期的发展过程。例如，可参见Ernst H. Kantorowicz, *The King's Two Bodies: A Study in Mediaeval Political Theology* (Princeton, 1957)（中文版，参见恩斯特·康托洛维茨著，徐震宇译：《国王的两个身体：中世纪政治神学研究》，华东师范大学出版社，2018——译者注）。康托洛维茨展现了国王实体对于君主制文化架构的核心重要性，它是大部分"政治"讨论的焦点。

俗子与基督教上帝之间，国王的威权神秘，近似于神。直到 1792 年 1 月，一份保守派报纸还这么解释："上帝的全能之手轻抚过王位的底座，开启了存在巨链的第一环，而这条巨链连接起了他所创的一切，从环绕于我们头顶的千万星球到我们连绵起伏的地球；国王之父权也随之犹如上帝之父权。"[4] 直到 1789 年，这种威权的文化架构还看似永恒不朽，被认为是"传统"，其合理性根本无须经过自觉或特意的论证。事实上，除了重复上演的加冕仪式和入场典礼之外，大部分内容都没有经过这种论证。

法国大革命在向旧制度的政治威权发出挑战的同时，也向文化架构提出了质疑。热忱的共和党人最终激情高涨地迎接了政治挑战，但对文化挑战却不确定。这种反传统会将他们引向哪里？激进派反对传统的威权模式，揭露旧制度下"主导性虚构"中的虚构性，并将其展现于自己和所有观望者的面前，但在此过程中自己的社会和政治空间里产生了可怕的真空。他们拒绝承认国王的魅力，否定传统威权架构的核心。之前提到的那份保守派报纸的编辑称："为了让人民忘记这个神圣的世系……他们否定上帝获地上万民敬仰、国王受臣民赞颂，以及父亲受孩子们尊敬的权利。"[5]

哪里才是社会的新核心，如何表现这个新核心？是不是应该有一个核心，一个并不神圣的核心？这个新的民主国家能不能被安置在某种制度或再现形式之中呢？通过提出这些根本性的问题，法国大革命就不仅仅是又一个政治如何被文化塑造的例子。大革命的经验首次显示，政治由文化塑造，新政治威权需要一个新的"主导性虚构"，而且最重要的是，社会成员可以为自己创造文化和政治。法国革命者不只是寻找另一个威权的再现形式或国王的替代品，而是开始质疑再现这一行为本身。

---

[4] *Gazette de Paris*，1792 年 1 月 6 日。

[5] Ibid.

不过，再现危机也是逐渐才浮出水面的。在令人兴奋的1789—1790年，只要举办节庆和共同宣誓就够了。新共同体几乎不费吹灰之力就开始了行动，创造并再创造了自己的神圣出场，并证实新国家足以抗衡君主制国家。随着君主制作为一种制度越来越受到质疑，大多数革命者都同意废除旧制度的象征物，尽管关于如何公开和明确这种废除还存在争议。在1792年9月21日国民公会宣誓就职的会议上，一名议员认为根本不需要官方来宣告废除王权："我既不考虑国王也不考虑王权，我只关心自己的使命（建立一个新政府），根本不去想这种制度（王权制）*可能存在过*。"[6] 无须官方来宣告废除王权，因为这种制度已经成为过去。

为了反对这种观点，格雷古瓦议员（见图11）表达了一个几乎获得一致同意的看法：旧制度可能已经消失，但是，能让人们回想起旧制度的所有具体事物都要从民众的意识中连根拔除。"当然，我们没人会提议要在法国保留腐朽的王室……但我们必须让自由的朋友们打消疑虑；有必要消灭'国王'这个词，因为它还有麻痹人民的魔力。因此，我要求通过严正的法律来正式地、神圣地废除王权。"[7] 在一次赞同格雷古瓦提议的自发性示威后，国民公会批准了在其档案上启用一枚新印章。这枚新的国家印章上，替代国王头像的是"一个斜靠的女子，一只手放在权威束棒上，另一只手拿着长矛，矛上顶着自由帽，还有'法兰西共和国档案'的题字"[8]。不久以后，这枚印章（见图5）

---

[6] *Archives Parlementaires*, 1st ser., 52: 81（斜体为林恩·亨特所为）。

[7] Ibid（斜体在原书中就有）。

[8] 直到9月26日《箴言报》才提到关于印章的决定，当时它只报道说"国家印章上戴着一顶自由帽"，并没有提到女性形象（*Réimpression de l'Ancien Moniteur* 14, 1792年9月26日）。procès-verbal中提供的叙述与《高等法院档案》(*Archives Parlementaires*) 中的一样，两者都未提到印章中出现的方向舵。另外可参见Maurice Agulhon, *Marianne au combat: L'Imagerie et la symbolique républicaines de 1789 à 1880* (Paris, 1979), p. 29中的叙述。

就成了所有公共行政机关的印章,国民公会命令今后所有公共法案都要从法兰西共和国元年开始纪年。两周后,议员们通过法令,将王权印章、权杖和王冠毁为碎片,运到造币厂,熔铸成共和国的硬币。旧文化架构的标志物就这样转化成了新文化架构的材料。

有关废除王权的辩论将一个越来越受到关注的问题摆上了桌面,那就是如何看待政治生活中的象征物和意象。在之后的几年里,国家印章成了再现危机的晴雨表。一旦王权及其象征物被废除,有什么能

图 11　亨利·格雷古瓦像

格雷古瓦(1750—1831),一个贫穷裁缝的儿子,1775 年成为牧师,18 世纪 80 年代成为宗教宽容运动的领袖。他在几乎每届革命立法机构中都担任过职务,是对文化和政治合法性问题最敏感的议员之一。他也曾在拿破仑的立法议会中任职,并最终获封伯爵。(法国国家图书馆图片收藏部允许转载)

取代它们的位置呢——如果有的话？符号或徽章是否是共和政府必需的呢？在最初关于印章的讨论之后又过了三年多，无处不在的格雷古瓦在一份递交五百人院的报告中又提出了这个已经被提过的"奇怪问题"："共和国是否需要印章？最初，他们告诉我们，印章只是用来弥补无知或写作上的不完善。"[9] 最激进的观点认为，一个能获得印刷品、能公开谈论的民族是不需要图标（icon）的。一位作家断言："洛克和孔狄亚克（Condillac）的形而上学原则会普及，人民会习惯在塑像中只看到石头，在画像中只看到画布和颜料。"[10] 一旦一个国家从迷信的象征和意象中解放出来，它就不需要创造新的象征和意象了。

事实上，很少有人会持这种极端理性主义的立场，1796年格雷古瓦的回答更普遍。他主张，所有文明人都认为，要赋予公共法案"权威性，就需要一个符号或一个标志"。实质上，国家只能通过某种公共象征物的再现才能得到确认。格雷古瓦认为，使用国家印章是理性的做法，因为印章比签名更容易辨认、更长久，也更难伪造。印章更凸显威权的公共性，因为它代表了比个人签名更普遍的意义。确实，格雷古瓦也承认："纹章学中荒谬的象形文字现在只会引起我们对历史的好奇心而已。"共和国的印章不能像贵族和王室的徽章那样迷信晦涩，但并不意味着要完全舍弃象征物。

> 要重新建构一个新政府，就有必要共和化所有事物。立法议员如果忽视了象征物的重要性，就无法成功完成使命；他不能让任何能抓住感觉、唤醒共和主义观念的机会溜走。不久以后，眼前不

---

[9] Corps législatif, *Rapport fait au Conseil des Cinq-Cents, sur les sceaux de la République, par Grégoire: Séance du 11 pluviôse an IV* (1796年1月31日).

[10] E. H. Gombrich, "The Dream of Reason: Symbolism of the French Revolution," *British Journal for Eighteenth-Century Studies* 2 (1979): 190 中的引文，该引文来自 *Annales Patriotiques* 中的一篇文章。

断重现的事物就会触及灵魂。原则、事实，以及不断提醒公民其权利和义务的象征物结合在一起，以一种话语的方式形成了共和主义铸模。该铸模将赋予公民国民的特征和自由人的举止外表。[11]

这里，格雷古瓦对孔狄亚克的心理学做了自己的阐释。他认为，正确选择的符号和象征物可以通过"抓住感觉"和渗透灵魂的方式达到政治宣传的目的。那么，印章就不仅是公共威权的再现形式，也是教育的工具，是"共和主义铸模"的元素之一。新象征物作为新文化架构的一部分，能够塑造新人。

但是，格雷古瓦对印章的勇敢维护也不是没有不确定的地方。格雷古瓦在1796年做此长篇报告，是因为议员们又要重新考虑印章的选择了。1792年9月的决定几乎完全出于偶然，提议的印章最初是为国民公会的档案准备的。当时，议员们还不清楚对新政治威权的向往会将他们引向何处。1796年，"共和主义铸模"实验已经历时三年多，印章还是没得到重视。虽然有格雷古瓦的努力，这种状态还是持续到了拿破仑的出现。尽管大部分议员都赞成徽章很有必要，但没能就徽章的样子达成长期的一致意见。政治威权的结构及其文化再现还是不确定。

对印章选择的争论反映出革命者很重视他们的核心象征物。印章从来没有完全确定，因为大革命本身一直在变化。在大革命的三个主要转折期，关于印章的争论尤其激烈：1792年9月共和国成立初期、大恐怖时期（1793年夏至1794年夏）和更温和的新立法系统宣誓就职后不久的1795年年末至1796年年初。我们可以采用两种方式来解读关于印章的争论：将其看作探究政治冲突的指示器，或作为更全面了解再现作用的戏剧性舞台。这两方面没有明显的分界线，正如政治威权不可能与文化架构完全分离。关于威权符号的争论引发了对符号和

---

[11] *Rapport…sur les sceaux…11 pluviôse an IV.*

象征物本身功效的质疑，每个关于符号和象征物的决定都会产生各自的、有时是意料之外的政治结果。

1792年9月，王权制被废除，共和国宣告成立，选择新徽章似乎顺理成章。档案学家提议在新徽章上使用自由女神像。在关于印章讨论的叙述文字中没有提到任何反对这一提议的意见。对于这种几乎完全一致的反应，阿居隆在其"女性公民隐喻"的研究中提出了几点原因：按图像学的传统，大部分品质，尤其是政府的不同原则，甚至君主制，都由女性形象来表现；女神的弗里吉亚便帽或自由帽，与象征国王威权的王冠明显不同（女性形象进一步加深了这种不同）；天主教教义让法国人更易接受圣母马利亚的形象（玛丽安娜这个别名在语义学上接近耶稣的母亲马利亚[Mary]）；而且法兰西共和国发现，女性隐喻中的形象正好与在革命过程中从英雄变成恶棍的真人不同。米拉波、拉法耶特，以及其他很多人都令他们的追随者大失所望，并消逝在了历史中，而玛丽安娜却幸存了，这正是因为她抽象，不是真人。[12]

阿居隆还发现，表现玛丽安娜的不同方式也有不同的政治含义。在1792年的印章中，玛丽安娜是站着的，年轻、坚定，但没有攻击性。她手握人民革命的长矛，头戴自由的弗里吉亚便帽。这种形象在很多方面都表现出一种中间态度，介于另两种形象之间：1793年流行的更激进的自由女神，袒露着胸脯，勇猛地冲锋陷阵；18世纪90年代及19世纪的政府所钟爱的更保守的自由女神，安坐、无动于衷、平和，既未手持长矛也未头戴自由帽。[13]这种在激进与保守的自由女神

---

[12] Agulhon, "Esquisse pour une archéologie de la République: L'Allégorie civique feminine," *AESC* 28 (1973): 5—34; and *Marianne au combat*.

[13] Hannah Mitchell, "Art and the French Revolution: An Exhibition at the Musée Carnavalet," *History Workshop Journal* 5 (1978): 123—145; and Lynn Hunt, "Engraving the Republic: Prints and Propaganda in the French Revolution," *History Today* 30 (1980): 11—17.

之间做选择的情况，还出现在 1848 年和 1871 年之后，即法兰西第二共和国和第三共和国时期。

经过几代人对共和国及其象征物的争论，玛丽安娜这个女性公民的隐喻不仅被接受，而且在法国得到了广泛传播。但在大革命期间，她的支配地位却并不很确定。[14] 玛丽安娜受到的第一轮挑战来自共和派内部。吉伦特派议员（他们反对巴黎各区及其激进的雅各宾派领导人日益增长的权力）被捕后，大家都积极地想让共和国重新投入更加激进的熔炉中。1793 年 10 月，国民公会决定，共和国的印章和硬币此后都要印上束棒和装宪法的盒奁作为象征物。印章上还要刻上新铭文"唯有人民才是最高统治者"（Le peuple seul est souverain），以强调对人民支持的新仰赖。但一个月之内，国民公会又一次改变了想法。1793 年 11 月 7 日，艺术家－议员大卫提议，国民公会应该颁布竖立一座巨大塑像来代表法国人民的命令。十日后，国民公会投票决定将此塑像作为国家印章的主题[15]，议员们选择将巨人赫拉克勒斯（Hercules）作为激进共和国的象征。

国民公会的意愿至少可以通过发生在共和二年的两件事情再次得到证实，一件发生在 1794 年 2 月，另一件在 1794 年 4 月。[16] 巴黎卡纳瓦莱博物馆收藏了由官方雕刻师迪普雷（Dupré）绘制的几张草图，

---

[14] 在此我要说，阿居隆的不同观点非常卓越，他认为玛丽安娜这一形象几乎是无法避免的。

[15] 公共教化委员会与货币委员会（Committee on Moneys）有望就印章和硬币的问题合作。最初，前者有意于宪章上的拱门，后者则倾向于代表法国的女性形象。大卫的提议至少暂时性地解决了此争端。参见 M. J. Guillaume, ed., *Procès-verbaux du Comité d'Instruction publique de la Convention Nationale* 2（1793 年 7 月 3 日—共和二年雾月 30 日 [1793 年 11 月 20 日]）(Paris, 1894): 667−668, 714, 742, 772, 778−779, 808−811。

[16] Ibid., 3（共和二年霜月 1 日 [1793 年 11 月 21 日]—共和二年风月 30 日 [1794 年 3 月 20 日]）(Paris, 1897): 465, 493, 499; 和 4（共和二年芽月 1 日 [1794 年 3 月 21 日]—共和二年果月 11 日 [1794 年 8 月 28 日]）(Paris, 1901): 107−110。

这些草图正好符合国民公会针对新印章制定的指导方针（见图12）。[17]虽然这个印章不是用来排挤其他设计的，但还是出现在了从1794年6月（共和二年牧月）到1797年6月（共和五年牧月）出版的《共和国法律公报》(*Bulletin des lois de la République*)上政府法令的末尾。[18]大卫的想法就是要用赫拉克勒斯作为印章中的模特，这一点不仅可以

图12　迪普雷绘赫拉克勒斯草图
藏于卡纳瓦莱博物馆。（林恩·亨特摄）

---

[17]　卡纳瓦莱博物馆存放室（*Réserve*）中关于迪普雷的收藏是本章的主要基础。
[18]　A.N., Collection of the *Bulletin des lois*. 此印章与图12中迪普雷的草图在图像的各个方面都很相似。

从迪普雷的草图，也可以从大卫最初的文本中看出来。在迪普雷的草图中，赫拉克勒斯手上拿着根独特的短棒，狮皮就摊在身旁。大卫在文本中写道："这个站立的人民形象应该在另一只手上拿着那根古人为赫拉克勒斯配备的骇人短棒。"[19] 现在，一个巨大的、神话中的男性形象使玛丽安娜相形见绌。

赫拉克勒斯的政治含义在其出现的场景中得到了尤为清晰的展现。在1793年8月10日大卫策划的一次盛大节庆上，这个形象第一次公开使用。[20] 虽然节庆在推翻君主制起义的一周年纪念日举行，但很明显，设计目的是庆祝成功地镇压了1793年夏联邦主义者为支持被捕的吉伦特派议员而发动的叛乱。在这一关键时刻，大卫排演了一次节庆游行，目的就是要回顾大革命的发展过程。这是一次有着一整套显著讽喻信息的道德演出。节庆中安排了四个追溯大革命主要转折点的"分站"，为最后新宪法的圣化庆典进行铺垫：竖立在巴士底狱被攻陷的地方、象征自然的塑像；献给1789年10月的英雄们的凯旋拱门；为纪念1793年1月国王被处决而安排的自由女神像（与图1非常像，但不完全一样）；最后，是一尊代表法国人民的巨神塑像（图13），该巨神正使用短棍击打象征联邦主义的九头蛇。官方没有指出节庆中采用的形象是赫拉克勒斯，但受过教育的参与者不会认不出这个传统形象。众所周知，赫拉克勒斯的"工作"就是杀死九头蛇。几百年来，九头蛇象征着各式各样的罪恶，从诡辩到堕落，从无知到战时的国家敌

---

[19] *Procès-verbaux du Comité d'Instruciton publique* 2: 779（大卫于共和二年雾月17日［1793年11月7日］所作的演说）。另外一个稍有不同的版本可参见 *Révolutions de Paris*, no. 217（共和二年霜月10日—18日）："要说画中站着的这个人民的形象，他另一只手中拿着的是真正尖锐可怕的短棒的话，那以前赫拉克勒斯手持的就只是个象征符号罢了。"

[20] *Recueil complet de tout ce qui s'est passé à la Fête de l'Unité et l'Indivisibilité de la République Française* (Paris, n.d.), B.N., under 8°Z Le Senne 9.438. 该册子的第一部分重现了大卫的节庆计划。

人等。[21] 一位在节庆那天一大早就去参观的雕刻师提道："赫拉克勒斯的巨大塑像足有 24 英尺高。……这个赫拉克勒斯的左脚踏住了反革命（之再现形式）的咽喉。"[22]

将赫拉克勒斯像安排在自由女神像附近是有特别意义的。自由女神像在游行路线中被安排在赫拉克勒斯像的前面。这暗示，自由女神的含义很重要，但只代表了某个特定时刻，一个现在已成为过去的

图 13　巴黎人民制服联邦主义九头蛇
1793 年 8 月版画，藏于卡纳瓦莱博物馆。（林恩·亨特摄）

---

[21] Marc-René Jung, *Hercule dans la littérature française du XVIe siècle: De l'Hercule courtois à l'Hercule baroque* (Geneva, 1966), esp. pp. 129-131. 另参见 Leopold D. Ettlinger, "Hercules Florentinus," *Mitteilungen des Kunsthistorischen Institutes in Florenz* 16 (1972): 119-142, esp. p. 127。

[22] *Mémoires et Journal de J.-G. Wille, graveur du Roi*, 2 vols. (Paris, 1857) 2: 387.

时刻。在自由女神像那里，来自各省的代表用火炬点燃遭万众唾弃的君主制象征物，重新上演了将君主制这一祭品献给共和国女神的仪式（国王于1793年1月被处决，就在9个月前）。到了下一站，代表们却无事可做；赫拉克勒斯，即法国人民，才是唯一的行动者。他一手拢住象征统一的束棒，一手挥舞着短棒砸向象征联邦主义的怪物（据观察者所说，是个半女半蛇的怪物）。[23] 游行的政治意义非常明显：当人民的代表就路易十六所犯下的罪行惩处了他时，他们就确立了自由。之后，人民要自己保卫共和国，防止分裂和派系主义等魔兽的破坏。赫拉克勒斯不需要议员的帮助，虽然他将自己牢牢扎根于象征国民公会中正直议员（当然包括大卫）的山峰上（尽管该山峰没什么生气）。没有人民的干预，共和国及其宪法不可能在最后一站被平安地送入圣殿——大革命不可能完全实现。那么，相比于自由女神，赫拉克勒斯就代表了大革命发展过程中的一个更高阶段——以人民的力量和统一为特色，而不是以代表们的睿智为特色的阶段。

当大卫于节庆的三个月之后提议竖立巨神塑像时，政治形势又不同了。联邦主义者造成的危机虽然已经过去，但新的问题又出现了。1793年9月初，国民公会在愤怒饥饿的无套裤汉的包围下，正式同意将恐怖列入"议程"；宣布全面限价，并加速由巴黎革命法庭执行的处决。10月16日，王后被送上断头台。11月，最易造成分裂的运动——去基督教化运动——开始高涨。在大卫最初提出塑像建议的会议上（1793年11月7日），议员中有几名牧师和主教公开宣誓要弃绝神职。[24] 在大卫提出建议的三天后，也就是国民公会决定将巨神作为印章主题的一周

---

[23] *Mémoires et Journal de J.-G. Wille, graveur du Roi*, 2 vols.（Paris, 1857）2: 387.

[24] *Procès-verbaux du Comité d'Instruction publique* 2: 775—782. 全面的历史背景可参见Georges Lefebvre, *The French Revolution: From 1793 to 1799*, trans. by John Hall Stewart and James Friguglietti（New York, 1964）, esp. chap. 2。

前，著名的理性节在被称作理性殿的巴黎圣母院举行。激进的议员推荐使用赫拉克勒斯作为对这一系列政治和文化危机的象征性回应。

赫拉克勒斯面临着许多与其名声相称的任务。最激进的议员及其追随者只想要一场能够摒弃所有基督教先例的文化革命。1793 年 10 月推出的革命历法是这种愿望的显著证明（见第 2 章）。一年中的五个补充日被称为无套裤汉日，并被尊为全国性节日，分别为天才节、工作节、美德节、观点节和酬报节。[25] 历法、理性节和赫拉克勒斯都是新象征语言的一部分，都是为了新近被动员起来的民众而设的。罗伯斯庇尔、大卫和其他雅各宾派领袖必须对这种要求激进革新的愿望（和人民对奉行惩罚主义和干涉主义之政府的诉求）做出回应，但与此同时，他们还要更加牢牢地控制可能离间很大一批虔诚天主教徒的运动。因此，从一开始，大卫的赫拉克勒斯就不仅要体现出激进的期盼，还要表现出能够驾驭这种期盼的能力。

大卫在 1793 年 11 月 17 日所作的正式演说明确表达了他的直接政治意图。当天，国民公会投票决定采纳他提议的塑像作为印章的图案原型。大卫说，塑像将用来纪念"法国人民的光辉业绩"和人民战胜专制与迷信的胜利。"国王和牧师的双重暴政"将在塑像基座的建造中被象征性地推翻，因为塑像基座的材料将采用从圣母院的柱廊上敲下来的国王塑像的碎石。因此，国民公会将凭借其"解放的力量"，洗刷现在、将来甚至过去"长期被奴役的耻辱"。[26] 这个塑像将以最如实可能的方式代表人民的力量；高达 46 英尺的赫拉克勒斯将掩盖人民对所有国王，甚至最受尊崇之国王的记忆。例如坐落在新桥（Pont-Neuf）上的亨利四世（Henry IV）那真人般大小的塑像会被赫

---

[25] 简要叙述可参见 Serge Bianchi, *La Révolution culturelle de l'an II: Elites et peuple (1789—1799)* (Paris, 1982), pp. 198—203。

[26] *Procès-verbaux du Comité d'Instruction publique* 2: 806—811.

拉克勒斯像取代。

选择巨神赫拉克勒斯既体现了激进派再现观点的自相矛盾之处，也表明他们在极力克服这种矛盾。大卫明确强调人民与君主制之间的敌对；毕竟，选择赫拉克勒斯就是要使这种敌对清晰明显。但是，大卫的演说和此意象本身都隐约提到了人民与国民公会、新政权与其代表之间令人不安的紧张性。当激进派选择赫拉克勒斯作为共和国的印章图像时，他们其实已经认为有必要寻找某种再现形式来代表主权。在赫拉克勒斯那里，他们找到了可能是最"透明"的再现形式，也是一种自我隐退的再现形式。他们需要意象能够表达团结一致的人民所具备的庄严和伟大，所以这个塑像不应该带有任何与议员或国民公会有关的明显指征。然而，其意象的本质还是一再破坏了这种自我削减权势的再现效果。由于它是由人民代表提供的一种人民的再现形式，所以天生就包含了代表对人民的解读。这种隐性的解读因素可能会以文化的形式来重新建立激进派许诺要废除的政治威权（即一种人民之外的威权）关系。因此，虽然这个意象宣告了人民的至尊地位，但又重申了人民代表的优越性。

大卫向国民公会发表演说时，极力强调简朴的观念。"委员会（即公共教化委员会，也是大卫代表发言的委员会）认为，议案中的塑像，包括材料和形式的每一项，都应该以敏感有力的方式来表现我们对革命的伟大记忆。"塑像应采用胜利的法国军队所提供的青铜作为材料。而且，"既然它是民族的再现形式，就不能太华美"。这座巨型塑像应该展现"力量和简朴"，这也是人民的美德。[27] 这个巨人（现在大卫不再明确地称他为赫拉克勒斯）的一只巨手要托着两个紧挨在一起的代表平等和自由的小塑像。正如大卫所说，这说明平等和自由要完全依

---

[27] *Procès-verbaux du Comité d'Instruction publique* 2: 778—779, 806—811.

靠人民的智慧与美德。

1793—1794年，巨大的男性形象获得了强烈的共鸣。新生的激进派共和国根本不需要"虚荣的小男人"，罗伯斯庇尔将这种男人斥为大革命的天敌；大革命带来了神话般的、新的英雄男人：

> 法国人民似乎比其他人类超前了2 000年，人们甚至要发自肺腑地将他们视为不同物种了。欧洲人还在我们严惩的暴君的阴影下下跪乞怜……欧洲人无法想象，人们可以生活在既没有国王也没有贵族的国家；而我们却难以想象，有人竟然还生活在既有国王又有贵族的国家。欧洲人为了铆紧人类的枷锁在流血，而我们却为了打破这一枷锁甘洒热血。[28]

除了巨神还有谁能打破人类的枷锁呢？

大卫想到在8月10日举行的节庆上使用赫拉克勒斯这一意象之前，赫拉克勒斯的比喻就已经出现在激进派话语中了。1793年6月末，富歇（Fouché）这么描述巴黎人民反对吉伦特派的胜利：

> 过度的压迫使愤慨的人民忍无可忍，在这个伟大的城市里，人民发出了愤怒的吼声。警钟和大炮唤醒了他们的爱国热情，告诉他们，自由危在旦夕，一分一秒都不能再耽搁了。突然之间，48个区的人民武装了起来，组成了军队。这个令人敬畏的巨神站了起来，行走着，前进着。他像赫拉克勒斯一样跋涉在共和国，

---

[28] "Sur les rapports des idées religieuses et morales avec les principes républicains, et sur les fêtes nationales," *Oeuvres de Maximilien Robespierre* 10（1793年7月27日—1794年7月27日）(Paris, 1967): 455。

为了终结这场旨在消灭人民的残酷斗争。[29]

从富歇的精彩叙述中可以看出，对巴黎的激进派来说，赫拉克勒斯这一意象的力量非常强大，与玛丽安娜完全不同。从富歇在人民和巨神、过去式和现在式、"他们"和"他"之间的来回转换中，我们几乎已经看到令人震惊的变形正在发生，"可怕"（或令人敬畏、"超凡"）的野兽从城市的深处崛起，人民向敌人开始了复仇。现在，哪里才是神圣的核心呢？因为民主，这个神圣核心现在已经变成了一片力量场，而不是一个固定的点："人民"到处都是，但等他们集合起来，作为批判的群众聚集在一起时，他们就转变成了一种强大的新能量。"恐怖政府"是一种为了对付一系列生死存亡的危机而采取的激进、应急的政府形式。但从这段文字中我们可以看出，对于那些被认定发明了这种形式的人来说，这也是一种真正困扰他们的经历。恐怖就是行进的人民，是毁灭性的赫拉克勒斯。在激进派创造者的眼中，赫拉克勒斯，也就是人民，可能会像弗兰肯斯坦（Frankenstein）那样，最后毁灭其创造者。

这种可怕的怪兽形象只是在恐怖时期，即人民群体的强大力量更可见时，才开始出现在激进派话语中。其实在大革命之前，赫拉克勒斯就有着悠久的图像学历史。毫无疑问，资产阶级的政治领袖非常清楚这段悠久的历史。赫拉克勒斯不是"流行"形象，比如他没有出现在那些在旧制度王国里广泛流通的流行木刻（*imagerie populaire*）的图案中。[30] 相反，赫拉克勒斯常常被当作法国国王的神话再现形式，例如

---

[29] 引文来自 1793 年 6 月 29 日富歇向奥布（Aube）省的公民所作的宣言（特鲁瓦）(*Archives Parlementaires* 68: 73 [1793 年 7 月 2 日国民公会的会议记录])。

[30] Jean Mistler, François Blaudez, and André Jacquemin, *Epinal et l'imagerie populaire*（Paris, 1961）.

高卢赫拉克勒斯（Hercule gaulois）。这种形象可追溯到法国文艺复兴时期。例如，在1549年，为纪念亨利二世（Henry II）进入巴黎而设计的凯旋门顶端，就有一个代表亨利的前任弗朗索瓦一世（François I）的高卢赫拉克勒斯。[31] 就像许多文艺复兴时期的赫拉克勒斯一样，这个也有锁链从他的嘴延伸到其同伴的耳朵，因为人们认为这是赫拉克勒斯的典型特征：他依靠劝服，绝非武力来领导人民。[32]

在法国大革命之前，赫拉克勒斯经历过某些图像方面的演变。显然，波旁王朝的最后一个国王路易十六与赫拉克勒斯从来没有过联系。[33] 但有一次，这个形象却出现在了美国。1776年之后的某时，雕刻师迪普雷为本杰明·富兰克林（Benjamin Franklin）制作了一块奖章：正面是一个年轻女子的头像，题铭是"解放美利坚"（Libertas Americana）；背面则是一个年幼的孩子在绞杀两条蛇。这个年幼的赫拉克勒斯受到一头豹的攻击，一个女神手拿镶嵌着鸢尾花花边的盾牌，正准备用长矛去驱逐这头豹。[34] 这象征君主制的法国正在保护美国新生的共和派赫拉克勒斯。1776年7月4日，一个负责美国印章图案的专门委员会成立了。委员约翰·亚当斯（John Adams）提议采用格里伯兰（Gribelin）的版画《赫拉克勒斯的裁决》("The Judgment of Hercules")。这幅版画曾作为

---

[31] Lawrence M. Bryant, "*Parlementaire* Political Theory in the Parisian Royal Entry Ceremony," *Sixteenth Century Journal* 7 (1976): 15—24 中有关于该拱门的描述。我非常感谢该文作者让我注意到了这点。J.-B. Gaignebet, "Essai sur le cheminement d'Hercule au cours de l'histoire de France," *Provence historique* 25 (1975): 111—124 中没有提及这个早期赫拉克勒斯形象的出现。

[32] Jung, *Hercule dans la littérature française*, esp. pp. 73—93.

[33] Gaignebet, "*Essai*," p. 121.

[34] Ibid. 这还不是迪普雷对美国革命艺术所做的唯一贡献。参见 Joshua C. Taylor, *The Fine Arts in America* (Chicago, 1979), p. 30 中的奖章图片。关于迪普雷在革命前的生涯，可参见 Charles Saunier, *Augustin Dupré: Orfèvre, Médailleur, et Graveur-Général des Monnaies* (Paris, 1894)。

卷首插图，出现在沙夫茨伯里（Shaftesbury）所作的读者众多的艺术小册子（1723年）上。[35] 印章的选择在美国也不是件容易的事，经过六年的深思熟虑和几次错误的启动后，终于在1782年做出最后的决定。最后选定白头海雕（imperial eagle），据一个艺术史学家说，这个意象"晦涩难懂，（按沙夫茨伯里的说法就是）'像谜一般'。除了发明它的中层和上层阶级的绅士们，没人能理解得了它"。这只雕是神圣罗马帝国皇帝查理五世（Charles V）的徽章，源自德国一本关于象征和题铭的书。[36]

在1793年前的革命法国，赫拉克勒斯曾经出现在一些印刷品和版画中，但大卫（可能在迪普雷的推动下）几乎独自一人担起重任，将其复原，转化为革命宝库中力量强大的新象征。长期以来，赫拉克勒斯已经与修辞或劝服没什么关系了。在大革命头几年出版的图像学大词典中，赫拉克勒斯只出现在"勇气"和"力量"等词条下。[37] 有关"力量"的一些叙述也指出该比喻被女性化了："图像学家表现力量时，使用的形象是一个身披狮皮，手握赫拉克勒斯短棒的女子。"[38] 大卫没有延续这种图像学的传统，只选择了其中的某些部分，并颠覆了以前的含义。在受过教育的精英眼中，赫拉克勒斯在法国历史上一直代表着国王的个人权力，而在革命的现在，大卫却将他转化成民众集体权

---

[35] Frank H. Sommer, "Emblem and Device: The Origin of the Great Seal of the United States," *Art Quarterly* 24 (1961): 57—76, esp. pp. 65—67.

[36] Ibid., pp. 73—74.

[37] B.N., Réserve. *Iconologie ou Traité de la Science des Allegories à l'usage des Artistes en 350 Figures, Gravées d'après les dessins de M. M. Gravelot et Cochin: Avec les explications relatives à chaque sujet* (Paris, n.d.). 根据该作品文前的"出版社告示"（Avis de l'Editeur），它的出版时间是1791年。

[38] Ibid., 2: 55. 在1792年印制的一套革命扑克牌上，"力量"的女性再现形式是黑桃女王（Henry-René D'Allemagne, *Les Cartes à jouer, du XIVe au XXe Siècle*, 2 vols. [Paris, 1906] 1: 131）。

力的再现。他选择了最受青睐的君主制符号之一，将其再造、提升、立碑，成为君主制之对立面的象征符号。

我们不可能确切了解国民公会的议员们在选择赫拉克勒斯作为印章图案时在想什么，因为这个选择几乎没有引起任何正式的评论。他们可能对其图像史不感兴趣，那段历史在旧制度的最后几代人中已经被淡忘了。但他们肯定喜欢这个形象的男性气概，因为他们已经投票要替换掉印章上的自由女神了。这个决定在第一刻就是政治的：选择赫拉克勒斯能让雅各宾派在图像学上与他们的对手吉伦特派保持距离。赫拉克勒斯代表人民，雅各宾派就是依靠人民在国家政治中获得了并不十分稳固的优越地位。

但是，这其中不仅涉及直接的政治含义。大卫的赫拉克勒斯复原并改善了这个男性的主权再现形式，一个总是意味着主宰和至上的概念。然而，赫拉克勒斯不是父系的威权象征；在大卫和迪普雷的设计中，他是保护自由女神和平等女神的力大无比的兄弟。赫拉克勒斯的男子气概间接反映了议员自身；议员们通过他再次确认自己是取代国王父亲的一帮兄弟。赫拉克勒斯不仅根除了国王，还使自己的女伴相形见绌。通过推出赫拉克勒斯，议员们就与越来越积极地参与政治活动的妇女拉开了距离。考虑到妇女积极参与政治活动会导致"只有歇斯底里症才能引发的各种分裂和混乱"，国民公会于 1793 年 10 月末宣布所有妇女俱乐部非法。[39] 这次行动就发生在大卫建议竖立巨大塑

---

[39] 转引自 Jane Abray, "Feminism in the French Revolution," *American Historical Review* 80 (1975): 57. 另可参见 Darline Gay Levy, Harriet Branson Applewhite, and Mary Durham Johnson, *Women in Revolutionary Paris, 1789–1795* (Urbana, Ill., 1979). 利维 (Levy) 最早让我注意到了这个问题，并暗示这可能与赫拉克勒斯的出现有关。还可参见 Neil Hertz, "Medusa's Head: Male Hysteria under Political Pressure," *Representations* 4 (1983): 27–54，其中有关于 1848 年类似革命形势的高见。

像的几天前。在雅各宾派领袖的眼里,妇女们正试图将玛丽安娜看作她们积极参与的隐喻;在这种形势下,任何女性形象,无论多么勇猛、多么激进,都无法吸引他们。赫拉克勒斯将妇女又放回到远景当中,放回到依靠男人的位置和关系中。这个巨大的男人现在是唯一积极主动的形象。

与所有强大象征物一样,赫拉克勒斯也有多重含义,一次传递的不只是一个信息。他可以是"民众的"、兄弟般的、弑父母的、反女性的,虽然同时也是被改换过的、放大了的君主制符号。赫拉克勒斯反映了雅各宾派和激进派的期盼,象征了激进派议员与巴黎民众阶级的联盟,是他们的意识形态库里的武器。赫拉克勒斯可以是一种对受过教育之人的毫不掩饰的警告,也可以是一种提醒,提醒他们注意世界如何被大革命改造。人民,这个新生的、令人敬畏的巨人,已经成了国王,甚至议员们也得听命于它/他。然而,赫拉克勒斯对人民意味着什么呢?这个没有正式命名的巨神对民众阶级而言,只是一个体型庞大的巨人而已,不会让他们想起经典故事或法国历史,只会让他们想到怪物、英雄或者民间传说中的圣哲。[40]

精英的与民众的赫拉克勒斯意象之间也出现了相互渗透,这点可以从1794年1月21日在格勒诺布尔举行的节庆上窥见一斑,而这个节庆是为了庆祝一年前国王被处决。平台上摆放着一个代表路易·卡佩(Louis Capet)的模特(头上戴着王冠和乌龟的触角),右边坐着"所谓的"教皇,左边则摆放着代表贵族的模特。当聚集在广场上的人们高呼着复仇时,两个"法兰西赫拉克勒斯"(Hercule français)就从模特身后走出,用短棒结束了他们的性命。然后,摔倒在地的模特被

---

[40] 例如可参见Geneviève Bolleme, *La Bibliothèque bleue: Littérature populaire en France du XVIIe au XIXe siècle* (Paris, 1971)。

拖过淤泥地，被参加者踩踏于脚下。[41] 精英们认为，法兰西赫拉克勒斯已经取代了高卢赫拉克勒斯，成为一个真正的国民形象，不再只局限于君主。但对于民众来说，这*两个*赫拉克勒斯形象则成了复兴嘉年华活动的一部分；在这种嘉年华上，到处都有被嘲笑的人和被颠覆的传统角色。例如，传统的五月花柱以前是向威权宣誓效忠的宣言，而后就转变成了煽动叛乱和代表农民力量的符号。[42] 同样，象征国王权力的赫拉克勒斯也转变成了象征人民力量的符号。

但是，赫拉克勒斯与自由树的文化根源不同。五月花柱是深深扎根于法国，至少是法国西南部的农民文化的"民众"象征。[43] 但赫拉克勒斯却更直接地来自精英文化，虽然也可以把他理解为一种对民众阶级有吸引力的意象。而且，赫拉克勒斯的转变并非由民众完成，而是由巴黎雅各宾派政府中的激进派实现的。因此，赫拉克勒斯不仅可以被认为是激进派尝试动员更多人民来重新构建社会的一种表现，还反映了他们对自身权力源头的一种矛盾心理。因为，赫拉克勒斯从来都不是智慧的巨人。在富歇的叙述中，赫拉克勒斯力大无穷，因背叛而痛苦地咆哮，受到挑衅时又变得凶恶勇猛；他的表现更像一头受伤的猛兽，而不是能够主宰自己命运的能动者。大卫的塑像提案中不知为何特别强调了一个请求，就是要在巨人的身上刻几个关键词：眉毛上刻"光明"（这个词并不能有效地表示智慧），胸部刻"自然"和"真

---

[41] Auguste Prudhomme, *Histoire de Grenoble* (Grenoble, 1888), pp. 640—641. Albin Gras, *Deux années de l'histoire de Grenoble, depuis la suspension de Louis XVI (10 août 1792) jusqu'à la chute de Robespierre (9 thermidor an II [27 juillet 1794])* (Grenoble, 1850), pp. 65—66 中有相同的叙述。

[42] J. Boutier, "Jacueries en pays croquant: Les Révoltes paysannes en Aquitaine (décembre 1789—mars 1790)," *AESC* 34 (1979): 760—786, esp. p. 764 中有一些关于五月花柱的有趣内容。

[43] Ibid.

理", 胳膊上刻"力量"和"勇气", 手上刻"劳动"。[44] 根据大卫的想法, 赫拉克勒斯凭借力量、勇气和"劳动"给世界带来了光明和真理, 而不是凭借学识或智慧。

大卫的措辞明确表达了激进派对人民的看法。巨人是一种自然力, 透明使他成了真理和光明的自然媒介。不言而喻, 他不会三思, 没有秘密, 也不可能卷入令人担忧的反革命阴谋。显然, 在意识形态领域, 他没什么建树, 但作为士兵和劳动者却有很大贡献, 那就是他的勇气和力量。没有它们, 激进派的事业注定会失败。他是"恐怖政策"的中流砥柱, 没有他, "美德将疲软无力"[45]。可能最重要的是, 这个巨人代表了用双手劳动的"无套裤汉", 就是穿着长裤的人, 而不是穿着马裤的悠闲阶级。在旧制度下, 劳动受到歧视, 用自己的双手劳动只会使人成为"粗俗机械工阶级"中的一员。[46] 激进派极力重新评价劳动, 将其看作自豪和尊严的源头; 他们最为唾弃的反而是无所事事的富人们。但是, 在试图记录这种新评价的同时, 大卫的赫拉克勒斯却削弱了其意义。因为, 巨人手上的"劳动"使他成了代表无声力量的另一个符号。只有大卫的言词才能让他发声。

提案中的镌刻文字只是例证之一, 反映了努力为人民展现其自身时的矛盾。本来塑像本身就可以传达一个准确无误的信息: 人民是不朽的、令人敬畏的, 其力量势不可挡。人民独自屹立。然而, 人民

---

[44] 在1793年11月7日向国民公会做的第一次演说中, 大卫并没有提及"劳动"(travail), 至少根据《箴言报》的报道是这样。但是10天后, 官方政令确实提到了"在手上, 劳动(sur ses mains, Travail)"(Procès-verbaux du Comité d'Instruction publique 2: 778—779, 806)。Judith Schlanger, "Le Peuple au front gravé," L'Enjeu et le débat (Paris, 1979), pp. 155—168, 这篇关于大卫提案的文章对"书面文字的表意维度"做了精彩讨论。

[45] 引文来自1794年2月5日罗伯斯庇尔关于"民主政体的道德和政治原则"的演说, trans. by Philip Dawson, The French Revolution (Englewood Cliffs, N.J., 1967), p. 135。

[46] Colin Lucas, "Nobles, Bourgeois and the Origins of the French Revolution," Past and Present, no. 60 (1973): 84—126, esp. p. 88.

的代表却对它进行了阐释,不断以阐释者的身份溜回画面。赫拉克勒斯第一次出现在 1793 年 8 月 10 日的节庆上时,只是被简单地贴上了"荣军巨神"的标签,因为当时他被竖立在荣军院广场(place des Invalides)上。参与者聚集在分站前,国民公会的主席向他们解释了人民应该从塑像身上看到的意义:"法国人民!就在这里,你们看到的是自己的象征,一个富于指导意义的象征。这个巨人用强有力的双手重新聚拢了成就其雄伟力量的各省,使它们团结一致、万众一心。这个巨人就是你们!"[47] 议员们为了向人民展示人民自己的意象而安排了这个隐喻,但是,人民对其重要性的认识却要仰赖人民代表的演说。视觉意象只有在言词的语境下才有正确的效果。

在一篇针对大卫最早有关该塑像的演说所作的报纸评论中,赫拉克勒斯作为激进派的意象又向前发展了一步。《巴黎革命报》(*Révolutions de Paris*)的编辑当即看到了这个意象的政治重要性:"我们会看到人民站了起来,一手托举着夺回的自由,一手握着用于保卫胜利果实的短棒。无疑,在所有进入角逐的模特中,我们最中意用人民的形象来最好展现无套裤汉特征的那一个。"然后,这个编辑又称赞了大卫为塑像所选的词语,称埃及人在公共纪念碑上书写就是因为那些书写"是民众唯一的基本书籍"。他还情不自禁地提出建议:为什么不在法国的城市和乡村也建造相同的纪念碑呢?为什么不在国境线的每个要塞都竖立一座纪念塑像呢?而且,因为"荷马称他那个时代的国王是'食人民者'(*mangeurs de peuples*),我们也可以在法国无套裤汉的形象上写道:人民,食国王者(*Le Peuple Mangeur de Rois*)"[48]。不久,这份报纸还推出了自己印制的人民意象(见图 14)。

---

[47] *Recueil complet de tout ce qui s'est passé.*
[48] *Révolutions de Paris*, no. 217(共和二年霜月 10 日—18 日)。与文本相配的版画后来才出现,以装订好的杂志插页的形式出现。

114 法国大革命中的政治、文化和阶级

图 14　人民食王
版画,藏于卡纳瓦莱博物馆。(林恩·亨特摄)

在这幅图中,赫拉克勒斯俨然已成了一名无套裤汉。神话英雄手中具有图像学意义的短棒,现在却成了人民权力的真实武器。在迪普雷的形象设计(见图 12)中,古典的赫拉克勒斯赤身站立,轻轻倚靠在"富有象征意义"的短棒上。但在这幅漫画中,他却积极扬起短棒,准备砸向君主。而且,他还穿上了衣服,打扮得像一名粗犷的无套裤汉,戴着弗里吉亚便帽,卷起了裤腿,已经为一天的工作做好了准备。头上和脸上的茂盛毛发也使他完全有别于那些胡子刮得干干净净、头发梳得一丝不苟的议员们,以及大卫想象中不长胡须的赫拉克勒斯(见图 12 和图 13)。大卫的赤身赫拉克勒斯不具备任何社会识别特征,完全是一个超然于阶级和派系政治的抽象形象。简而言之,这个漫画人物甚至比大卫的提议更激进;食国王者更"透明",因为他真实而不古典,社会内容清晰,行动明确,不晦涩,不会"像谜一般"。这个意象不是什么隐喻，他就是无套裤汉，就是人民。所以，这个意象几乎算不上是什么再现，因为其中没有任何隐喻的成分。作为激进派意象，它就是要反映现实，而不是对现实进行歪曲抽象的重新阐释。

这个漫画形象显然采用了民众素材来增强吸引力。在典型的颠覆式嘉年华（carnivalesque inversion）上，国王成了侏儒，就像一个无助的玩偶被捏在民众孔武有力的手中。但这次，颠覆并非游戏，人民不是要做一时或一日的国王，而是要吞噬国王（并化身为君主权力，也就是在引申意义上成为他们所吞噬的事物）。那个编辑的评论也委婉地进一步强调了兄弟们对权力的征服。这个形象应该"一手托举着夺回的自由，一手握着用于保卫胜利果实的短棒"。自由，这个珍贵脆弱的成果，现在成了对王作战中获得的奖杯。兄弟们已经把她从敌人（父权统治者）的手中夺回，现在必须拼尽全力来保卫"夺回的果实"。在此过程中没有出现任何女性的主动行为。自由女神没有出现在漫画中，可能是因为在当时，女性的参与根本不在讨论的范围之内。对于雅各宾派领袖和追随他们的无套裤汉来说，政治是男人们之间的争论。[49]

尽管这个食国王者的漫画形象努力要成为透明的人民意象，但与大卫设计的形象一样，它也存在一种基本的矛盾。像古典赫拉克勒斯一样，这幅漫画中的赫拉克勒斯更多体现的是行动，而不是理性；他是一股蛮力，没有经过深思就采取了行动。这名激进报人像大卫一样，必须提供标识来表明人民行动背后的理由。所以，这个形象也是"被镌了字的"。为了将人民和人民的力量重新纳入激进的政治世界中，激进派在人民的身上写了字——"你们用暴力捍卫了我们刚获得的自

---

[49] "尽管无套裤汉时常会持一种更加革命的态度，但在对待妇女问题上却与雅各宾派一致，认为她们应当被约束'在家庭的狭小空间'之中。"（Albert Soboul, *Les Sans-Culottes parisiens en l'an II*, 2nd ed. [Paris, 1962], p. 507.）

116　法国大革命中的政治、文化和阶级

由"——又一次向人民描绘了他们自身。但是,谁能想象这个形象撰写宪章呢?力量的形象毕竟只是野蛮人而已。

虽然大卫关于塑像设计大赛的提议和其他许多议案一样被搁置了,但有些石膏像还真的被制作了出来。[50]一名19世纪晚期的史学家称,一尊赫拉克勒斯像曾经确实竖立在新桥上,但据他的描述与8月10日节庆上的形象(棒击联邦主义九头蛇的赫拉克勒斯)相符,而不同于大卫的赫拉克勒斯塑像。[51]在表现1794年6月8日最高主宰节的版画上,一尊赫拉克勒斯塑像矗立在马尔斯校场上的高山边,非常醒目(见图15)。这尊古典塑像与大卫的新桥巨神非常吻合,虽然没提议的那么大,而是手托自由和平等女神的小雕像。[52]从这幅版画可以明显看到,大卫、罗伯斯庇尔和国民公会的其他激进派成员都无意背离古典的人民赫拉克勒斯形象。那个漫画形象中的野蛮和暴力在这尊优雅镇静的塑像中被摒弃了。这个人民的形象向最高主宰呈献了自己的贡品,举止比1793年秋提议的那个更加恭顺。此时,人民已经处于控制之下。

关于最高主宰节的这幅版画引出了一个无法得到答案的问题,但不管怎样还是值得提出来。版画中的赫拉克勒斯看起来非常像米开朗

---

[50] 曾经有过一次关于各种纪念碑的设计比赛,但最后没有做出评判,其中包括8月10日节庆上的"法国人民的塑像"。1794年11月29日(在罗伯斯庇尔倒台和大卫失势的几个月后),蒂博多(Thibaudeau)建议艺术家们自己提名一个评审团。就我判断,该建议虽然被采纳,但从未得到实施。参见 Procès-verbaux du Comité d'Instruction publique 4(共和二年芽月1日[1794年3月21日]—共和二年果月11日[1794年8月28日]): 253—258。

[51] M. Castonnet-Desfosses, *Paris en 1794: La Fête de l'Etre suprême* (Paris, 1883), B.N., 8° Le Senne 6790.

[52] 最高主宰节的账目明细表包括泥瓦工匠在大山的左面搭脚手架和在立柱上竖塑像的12天工钱。不管此塑像从何而来,这份记录表明大卫版本的塑像确实制作过(A.N., F^{IC} I 84, *Fêtes publiques*, 共和二年—共和四年, 卷宗II, 7月14日[共和二年穑月26日])。

第3章 激进主义的意象 117

图 15 1794 年 6 月最高主宰节细节图
版画，藏于卡纳瓦莱博物馆。(林恩·亨特摄)

琪罗（Michelangelo）的大卫，这只是一个巧合吗？[53] 这是不是艺术家-议员大卫自我主义的反映呢（他的名字现在总与赫拉克勒斯、人民和圣经英雄相联系）？或者，这只是某个匿名雕刻家的嘲讽性评论？相同的塑像还出现在一幅描绘1794年10月底举行的胜利节的版画中，这次节庆就发生在罗伯斯庇尔倒台和大卫本人失势的三个月后。但是，这些版画的真实性非常不可靠，因为正如布罗尼斯瓦夫·巴奇科（Bronislaw Baczko）所说，版画中节庆时期的巴黎往往与真实事件或地貌没什么关系。版画家掩盖了石膏纪念碑的临时性特点，将它们表现得像是用大理石或花岗岩所制。有时，艺术家还会加入一些根本不存在的塑像或纪念碑。[54] 版画家也受到了教化的驱使，他们的作品是为了重新建构这个世界，而不是为了报道这个世界。

像许多其他用于雅各宾派节庆的石膏像一样，这尊巨神塑像在1795年年初被毁。[55] 1795年10月底，一名议员提议国民公会投票表决是否采纳一种印有蜂巢的印章。但这个提议被否决了，因为另一名议员说，蜂巢象征保王党，因为其中有蜂后。这名议员认为，适当的共和国象征应该是自由帽和天平（象征自由和公平）。[56] 换句话说，激进派倒台以后，剩下的议员越来越倾向于抽象的象征物。1796年格雷古瓦的报告就显示了这种影响。他提议了三个设计方案：没戴标志性

---

[53] 在文艺复兴时期的佛罗伦萨，赫拉克勒斯往往让人联想到圣经中的大卫（Ettlinger, "Hercules Florentinus"）。而且，大卫自诩为米开朗琪罗的崇拜者（David Lloyd Dowd, *Pageant-Master of the Republic: Jacques-Louis David and the French Revolution* [Lincoln, Neb. 1948], p. 10)。

[54] Baczko, *Lumières de l'Utopie* (Paris, 1978), pp. 361—362. 根据版画反映的情况来看，胜利节的装饰格调与几个月前的最高主宰节非常接近。参见 Marie-Louise Biver, *Fêtes révolutionnaires à Paris* (Paris, 1979) 中翻印的版画，图34。

[55] Biver, *Fêtes révolutionnaires*, p. 101.

[56] *Procès-verbaux du Comité d'Instruction publique* 6（共和三年芽月6日［1795年3月26日］—共和四年雾月4日［1795年10月26日］）(Paris, 1907): 818, 861, 869.

自由帽的女性形象；表现议会两院和督政府相联合的三角形（三角形的顶点上有一顶自由帽）；中央绘有三个互相紧扣之圆环的盾牌，盾牌的边缘是代表各省之间坚不可摧的联合关系的链条图案（其中一个圆环里有自由帽）。[57] 五百人院官方会议记录上的印章是一个椭圆形图案，中间有自由帽、阳光、指南针和天平。[58] 同之前的美国共和党人一样，法国共和党人越来越钟情于象征性再现中的抽象和神秘。意象不再直接表现人民；共和国可以民享，但不会民治或民有。

虽然赫拉克勒斯没有出现在共和国的印章上，但并没有在罗伯斯庇尔及其激进派追随者倒台后完全退出流通领域。1795 年 8 月通过的一项法律将共和国的硬币分成两种：刻有"团结自由与平等"的赫拉克勒斯像，题铭是"联合和力量"的银币；刻有自由女神像，题铭是"法兰西共和国"的较小铜币。[59] 但是，赫拉克勒斯有些变化：他被驯服了（见图 16，迪普雷按法令规定绘制的草图）。[60] 现在的他是自由女神和平等女神的兄弟，真人般大小，不再是巨人，不能将他的小姐妹们托在巨大的手掌上，也没有挥舞图像学中象征人民权力的威慑力十足的短棒。相反，他看上去更年长、更睿智和宽厚，甚至带有几分父亲的威严。人民的力量也被驯服了。在 1795 年春最后一次绝望的叛乱之后，无套裤汉退出了政治舞台。与真实妇女鲜有相似之处的抽象女性形象大量回归到了图像中。

---

[57] *Rapport...sur les sceaux...11 pluviôse an IV*.

[58] 例如可参见 *Procès-verbal des séances du Conseil des Cinq-Cents, nivôse an IV* (Paris, n.d.)。从大革命一开始，许多最抽象的象征手法都自觉或不自觉地取用自共济会（Jules Renouvier, *Histoire de l'Art pendant la Révolution considéré principalement dans les estampes* [Paris, 1863]）。

[59] Michel Hennin, *Histoire numismatique de la Révolution française*, 2 vols. (Paris, 1826) 1: 519−520.

[60] Ibid., p. 519.

120　法国大革命中的政治、文化和阶级

　　许多议员想彻底抛弃赫拉克勒斯。1798 年 7 月，五百人院提议用"一名坐着的女子"来取代银币上的赫拉克勒斯。题铭也改为"自由、繁荣"。[61] 赫拉克勒斯－人民，将让位于一个象征富庶繁荣的安静怠惰的形象。激进的男性和激进的女性（即使图 5 中的自由女神也显得更加积极主动）都要被取代。作为上院的元老院（Council of Ancients）

图 16　1795 年迪普雷所绘以赫拉克勒斯为图案的硬币草图
藏于卡纳瓦莱博物馆。（林恩·亨特摄）

---

[61]　*Journal des débats*，五百人院在共和六年花月 3 日的会议报告。

也表示同意，称这种变化"不可避免"，因为他们认为赫拉克勒斯是"在概念和实施上都很不幸的比喻"。[62] 但是，因为元老院担心要重新面临其他的货币提案，所以赫拉克勒斯继续流通了一段时期。[63]

　　1799年之后，有关赫拉克勒斯的记忆慢慢淡化。玛丽安娜这个自由和共和国的形象没有消失，但不久也被拿破仑本人的形象所掩盖。玛丽安娜在后来的共和国又出现时，赫拉克勒斯也重新出场，但只作为一种次要形象出现在1848年、1870—1878年，甚至1965年的硬币上。[64] 他再也没有像在1793—1794年恐怖时期那么风光过。然而，虽然男性形象在大革命之后的共和国意象中从来不是最权威的，但在社会主义和无产阶级的图像学中却起着杰出作用。埃里克·霍布斯鲍姆（Eric Hobsbawm）解释了为什么从19世纪的民主－平民革命过渡到20世纪无产阶级和社会主义运动时，女性形象的重要性会下降。[65] 他提出的原因有：女性婚后倾向于不再工作，女性被禁止加入行会，以及女性形象与衰败的前工业千年的关系。

　　无论这些社会性和政治性解释有什么优点（或受到怎样的争议[66]），它们都没有考虑到，男性与女性形象之间的竞争其实在大革命时期就已经出现。"赤膊的工人"第一次出现不是在19世纪初（霍

---

[62] *Journal des débats*，元老院在共和六年穑月27日的会议报告。

[63] Ibid. 还可参见Ibid., 共和六年穑月12日的讨论。赫拉克勒斯硬币至少流通到共和九年（P. Ciani, *Les Monnaies françaises de la Révolution à la fin du premier empire, 1789 à 1815* [Paris, 1931], p. 122）。

[64] Barbara Ernst, *Les Monnaies Françaises depuis 1848: Die Französischen Münzen seit 1848* (Braunschweig, 1968), pp. 20, 33, 54. 后来，迪普雷原初的设计重新被采用，除了铭文"联合和力量"被改为"自由、平等和博爱"之外没有其他较大改动。

[65] "Man and Woman in Socialist Iconography," *History Workshop Journal* 6 (1978): 121–138.

[66] 参见Maurice Agulhon, Sally Alexander, Anna Davin, and Eve Hostettler在*History Workshop Journal* 8 (1979): 167–182 中所作的批评。

布斯鲍姆没有给出精确时间），而是早在大卫提出人民的意象（手上写着"劳动"）时，远远早于无产阶级-社会主义运动的崛起。事实上，正如霍布斯鲍姆无意中提到的，赫拉克勒斯往往是社会主义图像学的模特。"一个肌肉发达的裸体男子，跪在一块岩石上与一条巨大的绿蛇搏斗，他的狮子们软瘫在一边"[67]（19世纪90年代，这个形象出现在码头工人工会出口分会的旗帜上），除了赫拉克勒斯，霍布斯鲍姆所描述的这个形象还会是谁呢？早在1818年，英国的一次工联主义运动就被称作"慈善的赫拉克勒斯"（Philanthropic Hercules）[68]。这个形象在19世纪中期的法国产生了极大的共鸣，足以影响居斯塔夫·福楼拜（Gustave Flaubert）；在他的小说《情感教育》（Sentimental Education）中，作为英雄人物的工人杜萨迪埃（Dussardier）第一次出现在叙事中时，就被认为是"一种赫拉克勒斯"[69]。

在对霍布斯鲍姆的批评中，阿居隆坚持认为男性形象受到了19世纪左翼的青睐，因为女性形象与温和的共和国有着太紧密的联系。[70] 但是，根本无需19世纪法兰西第二共和国和第三共和国的经历，我们就能看出温和派与激进派在共和制观念上的紧张关系，因为需要在玛丽安娜和赫拉克勒斯之间做抉择的情况早在18世纪90年代就出现了。而且，巨大的男性形象表现的不仅仅是对温和的女性公民形象的拒绝，它还提醒观众，激进革命就像工业劳动和许多社会主义政治活动一样，是"男人的工作"。

---

[67] "Man and Woman," p. 129.

[68] John Foster, *Class Struggle and the Industrial Revolution: Early Industrial Capitalism in Three English Towns*（London, 1974), p. 101.

[69] *Sentimental Education*, trans. by Robert Baldick (London, 1964), p. 41.

[70] 阿居隆对霍布斯鲍姆的批评与他在 *Marianne au combat*: "On Political Allegory: A Reply to Eric Hobsbawm," *History Workshop Journal* 8（1979）: 167-173 中的许多主题一致。

赫拉克勒斯的形象还包含了一种基本的紧张性，这种紧张性也困扰着之后无产阶级和社会主义运动的自我观念。赫拉克勒斯不是毫不含糊地表现了人民。大卫选择的形象不是人民的自我印象，也不是来自民众文化深处的反映，而是艺术家－知识分子－政客为了教化人民而设计出来的人民的意象。霍布斯鲍姆描绘的无产阶级形象也存在相同的矛盾：他们的外表很少是现实主义的。他们往往是理想主义的、古典的，通常是力量强大、赤裸着或半裸着的男性形象，而不是欧洲煤矿或工厂里那些疲惫、营养不良、浑身脏污的形象。例如福楼拜书中的杜萨迪埃就是个"大个子（*le terrible garçon*）……他强壮，至少要四名警察才能制服他"，这种形象表达的只有蛮力而无智慧。[71] 像法国大革命中的人民一样，工人的形象也非常难表现，但领导这一事业的那些人不得不去表现。

尽管各种激进的人民形象包含了许多紧张和矛盾，但还是在社会和政治领域打开了新的突破口。激进派号召人民反观自身，认识到自己才是核心形象，让人民"愤怒的吼声"响彻国民公会大厅和巴黎城的街头巷尾。从 1794 年 2 月罗伯斯庇尔的重要演说《民主政策的道德与政治原则》("The Moral and Political Principles of Domestic Policy")中，我们可以听出激进的人民再现形式中的力量和紧张：

> 然而，当一个民族凭着巨大的勇气和理性，终于砸开了专政主义的枷锁，并把枷锁转化成了自由的奖杯；当它凭着道德的力量，从死亡的臂弯里重新夺回了年轻的活力；当它交替着敏感与自豪、勇敢无畏与温顺驯良时，无论是坚固的堡垒，还是暴君装备精良的大批军队，都阻挡不了它。能够阻挡它的，只有法律的

---

[71] 法文版可参见 Gustave Flaubert, *L'Education sentimentale*（Paris, 1965），p. 49。

意象。那么，如果它不能迅速地攀爬到命运的巅峰，*那肯定是统治它的人犯了错*。[72]

对罗伯斯庇尔来说，人民是大革命的力量，是驱动中的马达。但是，人民一旦行动起来就很难停止。这时，人民的代表就要在人民面前高举"法律的意象"，及时阻止他们，向他们解释法律其实就是人民自己的作品，指导人民走上通往"命运的巅峰"的正确道路。没有人民，大革命就没有驱动力；没有人民代表，大革命就会失去方向。

激进派为吸引人民而打开的新突破口到底有多深，这可以从之后尝试缝合此突破口和假装此突破口根本不存在的决心中看出来。1794年之后，所有号召人民的呼声都被压制。巨大宏伟的赫拉克勒斯像从视线中消失，大部分共和国的再现形式都是真人大小、抽象、比喻意义晦涩难懂，而且经常与一些令人迷惑不解的象征物杂陈相处。赫拉克勒斯需要几个说明性词语，但资产阶级共和国的抽象比喻则需要整页整页的说明，这都是为那些能读懂复杂文章的人准备的。督政府的官方花饰（vignette）（见图17）推出时就有一整页的说明来解释其比喻内容。花饰的主要部分是一个戴着帽子的自由女神，但周围环绕着许多其他不易让人察觉的象征物。[73] 与1792年的玛丽安娜（见图5）不同，这个自由女神是坐着的，看上去若有所思，根本不打算有所行动。她既没拿枪也没拿矛，只是疲倦无力地斜靠在共和三年的宪法碑上。可能最重要的是，她看着旁边（她的右边），而没有正对着观看者。自由女神对她的观众没有任何要求，她只是坐着，并等待着。

---

[72] 英文版译文来自Philip Dawson, *The French Revolution*, p. 134。斜体是林恩·亨特所为。

[73] 对该比喻的解释，可参见 *Collection de Vinck* 4（*Napoléon et son temps*）(Paris, 1969): 3—4。

图 17　1798 年督政府的官方花饰图
(法国国家图书馆图片收藏部允许转载)

1800 年，重新得势的大卫监督了自由女神石膏像的替换。矗立着这尊塑像的"革命广场"改名为"协和广场"（place de la Concorde），女神像也被一根国家立柱取代。这根高 67 英尺的立柱是建筑家莫罗设计的，柱子的顶端有一尊自由女神像。据观察者说，这个自由女神"表情忧郁，愁眉不展"[74]。这时候，自由真的非常遥远，远远高过了人民的头顶。几个月之后，为了建造拿破仑的凯旋门，即便是这个遥远的自由女神像也被拉倒了。以军事胜利为基础的帝国战胜了共和国。

---

[74] Biver, *Fêtes révolutionnaires*, p. 148.

国家印章与其他革命再现形式不仅仅是永无休止的政治冲突的独特反映。与路易十四痴迷的繁复的国王着装仪式一样，革命的再现形式界定了权力经验。君主制的"主导性虚构"被削弱了，共和派就开始寻找新的方式来建立他们的世界。玛丽安娜和赫拉克勒斯是他们新政治体系中的两个核心形象。在美国，共和派可以一劳永逸地确定一个印章，因为政治阶级能够就共和国的意义达成一致。在法国，权力的再现形式却不断引起争论，因为政治阶级很难就大革命在何处才能结束这一点形成共识。革命的十年里，再现危机从没解决过，但结果却使共和派和激进派将问题推到了极限。激进派大胆地再现人民，虽然这种再现本身充满了矛盾和含糊，但他们确实通过这种再现提出了关于政府的本质和可能性的新问题。这些问题造成了强烈的冲击，因为它们不仅仅局限于政治论述和简评，而是在法国社会的方方面面都产生了回响。革命的记忆不是通过书本或文献来传达的，而是通过一些简单的标语、绶带和帽子，以及更易记的、真人般的塑像得到了宣扬。

第二部分

政治社会学

第 4 章
革命的政治地理学

　　修辞、仪式和意象为革命的政治文化提供了一种象征性架构。虽然在大革命期间,演说、节庆,以及诸如印章和硬币之类的威权再现形式的政治内容有所改变,但形塑的原则和期盼却基本相同。这些延续的动机包括反传统的愿望、对民族再生的信念、在新价值观建构中对理性主义和普世主义的仰赖,以及对共同体的需要高于对个人利益和特定群体利益的强调。甚至革命理论与实践之间的基本张力也一再重现:透明与教化,人民与人民代表,自然、理性的自明与象征物、服装的晦涩。就在制定这些原则和处理这些两极矛盾的过程中,革命者开发了新的政治领域,包括直接民主、恐怖统治和最终的威权统治。

　　革命的象征性架构使新政治文化得以统一与延续。反复提及新民族、共同体和普遍意愿有助于形成更强的民族目的感。设计出来的玛丽安娜、赫拉克勒斯、国家帽饰和节庆吸引了所有的法国人民。自由树、爱国圣坛、雅各宾俱乐部和选举程序也在各个地方以几乎相同的方式得到了确立。这个象征性架构不是反映了已有的民族主义情绪或群众性民主斗争,而是从无到有地创造了它们。游行、宣誓,以及镌刻着自由女神像和赫拉克勒斯像的硬币的流通,都造就并巩固了革命修辞所首要强调的新民族。

大部分新实践都在巴黎获得了官方的正式许可，这些获取许可的过程往往使中央官僚政府的权力得到增强。统一的度量衡、货币制度和选举程序等举措都有利于以巴黎为中心对全国进行统治。但是，新政治文化并不完全由巴黎主宰。革命价值观和象征物的力量强大，是因为众多不同地方的人民都在实践着它们，目标都是重建社会和政治生活。远离巴黎的人们有时候发明了自己的象征物和仪式。而且，即使他们愿意唯巴黎马首是瞻，他们也是以自己的条件和方式去学习巴黎。那么，关于这个政治中心，究竟什么是"巴黎的"呢？巴黎的很多居民都是来自外省的移民，绝大多数国家立法机关议员也都来自外省。巴黎政府可以自称为整个民族说话，因为它由来自法国不同地区的人们组成。

然而，通过革命来构建新民族是一个复杂的过程，不仅仅是中央将地方囊括进新政体的过程。因此，绘制革命传播和发展的地图并不容易。但是，有些问题还是要问：革命在何处受到了最热烈的欢迎，具体在什么地方，被哪些群体接受？谁对新价值观最感兴趣？谁负责将它们付诸行动？构建革命过程的这一整套政治实践的意义不可能从思想和哲学源头中求得，应该将其置于社会情境之中。自由树由某个人栽种，节庆在某些地方比在其他地方更为成功。象征性架构不会从天而降，也不可能从书中信手拈来，而是由那些在新政治文化提供的图景中发现有趣事物的人们搭建的。

本书的第二部分继续这种假设：是人民，尤其是共同行动的人民，创造了文化。当然，不可能从相关人士的社会身份中推导出文化或政治意义，但社会身份可以为分析新政治实践的发明和确立过程提供重要线索。时人也有这种想法。1791年，埃德蒙·伯克（Edmund Burke）称："富人、商人、大工厂主和文人……是法国大革命的主要行动者。"[1] 18世纪90年代的法国保守派也看到了共济会会员、新教徒、愚钝的暴民、狂热的反教权派、雅各宾派，以及更广泛的胸怀抱负之人的所作所为。革命者本身非常讨厌这种区分，因为他们要强调革命的普遍性。只有敌人才喜欢搞派系斗争，自私、势利、毫无爱国心。例如1795年，保守的共和派成员布瓦西·当格拉（Boissy d'Anglas）就坚称："法国大革命……根本不是少数个人的成果，而是启蒙与文明的结果。"[2]

虽然革命者更喜欢强调革命过程的普遍性，但在日常实践中还是非常关注所遇到的不同形式的抵抗。官僚机构大幅度扩大规模，以便收集民众意见。政府需要定期的报告和忠诚的仆人，以求了解地方上对其革新的不同反应。基于这种考虑，18世纪90年代的政府收集了大量有关革命实践传播方面的信息。在公开声明国家一致性的同时，政府却在狂热地研究不一致的源头。

除了对公共秩序的传统治安关注外，革命政府在政治上最操心的是每年的选举。虽然节庆聚集了更多群众，包括没有投票权的妇女和儿童，但选举才是国家新主权的最重要表述。选举自1789年以来就是革命成就的基石；正是选举为有才华的人士开启了政治、司法、教会甚至军事生涯。[3] 在旧制度下，许多高级职位都是世袭的，法官的职位和财产一样由父亲传给儿子，教会和军事职位也只向有限的家族圈内的出价最高者开放。结果，选举成了革命对抗特权的基本方式，即

---

[1] 引自 *Thoughts on French Affairs*, in Robert A. Smith, ed., *Burke on Revolution* (New York, 1968), p. 190. 关于伯克的观点，可参见 J. G. A. Pocock, "The Political Economy of Burke's Analysis of the French Revolution," *Historical Journal* 25 (1982): 331–349.

[2] *Projet de Constitution pour la République française et discours préliminaire* (Paris, an III), p. 7.

[3] Lynn Hunt, David Lansky and Paul Hanson, "The Failure of the Liberal Republic in France, 1795–1799: The Road to Brumaire," *Journal of Modern History* 51 (1979): 734–759.

使在 1795 年之后，也没有任何革命政府想过要放弃它。但是，选举系统也是脆弱的宪政结构的最薄弱之处。因为多数法国男性都有资格在"初级议会"（primary assemblies）中投票，所以选举为动员群众、抵制当时的政治方向提供了一个常规机会。拿破仑发动雾月政变后，他的支持者就反复强调共和国时期频繁举行选举的危险性。例如，医生卡巴尼斯（Cabanis）就说："每年的选举使人民每 12 个月中至少有 6 个月处于高烧狂热的状态。"[4]

于是，选举是大革命最重要的象征性实践之一。选举提供了通过履行公民义务直接参与到新国家中的机会，开放了以前只有少数人才能承担的政治职务。由于选举对政治结构有这么直接的影响，所以引起了官员们的注意，也就留下了丰富的档案材料。法国国家档案馆的 F^{1c} III 系列中有很多关于选举结果的书信，省、市级档案馆也有大量关于政府所关注问题的档案。而且，与节庆和自由树不同，选举留下了具体的结果，就是当选的投票人代表的姓名。赫拉克勒斯、玛丽安娜和三色帽饰代表的是所有人，所以很难从它们身上看到冲突和斗争。这些象征物的部分吸引力就在于它们缺乏特殊性。相反，那些当选的人代表的却是他们的俱乐部、职业、居民区、村庄、城镇、省——以及普遍的意愿。他们从某一地方被选举出来，所以肯定具备一定的特殊性。因此，选举结果可以有效地帮助我们探寻在接受大革命程度上的差异。

但这并不是说，对选举结果的解读就可以直截了当。投票人并没有就赞成或反对大革命进行投票，他们只是选择了能在法庭、市政当局、省级机关和国家立法机关代表他们的人。选举的职位离投票人越远，他们对参选人的了解就越少。例如，立法议员的选举要经过两个

---

[4] 转引自 Hunt, Lansky, and Hanson, "The Failure of the Liberal Republic," p. 737.

步骤：先是投票人在初级议会上选出选举人，然后每个省的选举人再到中心地点选出国家议员。[5]因此，通过国家议员来解读公众观点就不一定确切可靠。即使在选举非常直接的地方层面，这种解读也非常困难。因为革命修辞反对具有党派性质的身份认同，所以党派标签的发展至少可以说是不连贯的。而且，投票是个新生事物，很难成为根深蒂固的习惯，所以投票率会因为不同的选举，在不同的地区产生很大的差异，有时还不到十分之一。[6]有些地方的投票成了支持政权的宣告，而不是不同政治观点的测试。

然而，选举结果还是提供了比较的可能，虽然粗糙，但也非常有趣，不容忽视。例如，对几个特定省份的研究就显示，在1789年法国大革命中形成的政治分歧出现在县（canton）与县之间，而且一直持续到1849年，甚至是1956年。[7]有史以来第一次，法国几乎全面实现了成年男性的选举权。[8]虽然政党本身受到官方的轻视，但无疑，频繁的选举还是促进了准政党组织的发展，例如雅各宾俱乐部。地方研究和特定选举的研究都显示，那些确实投了票的人在投票时都有着自觉的政治意识。雅各宾俱乐部从成立一开始，就在行动和口头上开展了拉

---

[5] 关于选举程序的描述，可参见Jacques Godechot, *Les Institutions de la France sous la Révolution et l'Empire*, 2nd ed. (Paris, 1968)。Jean-René Suratteau, "Heurs et malheurs de la 'sociologie électorale' pour l'époque de la Révolution française," *AESC* 28 (1968): 556—580，强调了选举分析的难度。

[6] Melvin Edelstein, "Vers une 'sociologie électorale' de la Révolution française: Citadins et campagnards," *RHMC* 22 (1975): 508—529，比较了各种已经出版的结果。

[7] 例如可参见Paul Bois, *Paysans de l'Ouest: Des structures économiques et sociales aux options politiques depuis l'époque révolutionnaire dans la Sarthe* (Le Mans, 1960)。

[8] 自1792年开始，选举权在成年男性中几乎普及。1795年之后，又重新开始对选举人做出财产规定（Godechot, *Les Institutions de la France*）。尽管对选举人有财产要求，甚至在1790—1791年只有缴纳一定水平税款的人才能参加选举的政体下，大革命时期的选举权范围也比此后的1800—1847年要广泛得多。

选票的活动。甚至在相对压制性的督政府政权下,重新抬头的雅各宾俱乐部还组织了示威、集会和公共宴会去影响地方投票。[9] 作为回应,保王党和温和派也开始发展自己的选举组织。[10] 大省会和巴黎的报纸为各自支持的事业呐喊助威,以图影响选民的政治选择;掌权的政府则利用特派员和地方行政人员来引导地方选举朝有利于自己的方向进行。[11] 虽然投票人有时为数不多,但都不是在政治真空下做出选择的。

选举政治的发展使人们更敏锐地感受到政治分歧的意义。在革命十年间,政治词汇急剧增长。各种称号也名目繁多,诸如民主派、共和派、爱国者、超爱国者(ultra-patriots)、排他分子、雅各宾派、狂人(enragés)、无套裤汉、先贤祠伟人(pantheonists)、山岳派(montagnards)、无政府主义者、温和派、吉伦特派、斐扬派(Feuillants)、君主主义者、保王党、极端保王党、联邦主义者等,更不要提那些与特定政客和特定革命时期相关的称号了。[12] 其中很多称号到 19 世纪都还具有一定的政治意义。但是,最持久的可能就是国民议会中的"左翼"和"右翼"了,它们分别指议会大厅中被主席座椅分成的左右两边。米拉波将这种区分称作"议会的地理学"。就像法国整体存在空间区分,国家立法机关也有空间区分;观点接近的议员会坐在中央走廊的同一边。[13] 国民公会时期,这种地势更加微妙:最激进的议员被称作山岳派(或山岳人),

---

[9] Michael L. Kennedy, *The Jacobin Clubs in the French Revolution: The First Years*(Princeton, 1982), esp. pp. 210–223. Isser Woloch, *Jacobin Legacy: The Democratic Movement under the Directory*(Princeton, 1970), pp. 241–271.

[10] W. R. Fryer, *Republic or Restoration in France? 1794–1797*(Manchester, 1965).

[11] 关于政府自身的努力,可参见 Jean-René Suratteau, *Les Elections de l'an VI et le "coup d'état du 22 floréal" [11 mai 1798]*(Paris, 1971)。

[12] Max Frey, *Les Transformations du vocabulaire français à l'époque de la Révolution (1789–1800)*(Paris, 1925), pp. 138–167.

[13] Ferdinand Brunot, *Histoire de la langue française 9 (La Révolution et l'Empire)*: 769–770; and Frey, *Les Transformations du vocabulaire*, p. 46.

因为他们喜欢坐在最高排的座位上。他们的政敌被称作吉伦特派，因为其中一些领导人来自以波尔多为首府的吉伦特省。大量占据较低座位的中间派议员则没有明确倾向，被称作平原派（Plain）或沼泽派（Swamp）。报纸和俱乐部向所有投票人通告了这种新的分类。

尽管对政治分歧更敏感了，但投身于政治的那批人继续沿用强调透明、美德和共同体的修辞。从1798年来自亚眠的一份典型的亲雅各宾派竞选小册子中，我们可以看到这种令人焦虑的矛盾组合：

> 保王党已经在邪恶的老巢里拟好了选举人、立法委员会、行政机关和法庭的候选人名单。他们想重新启用在果月18日（那天在立法机关发生了反保王党政变）被共和派的大棒击垮了的那批人。那么，你们在初级议会召开的那天要做什么呢？你们的任务是从第一次会议开始就拣选淘汰（如果我可以用这个词的话）投票者，仔细寻找那些希望践履光荣职责的人……仔细观察投票者的表情，你会发现不忠实于自己使命的人往往面色苍白。……要提名认可我们的原则、分享我们的情感的那些人，这一点至关重要。我们需要的是卓越的品格、坚强的灵魂、强健的体魄和运动的精神。[14]

作者可以提议一些政治策略，但唯一直接提到的政党是他要反对的保王党。他明白有些人支持他，有些人反对他，但他只能公开提倡一些非常模糊的品质，如精力旺盛、果敢坚决和性格坚强等。然而不久以后，这个印刷商又发行了一本更加直率的小册子，这次是为了支持一家新成立的宪章圈（Constitutional Circle，重组后的雅各宾俱乐部都称

---

[14] A.N., F^{lc} III Somme 9, Correspondance et divers, 1789–an IX, 标题为 "Aux Amis de la République" 的竞选小册子，署名是索姆省印刷商卡龙－贝尔基耶（Caron-Berquier）。

作宪章圈）。上面写道："宪章圈要组建了，你还等什么呢？赶紧行动吧。就在宪章圈，你才能找到打垮'反动派'（les réacteurs）的武器：联合起来，成为有用的人，相互支援。"[15]持续的政治冲突教导战斗派要一致行动。

虽然法国到处都有人坚信一致行动的重要性，但只在部分地区成功影响了选举。我们可以借助名为判别分析（discriminant analysis）的统计学方法来绘制一张有关议会选举结果的地图（见地图 1）[16]。以前有人研究过 1792 年国民公会议员的选举和 1795—1798 年督政府议会两院议员的选举。这些研究已经发现，当选的议员确实分属不同的政治团体。[17] 1792 年当选的议员后来分裂成山岳派、吉伦特派和中立派（或平原派）。更基本的分歧是关于如何适当处置国王，一半以上的议员赞成处以死刑，不得缓刑或上诉。1795 年、1797 年和 1798 年当选的议员被政府在各省的代理人分成保王党（反革命分子）、雅各宾派（恐怖分子或无政府主义者）和督政府派（督政府的支持者）。督政府根据收集到的有关议员政治倾向的情报，分别在 1797 年针对认定的保王党分子、1798 年针对认定的雅各宾派进行了清算，逮捕、驱逐或拒授席位给许多议员。本书所做的数据分析采用了关于这些议员的情报，

---

[15] A.N., F^Ic III Somme 9, Correspondance et divers, 1789—an IX, 亚眠省宪章圈的小册子，日期为共和六年雨月 26 日，署名是宪章圈印刷商卡龙－贝尔基耶。

[16] 本章内容最早发表在 *The Journal of Interdisciplinary History*（14 [1984]: 535—559）上，其中所附地图只包括了那些具有较高归类概率的省份。21 个省因为缺少判别分析中一个变量的相关信息而未被包括在内。在此，所有省份都以各自的最高概率进行了归类，而忽略了其缺省值；最低概率是 0.63。但是，为了做进一步的分析，那些有缺省值或低归类概率（<0.99）的省被排除了。参见表 1 至表 3。对分析的技术方面感兴趣的读者应该参考那篇论文。

[17] Alison Patrick, *The Men of the First French Republic: Political Alignments in the National Convention of 1792* (Baltimore, 1972); and Surratteau, *Les Elections de l'an VI*, 后者还包括了关于 1795 年、1797 年和 1798 年选举结果的地图（pp. 298—300）。

第4章 革命的政治地理学　137

地图1　大革命时期法国的政治地理图

　　将这些情报综合成可以在一个连续统（continuum）上定位各个省份的一种或几种函数，以便将各个省分成不同的阵营。换句话说，各省的国家代表团可以作为该省政治性质的指征。

　　为了考察政治忠诚，必须问三个问题：(1) 国民公会时期（1792—

1794年），哪些省属右翼，哪些省属左翼？（2）督政府时期（1795—1799年），哪些省属右翼，哪些省属左翼？（3）从国民公会到督政府时期，政治忠诚的延续性或非延续性是什么？这里使用"左翼"与"右翼"，是因为大革命已经使它们成了经典的政治区分范畴。虽然立法机关有一个可以被确认的"中央"，但大部分重要决定都迫使议员必须选边。而且，大部分选举都在地方上引起了两派争斗。例如，1797年，投票人必须就赞成还是反对右翼的挑战做出选择；1798年，他们又要选择赞成还是反对雅各宾派的复兴。[18]政治结构似乎很自然地就分成了两派。

判别分析显示，左翼与右翼之分并不随意武断，因为按照这种方式得出的判别函数在数据上达到了显著水平。[19]如果投票人做出随意或完全个人化的决定，那么各省的选择就不可能有不同的模式。但这些模式不仅明显不同，而且相对持久。留在相同阵营的省份比改变政治方向的省份多（54∶29）。在1795—1798年督政府时期，甚至在1792—1798年整个共和国时期都存在延续性。在国家政治经历频繁剧变和回转的整个时期，投票人一直坚持着自己对政治范畴的感受。

地图1显示，全国选举形成了明确的地区模式。议会右翼在巴黎盆地（塞纳[Seine]省从左翼转向右翼）、罗讷河谷（Rhône valley）和西北地区势力最强。议会左翼在中西部和西南部势力最强。从左翼转向右翼的许多省都位于以某一大城市为中心的地区，例如巴黎、波尔多、里昂、马赛（Marseille）和斯特拉斯堡（Strasbourg）。从右翼转向左翼的大部分省都位于靠近边境的山区。总的来说，左翼在边缘地

---

[18] Suratteau, *Les Elections de l'an VI*.

[19] 社会科学的数据程序包中，判别分析是其中的一个子程序，该程序包产生了许多显著性测试。这里采用的显著水平标准是0.05。还可参见William R. Klecka, *Discriminant Analysis*, in Sage University Papers, no. 19 (Beverly Hills, 1980)。

区（除了东南地区）势力最强。这种地理模式非常重要，因为这显示出，雅各宾派议员从法国边缘地区获得了大部分支持，而不是从中心地区。[20] 巴黎在忠实于左翼这点上摇摆不定，而紧挨着巴黎的地区却通常都是忠实可靠的右翼。那些热忱地聚集在新修辞、仪式和意象周围的议员大部分都来自远离巴黎式世故的地方。

这幅地图的意义远远超出了法兰西第一共和国时期，因为许多地区直到现在还延续着相似的投票倾向。例如，20世纪70年代，左翼不再掌权了，社会主义（非共产主义）力量的堡垒还是位于远北地区和中部的西南地区。[21] 在1981年6月的立法选举中，非共产主义左翼在西南部，以及中部和东北部的部分地区表现最好。而"以前的多数派"（戴高乐主义者 [Gaullists] 和吉斯卡尔主义者 [Giscardiens]）政党在法国的北半部和延伸到罗讷河的一连串外省形势最好。[22] 虽然在过去的两个世纪里，没有人系统研究过政治忠诚的延续性，但保守的北部和更激进的南部这种分裂形势似乎已经成了一种"传统"。[23] 判别分

---

[20] 关于雅各宾俱乐部基地的地图显示，许多俱乐部分布在诺尔（Nord）省和法国西南部（还有一部分在法国东南部）(Michel de Certeau, Dominique Julia, and Jacques Revel, *Une politique de la langue: La Révolution française et les patois: L'Enquête de Grégoire* [Paris, 1975], p. 37)。从佩皮尼昂（Perpignan）和图卢兹到涅夫勒（Nièvre），然后再延伸到罗讷河谷的广大半月形地域，被理查德·科布称作"'极端种族主义'和革命极端主义"地区。这种地区划分可以与议会倾向的地图做个对比。科布描绘的是恐怖时期的情况，所以他的地图与我的并不完全一致。但是，雅各宾派地图和科布的极端主义地理都强调了南部的激进主义（*The Police and the People: French Popular Protest*, 1789—1820 [Oxford, 1970], pp. 127—128)。

[21] 参见 Hervé Le Bras and Emmanuel Todd, *L'Invention de la France: Atlas anthropologique et politique* (Paris, 1981), p. 348 的地图。

[22] 参见 *Le Monde*, 1981年6月16日, pp. 6—7 中发表的选举结果。

[23] 经典的研究是 François Goguel, *Géographie des élections françaises de 1870 à 1951* (Paris, 1951)。勒布拉（Le Bras）和托德（Todd）（参见本章脚注21）颇有争议的分析并不包括法兰西第一共和国。但他们提出法国政治分歧的长期根源是地区性家庭结构。（转下页）

析就显示出，这种分裂其实可以追溯到第一共和国时期。

法兰西第二共和国时期（1849年选举），在18世纪90年代一直站在右翼这边的省份继续投票给右翼。[24] 在第一共和国时期从左翼转向右翼的省在1849年还是倾向于右翼。当然也有一些例外，多数是在东南地区。阿居隆在调查瓦尔（Var）省时发现，该省在大革命时期转向右翼，在19世纪前半期是忠实可靠的正统派（Legitimist），但在1848年第二共和国时期又转变成了激进的共和派。[25] 临近各省也明显

（接上页）他们识别了三种形式：核心家庭结构地区（诺曼底[Normandy]、近西部、香槟[Champagne]、洛林[Lorraine]、勃艮第[Burgundy]、弗朗什-孔泰[Franche-Comté]和奥尔良地区[Orléanais]）；婚姻受到较少干预的复杂结构地区（西南部、普罗旺斯[Provence]、诺尔省）；婚姻受到控制的复杂结构地区（布列塔尼[Brittany]、巴斯克地区[Basque country]、中央高原[Massif central]的南部、萨伏依[Savoy]、阿尔萨斯[Alsace]）。每一种形式对应一种政治结构：核心家庭结构对应着对独立和分离的向往；婚姻受到较少干预的复杂结构对应着对集体和依靠的向往；婚姻受到控制的复杂结构对应威权主义。虽然这种列表式的、有时显得表面化的分析存在许多问题，但还是暗示了一些有趣的研究方向。例如，看起来我们很可能依照其各自带有政治结果的显著文化差异将落后的西部（布列塔尼）与落后的西南部区分开来。家庭结构很可能只是其中之一。使用一种单一原因式的阐释（家庭结构）来取代另一种单一原因式的阐释，如马克思主义（阶级斗争），虽然有一定启发，但同样不能令人满意。例如，地图1显示，西南部与普罗旺斯虽然在家庭结构上相似，但在政治上并不相同。

[24] 参见Maurice Agulhon, *1848 ou l'apprentissage de la République, 1848–1852* (Paris, 1973), p. 174 的地图。这种比较在Hunt, "The Political Geography"中有更详细的讨论。与1849年进行比较非常重要，因为法兰西第二共和国时期的选举与第一共和国时期的选举在广泛的选举权上非常相似。相同的地区模式在19世纪20年代和30年代看起来并未形成（Thomas D. Beck, *French Legislators, 1800–1834* [Berkeley, 1974]; and Patrick-Bernard Higonnet, "La Composition de la Chambre des Députés de 1827 à 1831," *Revue historique* 239 [1968]: 351–378）。但是，与两次共和国之间的时期相比就很困难，因为这一时期的选举权比两次共和国时期的限制更严格。因此，共和派左翼可能代表不多，当时的反对派更像共和派右翼。

[25] 阿居隆没有具体讨论革命时期，所以瓦尔省发生这种转变的原因仍然不明 (*La Vie sociale en Provence intérieure au lendemain de la Révolution* [Paris, 1970] and *La République au village* [Paris, 1970])。

发生过类似情况。

然而，除了在远北地区和中部的西南地区有一些重要特例之外，第一共和国时期给左翼投票的省在政治忠诚度上远远比不上那些投票给右翼的省。从左翼转向右翼的省比从右翼转向左翼的省更多。而且，从长远来看，南部这个总的来说更愿意接纳左翼的地区，事实证明比北部易变得多。不仅东南部有许多省从左翼转向右翼，后来在1849年又重新转回左翼，而且西部到1849年也有很多省从左翼转向了右翼。旺代、德塞夫勒（Deux-Sèvres）和下夏朗德（Charente-Inférieure）等省份在1849年投给左翼的选票都少于20%。

旺代地区各省的剧变可以例证立法选举研究上的不足。这些省位于臭名昭著的旺代地区，在第一共和国时期被民众的反革命运动包围。为了对付这种威胁，当地的共和派显贵为一名激进共和派（即左翼议员）提供了有限但坚决的选举支持，而叛乱者又不投票，于是雅各宾派获得了很大空间。在旺代地区，甚至督政府也鼓励雅各宾派组织成为制衡叛乱者的力量；督政府并没有像在其他地区那样坚定地压制左翼，因为在旺代，无论左翼多么激进，督政府也承担不了疏远共和国支持者的严重后果。[26] 所以，虽然旺代地区的群众对共和制并不热衷，但投票人还是能够表达对左翼的支持。然而在18世纪90年代以后，这种形势却没有延续。除了萨尔特（Sarthe）省和曼恩－卢瓦尔（Maine-et-Loire）省，旺代地区在19世纪又回到了右翼。

第一共和国时期投票的地理模式具有社会意义。事实上，左翼地区和右翼地区的社会差别，比它们在革命剧变中的不同经历意义更重大。[27] 选择左翼还是右翼与该省的迁出率、恐怖时期的死刑率或地方

---

[26] Marcel Reinhard, *Le Département de la Sarthe sous le régime directorial* (St. Brieuc, 1935).
[27] 在William Brustein, "A Regional Mode-of-Production Analysis of Political Behavior: The Cases of Western and Mediterranean France," *Politics and Society* 10（转下页）

教士对大革命的态度都无关（见表1）。

表1 政治派别和革命经验表（平均值）

政治派别	教士宣誓率（%）	迁出人口数（每100 000人）	恐怖时期死亡人数（每100 000人）
左翼（N=16）*	50	337	50
右翼（N=21）	50	310	75
转右翼（N=15）	61	793	49
转左翼（N=5）	62	304	2

资料来源：参见附录A中OATH、EMIPER和TERPER项。
* 为了便于比较，这里只包括可信度高的省。参见本章脚注16。

考虑到在19世纪和20世纪宗教感情和政治信仰之间确实存在某种关联（坚持宗教实践的地区投票给右翼），我们可以认为它们在第一共和国时期也存在某种联系。[28]但表1却显示左翼与右翼在这一项上并没有差别。而且，在更易摇摆的省（那些转变信念的省），教士尤其恭顺，所以，教士的态度没有产生明显的政治效果。表1中值得注意的只有转向右翼的省迁出率高，转向左翼的省在恐怖时期死亡率较低。但是，这些数字也很难说明什么问题。高迁出率可能造成转向右翼的

（接上页）(1981): 355—398中可以看出威廉·布鲁斯坦（William Brustein）试图解释现代的地区差异。他使用了1849年、1885年、1936年和1978年的全国选举结果，尤其着重西部的右翼投票和地中海沿岸各省的左翼投票。这种选择削弱了与革命时期作比较的有效性，因为左翼在这些地区之间的地域实力最强。正如布鲁斯坦自己所承认的，他的关于生产方式效果的模式最适合1936年和1978年的选举（p. 396）。布鲁斯坦对物质利益的合理计算与伊夫-马里·贝尔塞（Yves-Marie Bercé）所坚持的西南部长期持续地区性反叛的观点（*Croquants et Nu-pieds: Les Soulèvements paysans en France du XVIe au XIXe siècle* [Paris, 1974]）截然相反。17世纪农民起义的地图与大革命时期左翼投票的地图确实在很大程度上有重叠。贝尔塞本人对革命时期所说不多。

[28] 但是很明显，宗教在某些地区是一个因素（Timothy Tackett, "The West in France in 1789: The Religious Factor in the Origins of the Counterrevolution," *Journal of Modern History* 54 [1982]: 715—745）。

省省内政治形势不稳定。但是，为什么恐怖时期的低死亡率会促使一些省转向左翼，而没有让它们对当时的掌权政府感到满意呢？似乎没有理由。

以所有省为基础而不管政治范畴所做的相关性分析（correlation analysis），同样没有显示大革命时期的特殊经历（例如人口迁出）与投票选择之间的联系（见附录A）。例如，省代表关于审判国王的投票与省教士宣誓率之间的相关性近似随机（$r=-0.04$）。但是，迁出率、死刑率与教士宣誓率均成负相关（分别是$r=-0.26$和$r=-0.23$）：教士越不恭顺，该省的迁出率和恐怖时期的死亡率就越高。但是，这些创伤性经历对国家选举的影响都不大。

相反，左翼和右翼的经济差异和社会差异却很重要（见表2）。

表2 不同政治倾向之省份的社会差异表（平均值）

政治派别	与巴黎的距离 (法国古里：lieus)	识字率 (%)	城市化 (%)	土地税 (人均法郎×1 000)
左翼（N=16）	129	22	14	80
右翼（N=21）	68	41	17	91
转右翼（N=15）	95	31	26	91
转左翼（N=5）	126	51	14	13

资料来源：参见附录A中的DISTPAR、TOTLIT、URB1806和PCFONC项。

左翼在远离巴黎的地区非常成功，在那里，相对来说城市化水平不高（法国整体的平均城市化水平是18.8%）[29]，也不富庶，而且识字率低于平均水平（所有省的平均比率是33.3%）[30]。转向左翼的省数量很

---

[29] 这个平均值引自René Le Mée（附录A，URB1806项）。此处所提到的83个省的平均值是17%。

[30] 这里使用了男女平均识字率，不只是男性识字率。男性识字率与"整体识字率"的相关系数为0.98，女性识字率与"整体识字率"的相关系数为0.96。

少，所以很难有所发现，但山区几个省比较突出，平均识字率高，城市化水平低，人均土地税低。[31] 尤其是东部山区，在旧制度下就因识字率高闻名，但地势却不适宜发展大城镇和密集型农业。

右翼有两种不同的社会经济成分：一种是坚定的右翼省，距巴黎近、富庶、以农业为主、识字率高；另一种是转向右翼的省，相比于坚定的右翼省，偏远、城市化水平高、识字率低。从转向右翼省的社会经济特征中可以看出，一些周边大城市（最主要有马赛、波尔多和斯特拉斯堡）在 1794 年后从左翼转向右翼的过程中发挥了非常重要的作用。巴黎及其所在的塞纳省也属于此列。最易变的省，尤其是转向右翼的省，往往城市化水平较高。最坚定的政治选择（坚持右翼或左翼，没有任何转向）则主要发生在以农业为主的内地。那么，爱德华·怀廷·福克斯（Edward Whiting Fox）的两个法国之说就不准确，因为当时似乎存在至少四五个法国。本书没有将法国区分为内地城镇和周边城市两部分，而是认为内地本身也可以更深入区分为右翼和左翼。周边商业大城市的地位很关键，但并没有促使它们所在的省去支持吉伦特派，而是推促这些省在恐怖时期之后支持吉伦特派的继任者，即议会右翼。[32] 在这方面，周边城市与巴黎处于同一阵线，没什么不同。

如果将比较范围缩小到右翼省与左翼省之间，那么社会经济因素的重要性就更明显（见表 3）。

为了做比较，我们就要选择分类可能性最高的省。我从北部的坚定右翼群体中选了 11 个省，没有包括布列塔尼和南部的几个偏远省份，保留了奥布（Aube）省、卡尔瓦多斯（Calvados）省、厄尔（Eure）省、卢瓦

---

[31] 而且，转向左翼的省用于农业的土地面积更少。转向左翼的省平均值为 42 000 公顷，左翼省是 55 000 公顷，右翼省是 61 000 公顷，转向右翼的省是 53 000 公顷（附录 A，AGPROD 项）。

[32] Fox, *History in Geographical Perspective: The Other France* (New York, 1971).

雷（Loiret）省、芒什（Manche）省、奥恩（Orne）省、加来海峡（Pas-de-Calais）省、塞纳－马恩（Seine-et-Marne）省、塞纳－瓦兹（Seine-et-Oise）省、下塞纳（Seine-Inférieure）省和索姆省。从坚定的左翼群体中选了中部和西南地区的9个省（旺代地区各省由于情况特殊，不予考虑）。左翼省的低迁出率和低死刑率在这里微不足道，因为无论左翼还是右翼，在这两点上都远远低于平均值；政治立场坚定的省在恐怖时期的痛苦经历并不多。无论议会的左翼核心还是右翼核心，都不是应大革命时期的动荡经历而形成的。然而，它们之间的社会经济差异却惊人：右翼地区富庶，识字率高；左翼地区相对贫穷，明显城市化水平低，识字率也低。这就是两种不同的农业内地：一种现代、富庶，临近巴黎；另一种落后，远离文化和商业主流。

表3　样本省的社会经济与政治数据表（平均值）

样本省的政治派别	识字率(%)	城市化(%)	土地税（人均法郎×1 000）	教士宣誓率(%)	恐怖时期死亡人数（每100 000人）	迁出人数（每100 000人）
左翼 (N=9)	19	11	75	50	4	263
右翼 (N=11)	54	18	118	57	12	330
所有省 (N=83)	33	17	84	53	45	452

资料来源：参见表1和表2。

考虑到18世纪的数据测算不充分，我们即使将社会经济因素单独抽离出来，也很难精确推测它们如何运作。例如，查尔斯·蒂利（Charles Tilly）认为城市化率（rates of urbanization）的不平衡助长了反革命。但我们不可能证明这种假设，因为我们能够得到的各省信息只能描述城市化水平，不能说明城市增长率（rate of urban growth）。[33] 而且，社会经济因素在抽离状态下也不能得到充分处理，因为它们的效

---

[33] Tilly, *The Vendée* (Cambridge, Mass., 1964).

果会随情境不同而有所变化。城市化就是一个例子。[34] 表 2 和表 3 显示，坚定的右翼省和后来转向右翼的省都可能城市化水平较高。但是，所有省的部分相关性（附录 A 的相关矩阵图）却显示，相同的城市化水平产生了不同甚至相反的政治选择。城市化在 1797 年与右翼的支持率成正相关（$r=0.64$），在 1798 年与左翼的支持率成正相关（$r=0.41$），而在 1799 年又与波拿巴政变的支持率成正相关（$r=0.41$）。换句话说，高度城市化的省有时会每年转变政治忠诚的方向，而且只考虑城市化率是很难预测各省如何做出政治选择的。

本书提供的只是关于不同地区政治文化发展的一套假设。这套假设与表 1 和表 3 中的信息一致，但不能通过定量方法得到证实。地区政治文化在社会和经济因素所设定的范围内发展，但不仅仅是从这些因素到政治的简单转化。地区的政府代理人很快就发现，地方和区域政治的关键是要发展个人关系的同心圆。政府需要个人接触来获得信息，相互竞争的政治组织也需要这种联系来赢得选举胜利。正如 1798 年一位省代理人向内务大臣（Minister of the Interior）写信称："每个县都有一定数量精力充沛、品德高尚的人真诚拥护共和国。他们具备必要的影响力，可以让心怀不轨的人保持中立，引导人们做出有利于革命的选择。"[35] 雅各宾派和保王党的思想都是通过小册子、宣传书和报纸得到传播的，但只有确保这些信息能在个人、村庄和俱乐部之间传递下去，它们才能扎下根。在有些地方，雅各宾派的信息传递得又快又远；但在另一些地方，抵制革新、秘密支持复辟的观点却占了上风。

---

[34] Tilly, *The Vendée* (Cambridge, Mass., 1964), and Gilbert Shapiro, John Markoff, and Sasha R. Weitman, "Quantitative Studies of the French Revolution," *History and Theory* 12 (1973): 163－191 综述的各种研究中都强调了城市化的重要性。

[35] A.N., F^{Ic} III Vendée 7, Correspondance et divers, 1789－1815, 督政府代理人写给省行政部门的信，共和六年风月 19 日。

我们还应该在接受不同政治关系的地方模式中寻找变量。

群众保王党（popular royalism）除了在许多农村里组建了反对共和国的准军事组织，还在大城市里利用庇护关系建立了基地。在有些地方，可能最早是联邦主义者网络建立了这种模式。[36] 1794年以后，群众保王党在巴黎和里昂都有了牢固的基地，官员们还担心这种基地会从其他大城市向外扩张。[37] 例如，1799年，一份警方报告就气急败坏地称，路易十八（Louis XVIII）的支持者在波尔多市内建立了庞大的准军事组织。[38] 1799年4月一份官方报告得出结论说，只有8个省才是可靠的共和派：克勒兹（Creuse）省、默尔特省、上索恩（Haute-Saône）省、上比利牛斯（Hautes-Pyrénées）省、菲尼斯泰尔（Finistère）省、汝拉（Jura）省、上加龙省和东比利牛斯（Pyrénées-Orientales）省。有意思的是，在这些地区只有南锡和图卢兹这两个大城市，而那时其他所有大城市都有嫌疑。[39]

有关里昂和马赛等城市的研究显示，大城市有大量流动人口，包括经常失业的日薪工人和时薪工人，他们与索布尔笔下更稳定、更好斗的无套裤汉有很大不同。[40] 在食物短缺和政治不稳定时，他们很乐

---

[36] 关于联邦主义运动中庇护关系的具有启发性的评论，可参见Paul Richard Hanson, "The Federalist Revolt of 1793: A Comparative Study of Caen and Limoges," 博士学位论文，加利福尼亚大学伯克利分校, 1981, esp. pp. 337—423。

[37] 关于里昂，参见A.N., F^7 6759, Police générale: Troubles à Lyon。

[38] A.N., F^7 6216, Affaires politiques, an V—1830, no. 3963, "Conspiration de la Gironde," 治安部（Police Ministry）给督政府的报告。

[39] "Résumé des comptes-rendus au Ministre de l'Intérieur par les Commissaires du Directoire exécutif près les administrations centrales des départements, pendant le mois de floréal an VII," reprinted in Félix Rocquain, *L'Etat de la France au 18 brumaire* (Paris, 1874), p. 380.

[40] Albert Soboul, *Les Sans-culottes parisiens en l'an II*, 2nd ed. (Paris, 1962). Michel Vovelle, "Le Prolétariat flottant à Marseille sous la Révolution française," *Annales de démographie historique*, 1968, pp. 111—138, 简要提到了该问题。

意被那些靠庇护关系组织起来的右翼群体所雇用。例如，警察报告道，在1796年9月的波尔多，市里有钱的商人和运输商领导发动了一次反雅各宾派暴动，吸引了许多在沙尔特龙（Chartrons）区作坊和仓库工作的工人和手艺人参加。[41] 如果将时间限定在恐怖时期，巴黎在这方面似乎是个例外，因为在恐怖时期反而是雅各宾派成功地发动了一部分手艺人和薪资工人。但在1794年之后，巴黎还是被共和派右翼成功地控制了。城市在大革命之前的几十年迅猛发展；农业歉收和战争引起的食物短缺造成了经济混乱；地方俱乐部解体后，民众变得冷淡默然；恐怖政策导致了激烈分歧（在城市化水平较高的省，被处死的人也更多）；新教与天主教之间存在宗教冲突——所有这一切都导致了大城市里的混乱和剧变。[42]

西南部和中西部的左翼省都聚集在几个"老"城市（就是有些人所谓的"villes-villes"）周围，这些"老"城市是相对于那些新兴工业或商业中心而言的。其中，"红色"图卢兹最大，也最让督政府烦忧。但是，雅各宾派和新雅各宾派在西南许多类似小镇上都有类似的组织。伊赛·沃洛克（Isser Woloch）在他有关1798年选举的研究中就发现，在布里夫（Brive）、蒂勒（Tulle）（都在科雷兹［Corrèze］省）、佩里格（Perigueux，在多尔多涅［Dordogne］省）、欧什（Auch，在热尔省）、克莱蒙（Clermont）和伊苏瓦尔（Issoire，在多姆山［Puy-de-Dôme］省），都有雅各宾派的重要根据地。[43] 传统上，这些小镇在所处的相对落后

---

[41] Gaston Ducaunnès-Duval, *Ville de Bordeaux: Inventaire-Sommaire des Archives municipales: Période révolutionnaire (1789—an VIII)*, 4 vols.（Bordeaux, 1896—1929）3: 37（共和五年葡月8日文件的重印版）。

[42] 例如可参见Gwynne Lewis, *The Second Vendée: The Continuity of Counterrevolution in the Department of the Gard, 1789—1815*（Oxford, 1978）。

[43] *Jacobin Legacy*, p. 283.

地区享有很高的声望和影响，虽然它们中没有一个是发展迅速的工业或制造业中心（即使不是全部，很多地方的发展也还是相对滞后），但在贫穷而且居民几乎都是文盲的内地，它们还是作为商业和文化中心脱颖而出。

西南的这些小城市成了左翼传统的持久中心，因为雅各宾派不仅能在城镇建立影响，还能将影响扩展到周边的农村地区。例如，保罗·布瓦（Paul Bois）关于萨尔特省的研究就显示，1792—1793年，雅各宾派将总部设在城镇（尤其在勒芒 [Le Mans]）和村镇，这样就能够在萨尔特省的东半部和该省选举中占据主导地位。他们的主导地位之所以可能实现，是因为东半部的农民非常贫穷，必须依靠城镇组织的增补纺织业所建立起来的关系。正如城市的商人能通过商业关系渗透到农村，雅各宾派也能通过他们的新政治关系渗透进农村。在有些地方，比如在该省的西半部，他们遭到更富裕、更独立的农民的反抗，革命失败了，反革命运动建立了基地。[44]

马塞尔·雷纳尔（Marcel Reinhard）论述了这种渗透在1794年以后的萨尔特省是如何继续的。在1798年雅各宾派的复兴期，勒芒的雅各宾派建立了一个宪章圈，并在不久以后扩大了影响。几乎每个休息日（décadi，革命历法中的休息日），宪章圈都组织行进到附近城镇或村庄的游行，到目的地后，每个参加者种植自由树，分发"公民汤"，一个新宪章圈的成立可能将活动推向高潮。不久以后，其他宪章圈也组织相同的游行。他们在该省的东半部取得了最大成功，这恰好也是早期雅各宾派赢得支持的地方。在全体会议上，宪章圈起草选举候选人名单，并将其散布出去。[45]

---

[44] *Paysans de l'Ouest.*

[45] Reinhard, *Le Département de la Sarthe.*

在中部和西南部投票给左翼的省内,相同的故事也一再上演。雅各宾派不一定要获取民众的热情,正如维埃纳(Vienne)省的行政机构于 1798 年所说,"民众在大革命中根本不重要"[46]。但是,他们却赢得了为争取选举胜利而积极工作的坚定皈依者。在维埃纳省的省会普瓦捷(Poitiers),宪章圈到 1798 年春季已经拥有了 600 名会员,而且在该省的其他城镇还有一些附属小社团。1798 年的胜利通常可以反映大革命早期所取得的成果。例如在 1791 年 3 月的热尔省,有 14 个雅各宾俱乐部与巴黎俱乐部有联系。欧什俱乐部是最早的一个,与图卢兹更大的俱乐部联系紧密。[47]在阿列日(Ariège)省,图卢兹的雅各宾俱乐部影响力太大,以至于该省行政部门在 1792 年向内务大臣抱怨此事。[48]小的村级俱乐部附属于更大的市级俱乐部,更大的俱乐部则相互依存,共同附属于巴黎。

雅各宾俱乐部中的商人、律师、店主和手艺人能够实施影响,部分是因为他们在这些省鲜有对手。在坚定的左翼省中,除了图卢兹、格勒诺布尔和杜埃(Douai)所属的省份之外,其他省份都没有高等法院,以及具备贵族身份的高等法院法官。而且,教士对大革命也不怎么支持。于是,城镇和市场中心的那些小人物就有了机会,可以行使新权力。在中部和西南部,这些人是当地为数不多的识文断字之人。法国南部整体上比北部的识字率低,城镇与农村之间的识字率差距在南方也比在北方大得多,但在北方较新的工业城镇里,识字率却非常

---

[46] 来自 Roger Doucet, *L'Esprit public dans le département de la Vienne pendant la Révolution* (Paris, 1910), p. 263 中的引文。

[47] G. Brégail, "Le Gers pendant la Révolution," *Bulletin de la Société d'histoire et d'archéologie du Gers* 30 (1929): 89−120, 224−259, 354−377.

[48] G. Arnaud, *Histoire de la Révolution dans le département de l'Ariège (1789−1795)* (Toulouse, 1904), p. 309.

低。[49] 例如，科雷兹省那些不识字、母语非法语的农民就可能追随布里夫和蒂勒两地的领导，然而卡尔瓦多斯省能读会写的富庶农民就很少会仰赖卡昂（Caen）在思想和政治上的领导。

正如上文所述，共和派显贵的统治在左翼省没有受到来自上层的挑战，同样也没有遭到来自下层的威胁。因为，所有左翼省（除了普遍情况有些例外的诺尔省）都没有具备大型工人阶级共同体的大城市（类似于北部的鲁昂［Rouen］和南部的马赛），所以这些地区的资产阶级和小资产阶级领导人无须面对由动员大批无技术、经常处于失业和饥饿状态的下层人民而引发的问题。没有大城市里由工人、在地贵族、抗拒的教士和分裂的资产阶级（例如，除了诺尔省之外，左翼省都没有大型的富裕商人共同体，至少没有任何一个能与波尔多或南特［Nantes］的相比）之间的紧张关系所造成的困扰，左翼省内并不十分强大的资产阶级就可以不受阻碍地实践他们的共和主义思想了。

所以吊诡的是，左翼——运动的政党——的政治文化在社会相对稳定，甚至经济停滞的情境下牢牢地扎下了根。在快速变化的政治世界中，那些在社会和经济现代化中有着最少痛苦经历的人在新政治秩序到来之时却有了最多的期盼。

相反，右翼共和主义思想和保王党的想法却吸引了居住在最有可能发生社会冲突的地区的政治显贵。例如在萨尔特这个农业省，纺织为贫穷的农民提供了额外收入，也加固了共和派资产阶级所看重的庇护关系。但在更加城市化的省份，纺织却将农民从农村吸引到了城市。而在城市，农民对资产阶级的控制构成了较大的潜在威胁。面临大批失业、难以管控的工人，这些省的显贵转向了右翼，因为民主和平等

---

[49] 关于城市与农村的差别，可参见 François Furet and Jacques Ozouf, *Lire et écrire: L'Alphabétisation des français de Calvin à Jules Ferry* (Paris, 1977), pp. 229–245。

对他们而言意义不同，威胁更大。大革命已经显示了政治动员的危险性。同样，北部大农场和谷物生产区的地主们，不管是老地主还是新地主，都没有发现动员无地的农民和小农场主有什么好处。快速现代化和经济增长的经历助长了有利于右翼政治发展的政治文化。例如，对波拿巴政变的支持就与城市化、识字率、财富及以前对右翼的支持成正相关（见附录A）。[50]

相反，在西南部和中西部相对不发达的地区，更加封闭的民众却赞同雅各宾派。为数不多的城市和小市镇中的雅各宾派，不仅能控制大部分俱乐部，还能控制许多新的地方机关，而这些地区的俱乐部和

---

[50] 另参见 Hunt, Lansky, and Hanson, "The Failure of the Liberal Republic"。关于社会经济结构知之甚少，不足以做出更精确的判断。关于全国土地销售的系统化比较，则可能提供更多有用信息。布瓦指出，这是萨尔特省的东部与西部地区之间的关键差别之一：在西部和反革命地区，教会的土地更多，而且非常住居民收购了更多的教会土地。乔治·勒费弗尔（Georges Lefebvre）发现在诺尔省，农民可以购买相当多的土地，但是他没有考察土地销售与同期的投票模式之间的关系（*Les Paysans du Nord pendant la Révolution française* [Bari, 1959], esp. pp. 514—523）。可惜的是，大部分关于土地销售的研究都集中在法国北部，而且研究显示土地销售对农民的影响也不同。综述可参见 Michel Vovelle, *La Chute de la monarchie, 1787—1792* (Paris, 1972), p. 195。

自安德烈·西格弗里德（Andre Siegfried）的著作问世以后，评论家们都把注意力集中到对土地保有权之规定的影响上，但事实证明，整体模式很难得到确立。参见 Theodore Zeldin, *France, 1848—1945: Politics and Anger* (Oxford, 1979), pp. 1—28 中的评论。布鲁斯坦试图系统化地探索19世纪和20世纪法国政治中的这一变量。在更地方性的层面上，T. J. A. Le Goff, *Vannes and its Region: A Study of Town and Country in Eighteen-Century France* (Oxford, 1981) 也强调了该因素。还没有人能成功地在全国层面上整体性地研究此因素。

多米尼克·马尔盖拉（Dominique Margairaz）在其关于大革命时期物价的研究中，展示了一幅有趣的地区与政治的交叠地图：在以农业为主的北部，粮食价格低，但牛肉价格高；在东南部，粮食价格高，而肉的价格低；在西南部，肉的价格低，而粮食价格不定。马尔盖拉将这些差异归因于发展的不同（"Dénivellations des prix et inégalités de développement régional dans la France de 1790: Essai de cartographie," *AHRF* 53 [1981]: 262—278）。

执政机关往往包括了无套裤汉和共和派资产阶级的上层（见第5章关于图卢兹的情况）。在远离巴黎的地区，没有经济快速增长带来的压力，也没有重大的宗教分裂，地方共和主义昌盛兴旺。在这些地方，对真心话的强调、朴素民间故事里的美德和出于教化目的的政治活动都有着良好的听众。

  以全国为基础的定量分析不能显示政治文化在地方层面的运作，只能揭示不同的政治选择是在何种情境下做出的。但是，这些数字确实否定了某些说法。例如，分析表明，尽管1793—1794年雅各宾派和无套裤汉的联盟非常重要，但巴黎并不是全国政治的范本，至少不是持久性左翼政治的范本。同时，统计分析还显示，革命法国的特色并不是极端的单一主义（particularism），法国也不是一幅由居民区、村庄、城镇和外省完全随意组合的拼贴画。确实，不能根据阶级或地区，或现代还是落后就将法国截然地一切为二。北部的资产阶级与南部的资产阶级做出了不同的选择。北部的部分地区选左翼，南部的部分地区选右翼；一些落后地区是右翼，而另一些则是左翼。但是，这种区分也不是随意的。在有些地方，城镇和村庄的雅各宾派能发展出有利于自由、平等和博爱等修辞的关系和组织，左翼就赢得了选举；在别的地方，保王党和/或共和国秩序的坚定拥护者发起反对革新型共和国的运动，右翼就赢得了选举。

  这里展示了与左翼与右翼之分相关的一些因素，但有些依旧很神秘。例如，人们对地区文化因素如何妨碍政治发展这一点还是知之甚少。近年关于18世纪共济会的一项研究显示，共济会会所的分布与人口密度、地区财富模式或识字率并不成正比，然而观察人口少于2 000并拥有共济会会所的城镇地图会发现有趣的信息：这些城镇也是18世纪90年代左翼获得成功的地方，在法国西南部分布最密，在北半部则最稀疏。[51] 因而，尽管共济会会所不会自动转变成雅各宾俱乐部[52]，但共济会仍可能具备与雅各宾派产生相同政治结果的社会和文化倾向。西南部的小镇式社交可能让居民更容易接受共和国的承诺。

  尽管革命的政治地理学这种分析存在一定缺陷，但还是暗示了研究的新方向。为什么政治会有地区基础？假如有四五个不同地区（反革命的西部、右翼的北部、左翼的西南部，以及易变并经常发生暴动的东南部），那么是什么造成了这些差异？每个地区的政治文化是如何形成的？尽管这些问题还没有完整的答案，但是地图本身却为我们叙述了许多有趣的故事。革命的修辞吸引了法国的边缘地区，以及居住在经济、社会和文化落后地区的人们。然而，这些人却站在了参与和归属的前沿阵地上，相信政治能改变日常生活并随之改变人类的品性。在下一章，分析的重点要从地域转向人，以图确定是哪个群体领导了这一进程。

---

[51] 参见 Ran Yedid-Halévi, "La Sociabilité maçonnique et les origines de la pratique démocratique," *Thèse de 3e cycle* (Paris: Ecole des hautes études en sciences sociales, 1981), p. 84 的地图。

[52] Kennedy, *The Jacobin Clubs*, pp. 5—7.

第 5 章
新政治阶级

近来关于革命者社会身份的著作大致可以分成两大针锋相对的阵营。在其中一个阵营,已故的阿尔贝·索布尔及其马克思主义追随者强调雅各宾派和无套裤汉有组织、有意识形态的活动。[1] 在他们的著作中,革命者看上去都是坚定的战斗派,共享一定的社会观(人人平等的思想),虽然可能只是暂时团结在一起,但由于政治目标(比如保卫共和国,相信民主,反对旧制度)相同,所以团结得特别紧密。这种观点认为,资产阶级雅各宾派和小资产阶级无套裤汉的革命联盟从长远来看是有利于资产阶级利益的。

在另一个阵营,修正主义则提醒人们注意,许多根本不适合任何可预测的社会阶级架构的群体,并不一定代表某种高尚利益。科班认为,革命资产阶级由"衰落的"专业人士和王室官员组成,而不是"崛起的"资本主义商人和制造商。[2] 科布提出了一种更极端的修正主义观点,主要研究战斗精神的个人基础和心理基础。例如,他认为无套裤汉是"自然的怪胎,是一种思想状态,而不是一个社会、政治或经济

---

[1] 尤其参见 Soboul, *Les Sans-culottes parisiens en l'an II*, 2nd ed.(Paris,1962)。

[2] *The Social Interpretation of the French Revolution*(Cambridge,1964),esp. pp. 54—67。

的实体"[3]。在科布及其追随者的著作中,革命者似乎是正常社会的边缘人,是社会和政治垮塌的产物,而不是经久不衰的新秩序的建构者。

大部分有关社会性阐述的争论都只有相当有限的论据,比如一个城市中无套裤汉运动的社会构成,一两届国民议会议员的职业构成,或一个立法机构中的派系差别。[4] 我认为,革命政治行动的社会情境中有三个决定性因素,即地理位置、社会身份,以及文化联系与价值观。本书第4章已经阐述了革命行动具有显著的地区模式,最革命的省在地理位置上处于边缘地区,经济、社会和文化相对落后。在本章,我要系统地分析革命精英的社会身份。通过回顾可以看出,新政治阶级可以通过文化地位和关系来界定,同样也可以通过从属于不同职业的社会群体来界定。

科班基于对国民制宪议会(参加三级会议的第三等级代表)和国民公会的职业分析,坚持认为,"是官员(*officiers*,指王室官员,大部分有世袭职位)和自由职业人士筹划并指导了革命"[5]。大革命方向是否仅由几个全国领袖来决定这一点还不确定,而且科班的断言也不完全正确。如果将该分析延续到督政府时代,他就会发现王室官员的比例在缩减;即使在国家立法机关中,王室官员开始时占第三等级议员的将近一半,到国民公会时期只占全体议员的四分之一,到督政府时期就只占八分之一了。[6] 旧制度下的官员并没有指导大革命;虽然最

---

[3] *The Police and the People: French Popular Protest, 1789—1820* (Oxford, 1970), p. 200.

[4] 例如,Elizabeth Eisenstein, "Who Intervened in 1788? A Commentary on *The Coming of the French Revolution*," *American Historical Review* 71 (1965): 77—103,这篇文章引发了进一步的争论。在早期关于马克思主义阐释或社会性阐释的争论中,缺乏论据是其固有的弱点。

[5] *The Social Interpretation*, p. 61; and Cobban, *Aspects of the French Revolution* (New York, 1970), pp. 109—111.

[6] Lynn Hunt, David Lansky, and Paul Hanson, "The Failure of the Liberal Republic, 1795—1799: The Road to Brumaire," *Journal of Modern History* 51 (1979): 734—759, esp. p. 746.

初他们参加的人数众多，但之后却持续减少。

然而，科班关于国家议员的另外一半论述却是正确的：他们中的大部分虽然以前并不是什么王室官员，但都是律师，或从事其他受过专业训练的职业。在立法机关中，商人所占的比例从来没有超过14%，而且，在革命十年里，商人议员的数量一直在缩减，到督政府时期的议会中就只占4%了。[7] 商人议员的数量稳步减少，这说明立法机关正在专业化，投票人越来越钟情于专业政客，而不是受人尊敬的地方显贵。国家议员的年龄也能显示这种偏好：他们都不会比地方官员年长。也就是说，投票人选择他们，是因为他们的政术，而不是因为他们在地方上更年长或更显贵。例如，1795年督政府议员的平均年龄是43岁。1789年，国民制宪议会里32%的议员年龄低于40岁；1793年，国民公会里46%的议员不到40岁；1795年，督政府议员中40%不到40岁。[8] 地方领袖的年龄也差不多。例如，在南锡，市议员的平均年龄在君主立宪时期是43岁，恐怖时期是43岁，督政府时期是47岁。[9] 换句话说，国家议员和地方官员是从同一批人中选出的。

---

[7] 关于制宪议会，可参见Edna-Hindie Lemay, "La Composition de l'Assemblée nationale constituante: Les Hommes de la continuité?" *RHMC* 24 (1977): 341—363, esp. p. 345。关于国民公会，可参见Alison Patrick, *The Men of the First French Republic: Political Alignments in the National Convention of 1792* (Baltimore, 1972), p. 260 ("商人"议员占9%)。督政府议会两院的数据（3%，但如果将未知情况排除的话，是4%）基础是Auguste Kuscinski, *Les Députés au Corps législatif, Conseil des Cinq Cents, Conseil des Anciens, de l'an IV a l'an VIII* (Paris, 1905) 中100名议员的随机样本。

[8] 三个立法机构中成员的年龄分布概要，可参见Hunt, Lansky, and Hanson, "The Failure of the Liberal Republic," p. 745。

[9] 资料来源参见附录B。1790—1799年71%的市议员有年龄记录。在特定时期，如1790年、1793年和1795年，所有官吏的年龄均有记录。市议员并不比普通战斗派年龄更大。例如，马丁·莱昂斯（Martyn Lyons）发现，1793年，在图卢兹的革命特派员的平均年龄是45岁（*Revolution in Toulouse: An Essay on Provincial Terrorism* [Berne, 1978], p. 188）。

议员通常都带着一些政治经验走上国家职位，但这种政治经验的性质却一年年发生了变化。不仅前王室官员的数量在减少，而且前国家议员的比例也在下降。国民公会议员中只有37%曾任过议员。虽然即将闭幕的国民公会颁布法令规定，在第一届督政府议会两院中必须有三分之二的议员是国民公会议员，但是，国民公会议员的比例还是在每次选举中急剧减少，从共和四年的67%缩减到共和七年的12%。在以前的立法机关（包括1789—1794年的所有立法机关）中任过职的议员的比例，从共和四年的77%下降到了共和七年的16%。到共和七年，议员中只有4%曾经任职于最初的制宪（或国民）议会。[10]这些议员在数量上持续被第一次走上职位的人超过。这种形势使一个观察者醒悟，"人们无可奈何地看到了（给大革命造成烦扰的主要原因），那就是许多新人被仓促推上了新职位……这些新人即将成为派系斗争中的玩偶"[11]。专业化并没有让职位永久。

虽然许多议员第一次担任国家职务，但在地方事务中却有着相当丰富的经验。几乎大部分（86%）国民公会议员都承担过某种革命职务。即使在共和七年的督政府议会两院中，也有四分之三的议员曾经效力于地方机关。[12]因此，他们虽然比较年轻，是新手，但还是经

---

[10] 关于国民公会，可参见Patrick, *The Men of the First French Republic*, p. 204。关于督政府议员，可参见Hunt, Lansky, and Hanson, "The Failure of the Liberal Republic," p. 750。

[11] Quatremère de Quincy, *La Véritable liste des candidats, précédée d'observations sur la nature de l'institution des candidats, et son application au gouvernement représentatif*, 2nd ed. (Paris, 1797), pp. 37, 39.

[12] 艾利森·帕特里克（Alison Patrick）并没有提供国民公会议员中地方官吏的具体数据，86%这一数据是从她的表格（*The Men of the First French Republic*, p. 203）中推算出来的（通过将那些没有经验的人与那些只是俱乐部成员或记者的人的数量相加，并将所得之和从议员总数中减去）。督政府议员的数据来自Hunt, Lansky and Hanson, "The Failure of the Liberal Republic," p. 747。

常出现在巴黎的政治情景中，带着政治经验和专业背景走上了新职位。而且，不断有国家议员以同样的路线来到巴黎。最显著的预备处所之一就是省行政机关。例如，在阿列（Allier）省，11 个行政官员（检察总长 [procureur général-syndic]，后来被督政府的行政特派员 [commissaire du pouvoir exécutif] 取代）中有 4 个后来成了国家议员，其他省议员中也有 10 个经历了类似的提升。在马恩（Marne）省，9 个行政官员中有 3 个后来任职于国家立法机关；在上索恩省，10 个省议员后来成了国家议员。[13] 反过来，在以前的革命议会中任过职的人往往后来就回到家乡，任职于地方机关。例如，艾蒂安·杜耶（Etienne Douyet）在 1790 年当选为阿列省议员时，还是个 36 岁的公证员。在国民立法议会任职之后，他回到家乡躲避恐怖政治。共和三年，他当选所在区的行政官员，共和四年被提拔到省机关，后来又被拿破仑任命为其家乡的市长。[14]

杜耶的职业生涯说明了革命政治越来越稳定的特点：虽然官员没有长期占据某个职位，但通常都是从一个职位走向另一个职位。官员的流动促进了新政治阶级的形成，因为通过流动，官员不仅彼此之间变得熟悉，而且也熟悉了不同行政层面上的问题。省行政机关是这个相互连接的政治体系中的重要环节，因为拥有追求国家政治利益所必需的时间、金钱和技能的人通常都是在省行政机关里找到了职位。

正如我们所料，省行政机关大部分职位都由律师、公证员和越

---

[13] 阿列省的数字是以 G. Rougeron, *Les Administrations départementales de l'Allier (1790–an VIII)*（Montluçon, 1957）提供的列表为基础。关于马恩省，可参见 Raymond Nicolas, *L'Esprit public et les élections dans le département de la Marne de 1790 à l'an VIII*（Châlons-sur-Marne, 1909）提供的人名。关于上索恩省，可参见 Jean Girardot, *Le Département de la Haute-Saône pendant la Révolution*, 3 vols.（Vesoul, 1973）。

[14] Rougeron, *Les Administrations départementales de l'Allier*.

来越多通过担任革命官员来建功立业的人所占据。根据罗兰·马克斯（Roland Marx）所说，在上莱茵（Haut-Rhin）省的行政机关里，商人占少数，几乎没有工匠，有大量律师，还包括教授、公务员和医生等"资产阶级专业人士"团队。在上莱茵和下莱茵（Bas-Rhin）两省，选举人都明显青睐有政治经验的人，如市长、退职的行政官员和区官员等。这两个省的大部分行政官员都是城市居民，只有很少一部分是农民。[15]

在法国中部的阿列省，律师尤其突出：在列出职业的行政官员中，有59%是律师或旧制度司法机构的官吏。在这个城市化水平较低的地区，地主还有一定影响力：23%的行政官员自称有产者（propriétaires）。其他还有医生、商人、教士或退役军官。那些没列出职业的行政官员往往就是市长或地区官员。与阿尔萨斯地区各省一样，在阿列省，政治经验非常重要：1792年8月后选出的省行政官员中有43%曾经是地区官员，而且，共和国时期将近四分之三的行政官员在被任命为省议员之前都承担过地方革命职务。[16]

虽然农村地主在阿列省有一定影响力，但不管在法国何处都没能在省议会中占据主导地位。在马恩省，1790年律师和专业人士的数量是农村有产者（proprietors，指以此为唯一谋生途径的人）的2倍以上；1792年省议会中，商人（10人）甚至比地主（6人）还多。上索恩省议会与阿尔萨斯省议会的情况相似：1790—1791年，省议员中有60%是律师和旧制度官员，18%是商人，只有4%是农村有产者；1792—1794年，50%是律师和旧制度官员，12%是商人，6%是农村有产者。

---

[15] *Recherches sur la vie politique de l'Alsace pré-révolutionnaire et révolutionnaire* (Strasbourg, 1966), pp. 165—167.

[16] 这里提供的数据是基于Rougeron, *Les Administrations départementales de l'Allier*中的列表。这是为数不多的包括整个革命十年，而且提供了每个省行政官员相当多的传记信息的研究著作之一。大部分研究都只提供了整体特征，而没有提供可供量化的定量数据或信息。

在默尔特省，商人代表却处于极端劣势：1790 年没有一个商人或店主入选省议会，而议会中律师占 58%，农村有产者占 11%。[17]

虽然各个省的职业构成并不相同，但整体模式却非常明显：地区的新官员阶层绝大多数是由基本上以其城市职业来界定身份的城市居民构成。在这方面，国家议员与省级官员相似。大约一半的国家议员来自人口超过 5 000 的城镇，而这些城镇的所有人口加起来还不到全国人口的 20%。[18] 在地区层面，城市精英的主导地位甚至延续到了拿破仑统治的最后几年：1810 年的显贵中有 40% 在革命前曾经是专业人士、官员或商人，而地主只有 34%。[19] 对于大部分革命官员和拿破仑时期的显贵之类来说，土地无疑是获得地方声望的重要因素。然而，农村里那些英式绅士阶层无论在国家层面还是在地区层面都未能赢得显著的政治地位，反而是成千上万的城市专业人士抓住机遇，开始了他们的政治事业。

各省与国家立法机关的情况一样，前王室官员在大革命开始时影响力最大。在默尔特省和谢尔（Cher）省，（1790 年选举时，）王室官员的比例高达 39%，但在其他地方却受到了限制：1790 年，在安德尔（Indre）省王室官员占 19%，在上索恩省占 14%，而在安（Ain）省只占 8%。虽然资料来源不允许我们做透彻的比对，但还是可以看到，在

---

[17] Nicolas, *L'Esprit public...département de la Marne*, annex III; and Girardot, *Le Département de la Haute-Saône* 2: annex, and 3: annex I. 在默尔特省，1790 年以后，行政人员只能通过他们的革命职务来确定身份，参见 Henry Poulet, "L'Administration centrale du département de la Meurthe de l'établissement des départements à la création des préfectures (1790—1800)," *La Révolution française* 51 and 52 (1906—1907), esp. 51: 446—447。

[18] 居住分布的概要可参见 Hunt, Lansky and Hanson, "The Failure of the Liberal Republic," p. 744。

[19] Louis Bergeron and Guy Chaussinand-Nogaret, *Les "Masses de granit": Cent mille notables du Premier Empire* (Paris, 1979), p. 29.

共和国时期，各地排斥王室官员的呼声越来越高。例如，在阿列省，1790年当选的行政官员中有11人曾经是王室官员，相比而言，1792年则只有1人。[20]

王室官员的衰减并未有利于地区和全国层面上的商业阶层，但有证据显示，商人在城市里可能还是有一定地位的。在马赛，1790年当选的市府官员中有一半以上是商人或制造商（大批发商［négoçiants］或制衣商［fabricants］），而宣称从事法律行业的却一个也没有。即使在更小的内陆城市昂热（Angers），在1790—1795年的市议会中，商人也是唯一最大的团队；1796—1799年在已知的职业中，商人的比例更是从35%上升到65%，律师只占第二位。[21]

但在很大程度上，关于大城市精英的材料还是非常零碎，往往只涉及某个城市在大革命时期某个有限时间段的情况。但是，这部分有所缺憾的知识尤其值得我们关注，因为地方上选举的官员在大革命时期特别重要。他们由各种宪法授予了相当的威权，而且在过于频繁的危机中拓展了眼界。尤其在大革命初期，很多人都热切寻求职位，所有对塑造新秩序感兴趣的人都努力想获得有影响有威权的位置，而

---

[20] 对王室官员数量的推算，是基于Poulet, "L'Administration centrale du département de la Meurthe"; Marcel Bruneau, *Les Débuts de la Révolution dans les départements du Cher et de l'Indre (1789—1791)* (Paris, 1902), pp. 143—149; Girardot, *Le Departement de la Haute-Saône* 2: annex V; Eugène Dubois, *Histoire de la Révolution dans l'Ain*, 6 vols. (Bourg, 1931—1935), esp. 1: 204—205; and Rougeron, *Les Administrations départementales de l'Allier*, pp. 8—10, 39—40. 很明显，对王室官员的拒绝持续了整个拿破仑时代；在1810年，只有7%的贵族在帝国的民事行政部门任职 (Bergeron and Chaussinand-Nogaret, *Les "Masses de granit,"* p. 29)。

[21] Louis Méry and F. Guindon, eds., *Histoire analytique et chronologique des actes et des délibérations du corps et du conseil de la municipalité de Marseille*, 8 vols. (Marseille, 1841—1873) 5: 37. 如果不将未知情况从昂热的总数中排除，则是从29%增长至37%。推算是以F. Uzureau, "La Municipalité d'Angers pendant la Révoluiton," *Andegaviana* 13 (1913): 272—284 中的列表为基础。

这些都要落实到选举上。一定程度上，地方上不存在"声名显赫型"（reputational）与"位高权重型"（positional）这两种精英之区分，因为那里没有通常所说的政治，而是有职位才有影响力。[22] 新秩序不稳定，常规的幕后操纵也就没办法实行。甚至在经历了恐怖政策的混乱和后来来自巴黎的干涉之后，地方显贵如果想控制地方事务还是必须要为自己谋求职位。在地方上，职位就意味着权力。

假如还有地方可以让商人在政治事务中有发言权，那么这个地方就是大城市。为了系统比较地方上不同社会群体所拥有的际遇，我选择了四个大城市来研究：在地理和政治上都不相同的亚眠、波尔多、南锡与图卢兹。虽然它们都是主要的行政、市场、服务和文化中心，但分别位于法国的四个角，是四个政治色彩不同的省会。

亚眠位于巴黎的北边，是索姆省的省会和行政中心（见地图1）。这个城市以其哥特式天主教主教座堂和羊毛制造业闻名，4万名居民中有很大一部分都受雇于羊毛制造业。[23] 亚眠从来不是坚定的共和派。1795 年 11 月，五百人院派到亚眠的一个议员报告道："本该让公民重新回归宁静的热月 9 日［罗伯斯庇尔倒台］反倒让他们重新燃起了复辟王朝的希望。"[24] 两年以后，省市两级行政机关因为被怀疑是保王党而被宣告废除。1799 年夏，政府重新征兵的企图激起了人民的示威，人民高喊着："打倒雅各宾派，打倒行政机关，打倒乞丐，国王万岁，路

---

[22] 这些问题曾被运用于对美国城市的研究中，有关这种研究的综述可参见David C. Hammack, "Problems in the Historical Study of Power in the Cities and Towns of the United States, 1800—1960," *American Historical Review* 83（1978）: 323—349。

[23] Roger Agache et al., *Histoire de la Picardie* (Toulouse, 1974), esp. chap. 12, "Forces et faiblesses de l'Ancien Régime," by Pierre Deyon, pp. 313—328. 还可参见Charles Engrand, "Pauperisme et condition ouvrière au XVIIIe siècle: L'Exemple amiénois," *RHMC* 29（1982）: 376—410。

[24] A.N., F^{Ie} III Somme 9, Correspondance et divers, 1789—an IX, 五百人院成员塞利耶（Scellier）写给内务大臣的信，共和四年雾月 30 日。

易十八万岁。"[25] 那时，亚眠是北部右翼制造业城市的代表。

南锡，居民有 33 000 人，是洛林地区的首府，东部的文化中心。像波尔多和图卢兹一样，南锡是高等法院和一所重要大学的所在地。要概括这个城市在大革命时期的政治形势不是件容易的事。根据第 4 章所作的分析，默尔特省（见地图 1）是在革命十年中从右翼转向左翼的为数不多的几个省之一。政府资料也认为它是 1799 年为数不多值得信赖的共和派省份之一。但是，研究这个省的主要历史学家将它称作"安静省份的好榜样，而就在这些安静的省份，对[督政府]的冷漠却导致了其最终的失败"[26]。省议员在革命十年末期的行为也表明，波拿巴主义（Bonapartism）在那里寻求到了相当多的支持，代表团的一半成员在为执政府铺平道路上起了领导作用。[27] 督政府派往该省行政机关的特派员很快就接受了拿破仑在 1799 年 11 月发动的政变，并且急切地向内务大臣报告："一听到消息，得知这些日子里取得的成果，首府（南锡）的公民都显得兴高采烈、信心十足。"[28] 简而言之，这个省

---

[25] A. Dubois, *Notes historiques sur Amiens, 1789—1803* (Amiens, 1883); Albéric de Calonne, *Histoire de la ville d'Amiens*, 3 vols. (Amiens, 1899—1900), esp. vol. 2; and F. I. Darsy, *Amiens et le département de la Somme pendant la Révolution: Episodes historiques*, 2 vols. (Amiens, 1878—1883) 1: 181.

[26] Pierre Clémendot, *Le Département de la Meurthe à l'époque du Directoire* (Raôn-l'Etape, 1966), p. 502. 关于更早的时期，可参见 Albert Troux, *La Vie politique dans le département de la Meurthe d'août 1792 à octobre 1795*, 2 vols. (Nancy, 1936).

[27] 雷尼耶（Regnier）、雅克米诺（Jacqueminot）和布莱（Boulay）在主管过渡到执政府事务的委员会中任职，三个人在帝国时期都被授予伯爵称号。议员马拉梅（Mallarmé）在法案评议委员会（Tribunate）中任职，并成为一名男爵（Christian Pfister, "Les Députés du département de la Meurthe sous la Révolution (1791—1799)," *Mémoires de la Société d'Archéologie de Lorraine*, 4e ser., 11 [1911]: 309—425).

[28] A.N., F^{1c} III Meurthe 15, Correspondance et divers, 1789—an V, 索尼耶（Saulnier）所写的信，他的签名为"行政特派员"（Commissaire du Pouvoir Exécutif, 省略了官方表格上的"督政府"[Directoire])，共和八年雾月 25 日。

不止一次转变了政治忠诚的方向,但都没有成为反对执政政权的温床。南锡市本身也产生分裂,但无论是恐怖政治还是对恐怖政治的清算都没能激起像其他大城市那样的骚动。南锡市非常有趣,因为它没有站到任何政治派系一边。

波尔多在四个城市中最大,有 10 万人口,面积几乎是图卢兹的 2 倍,经济也最具活力。酿酒商(往往是当地高等法院法官)和运输商主导当地和地区经济。[29] 1793 年,吉伦特省以自己的名字命名了联邦主义者叛乱,尽管并不是所有吉伦特省的议员在政治上都是"吉伦特派"。然而,波尔多市才是叛乱的领导中心。打败联邦主义者后,大批表现突出的波尔多人被当地激进派组成的军事委员会推上了断头台。[30] 后来,钟摆就越发朝右翼倾斜了。当地官员抱怨反革命者的"强盗行为",而且 1797 年当地和该省的选举结果都被认为有保王倾向而宣告作废。[31] 然而,波尔多却没有遭到声势浩大的内战的摧毁(里昂就受到了很大程度的破坏),而且在很多方面,它的革命经历与其他大港口城市相似。

四个城市中,图卢兹无疑是最矛盾的。在旧制度下,一个由高等

---

[29] William Doyle, *The Parlement of Bordeaux and the End of the Old Regime, 1771—1790* (New York, 1974).

[30] Alan Forrest, *Society and Politics in Revolutionary Bordeaux* (Oxford, 1975). 在 1793 年 10 月和 1794 年 7 月之间,有 302 人被军事委员会判处死刑(Pierre Bécamps, *La Révolution à Bordeaux [1789—1794]: J.-B.-M. Lacombe, président de la Commission militaire* [Bordeaux, 1953], p. 384)。

[31] 例如可参见派往该省的督政府特派员所作的演说,该演说公开指责吉伦特派内部的"强盗帮派"(the hordes of brigands)(重印于 Gaston Ducaunnès-Duval, *Ville de Bordeaux. Inventaire-Sommaire des Archives municipales: Période révolutionnaire [1789—an VIII]*, 4 vols. [Bordeaux, 1896—1929] 3: 45—46〔A.M., Bordeaux, D 155 的详细目录,共和五年雾月 28 日〕)。

法院法官组成的特别富裕的群体，主宰着这个大约有58 000人口的城市的社会和政治生活。在革命的最初几年，图卢兹不引人注意；面对贵族和高等法院法官反对制度革新的形势，革命威权尽量采取温和的做法。尽管有某些市镇领导人表示同情，但联邦主义在图卢兹只得到了非常微弱的响应。[32] 然而在1794年之后，这个城市作为雅各宾派的根据地却知名度大增。例如，1797年右翼开始控制国家政治时，图卢兹市的行政机关被指责是"恐怖派"，所以被迫写下一份备忘录来做自我辩护："有人说，共和四年在市镇议会（communal assemblies）中由人民选举出来的官员已经变得胆小怯懦，成了恐怖政府的工具，"但他们坚称，"这不是真的"。[33] 在法国的大城市中，唯有图卢兹一直是左翼，而且最终成为雅各宾派在广阔西南地区的政治中心（见地图1，上加龙省）。

这里要比较的焦点是四个城市的议会。它们不是当地唯一的政治实体，力量也不总是最强大的。雅各宾俱乐部对地方事务通常具有非正式但却很强大的影响力，而各种各样的革命委员会也随着政治情绪来来去去。从1793年到1795年，来自国民公会的特派专员频繁干预地方争端；而整个市政府也可能被推翻，只有等几个月后政治风向发生转变时才得以重新设置。然而，市议会尽管在规模和选举方式上有变化，但在大革命时期仍旧是地方政治生活中最常规最持久的特色。[34]

尽管这四个城市存在社会和政治差异，但革命议会的职业代表总

---

[32] Lyons, *Revolution in Toulouse*.

[33] A.M., Toulouse, 2D 4, Correspondance de l'administration municipale，共和五年果月17日，"Observations analitiques [*sic*] de l'administration municipale de la commune de Toulouse sur les points du rapport du citoyen Saladin qui la concerne"。

[34] 对地方政府中变化的概述，可参见Cobban, "Local Government during the French Revolution," *Aspects of the French Revolution*, pp. 112–130。关于制度问题的标准叙述是Jacques Godechot, *Les Institutions de la France sous la Révolution et l'Empire* (Paris, 1968)。

的来说还是非常接近（见表4）：

表4　1790—1799年亚眠、波尔多、南锡和图卢兹的市议会各职业代表情况表（%）

职业	亚眠 (*N*=84)	波尔多 (*N*=195)	南锡 (*N*=129)	图卢兹 (*N*=112)
教士	0	1	2	1
法律	17	13	35	21
其他自由职业	4	16	11	15
商业与制造业	46	41	18	36
手工业者与店主	22	23	24	18
军队	0	4	5	0
农业	2	1	2	5
资产阶级*	9	1	3	5
未知职业	2	28	12	12

注：这里给出的是在已知职业中所占的百分比。波尔多的数据可靠性最差，因为在四个城市中，这个城市的未知职业所占比例最大。

* "资产阶级"包括食利者（*rentiers*）和有产者，就是那些以各式财产进行投资获得收益，但不从事任何职业的人。

除了南锡以外，其余三个城市都是以商人和制造商为主导，手工业者和店主往往居其次（要了解关于制表方式的讨论，见附录B）。伯克非常精确地描绘了1791年的大城市特征，他指出"富人、商人、大工厂主和文人"才是真正的"法国大革命的主要行动者"[35]。城市精英与地区精英、国家精英在社会构成上存在极大不同：在这三个城市中，议会中唯一的最大群体是商人，而不是律师。甚至王室官员在地方上还不如在更高层面上的地位突出。在亚眠，只有3个旧制度王室官员坐在革命议会席上，其中1个是管辖区法庭（隶属高等法院的地区法

---

[35] 出自 *Thoughts on French Affairs*, in Robert A. Smith, ed., *Burke on Revolution*（New York, 1968）, p.190。

庭）的法官。在南锡这个满是保王党官员的城市里，议会中只有10个（8%）旧制度官员，其中5个曾在管辖区法庭或高等法院任职。大部分前王室官员或积极反对大革命，或完全退出公共生活。[36]

商人在地方权力上的崛起，标志着这些城市里重要的政治转移。达尼埃尔·罗什（Daniel Roche）在研究旧制度城市年鉴时，发现四个城市中被列入地方显贵的绝大多数都是教士、军官、法官，或在王朝的民事行政机关中任职的官员。从事商业的人只占旧制度下城市显贵的1.2%（亚眠）到5.5%（波尔多）。[37] 商人在旧制度下只排在地方显贵的末尾，社会地位比他们更低的人则几乎不可能出现在名单上。在波尔多和亚眠，商人共同体相对较大，不能被完全忽视。波尔多的商人－运输商经常被当地高等法院里富裕尊贵的法官遮蔽。但在亚眠，商人在大革命之前就在市议会中取得了很好的表现。虽然市长和副市长的位子几乎总是被贵族霸占，但1782—1789年亚眠市议会中有三分之一的市政官（échevins）自认是商人。[38] 然而，即使在亚眠，商人也根本不可能主导地方政治。

相反，在南锡和图卢兹，商人在1789年之前的影响力相对较弱，往往被法官和律师这些更大、更积极进取的共同体——这些人中有许多是贵族，比商人更有钱——忽视。根据让·森透（Jean Sentou）的研究，在图卢兹，一个普通高等法院法官的平均财产是一个普通商人或

---

[36] 关于官员的信息都来自附录B中列举的资料。菲利普·道森（Philip Dawson）也得出了相似的结论："大多数管辖区法庭法官，在革命时期都显示出对民主政治的无能，他们不愿意卷入派系纷争，但又不能放弃对熟悉的合法性概念的信念。"（*Provincial Magistrates and Revolutionary Politics in France, 1789—1795* [Cambridge, Mass., 1972], p. 329.）

[37] *Le Siècle des lumières en province: Académies et académiciens provinciaux, 1680—1789*, 2 vols. (Paris, 1978) 2: 347—356. 这些百分比是以罗什的数据为基础。

[38] Marie-Yvonne Dessaux, "La Vie municipale à Amiens de 1782 à 1789," U.E.R. de Sciences historiques et géographiques（Amiens, 1978）.

制造商的 8 倍。而且，图卢兹的商人数量到 18 世纪末已经减少了。[39] 下面可以进行旧制度下商人与官员、自由职业人士的粗浅比率计算，从结果可以看出，商人在南锡和图卢兹势力相对较弱：亚眠是 1.2（这表示，根据 1776 年的人头税［capitation］税单，1.2 个商人对应 1 个自由职业人士或官员）；波尔多是 1.5（根据 1777 年人头税税单）；南锡是 0.5（根据 1789 年所作的估算）；图卢兹是 0.5（根据 1788 年结婚契约）。[40] 虽然在旧制度下的四个城市里，贵族、教士、王室官员和自由职业人士主导地方政治，但就人数而言，亚眠和波尔多的商人比南锡和图卢兹的商人拥有更大的潜在权力。

结果一点也不奇怪，亚眠和波尔多的商人与制造商从革命形势中直接获利（见表 5 和表 6，1790—1791 年的社会成分表）。

但在恐怖时期，商人在议会中的数量较少，而手工业者和店主的

表 5　亚眠：1790—1799 年市议会各职业代表的变化表（%）

职业	1790—1791 年 (N=32)	1793—共和二年* (N=28)	共和三年 (N=34)	共和四年—七年 (N=19)
法律	25	12	18	5
其他自由职业	3	12	0	5
商业	56	23	47	42
手工业者和店主	16	38	26	32
其他	0	15	9	16
未知职业	0	7	0	0

* 按法令规定，选举应该在 1792 年 10 月完成，但亚眠直到 1793 年年初才完成。

---

[39] *Fortunes et groupes sociaux à Toulouse sous la Révolution (1789—1799): Essai d'histoire statistique* (Toulouse, 1969), pp. 84, 153. 关于商人的数目，可参见 Georges Marinière, "Les Marchands d'étoffe de Toulouse à la fin du XVIIIe siècle," D.E.S. (Toulouse, 1958)。

[40] 以 Roche, *Le Siècle des lumières* 2: 363—372 提供的数据为基础。罗什使用的每种资料都有缺陷，但从这些资料中获得的比率确实能显示不同城市之间差异量级的顺序。

表6 波尔多：1790—1799年市议会各职业代表的变化表（%）

职业	1790—1791年 (N=45)	1793—共和二年* (N=92)	共和三年 (N=44)	共和四年—七年 (N=64)
法律	21	8	9	10
其他自由职业	5	21	20	24
商业	55	33	40	37
手工业者和店主	17	32	20	20
其他	2	6	12	9
未知职业	7	32	20	36

* 按法令规定，选举应该在1792年10月完成，但波尔多直到1793年年初才完成。

代表的数量翻倍。共和三年的反动让商人卷土重来，但没有了1790—1791年的绝对优势。在图卢兹，尤其在南锡，商人在大革命一开始就被法律界人士和自由职业者的优势遮蔽（见表7和表8）。

但在共和国时期，这两个有着高等法院的城市却走上了不同的道路。图卢兹的商人在这十年内实现了代表数量的增长，律师退到相形见绌的位置。在南锡，商人也不断改善地位，但从没有像其他地方的商人那样获得过突出地位。

在像埃尔伯夫（Elbeuf）这样的制造业小镇里，商人和制造商在大革命时期占优势并不奇怪，因为他们在革命前就已经主导了镇上的社

表7 南锡：1790—1799年市议会各职业代表的变化表（%）

职业	1790—1791年 (N=44)	1792—共和二年 (N=55)	共和三年 (N=30)	共和四年—七年 (N=30)
法律	53	26	24	25
其他自由职业	7	15	8	21
商业	16	15	32	29
手工业者和店主	12	36	32	11
其他	11	8	4	14
未知职业	2	15	17	7

会和政治生活，而且一直如此，直到革命十年末，甚至执政府和帝国时代，虽然期间也曾受到来自底层的短暂挑战。[41] 在埃尔伯夫镇，从事商业的人几乎没遭遇过任何激烈的竞争。但是在大城市，商业精英在旧制度下没有享受过优势，是大革命给他们带来了获得突出公共地位的新机遇。在诸如图卢兹和南锡这样的地方，商人的数量和财富都相对较弱，但却能够获得令人瞩目的地位，这点尤其令人惊奇。商人不是简单地填补地方事务的"自然"空缺，而是在努力争取大革命在地方的领导权。在大革命开始时，律师、公证员和前法官在城市里还最有分量；但1791年之后，他们在各地的数量就都在减少。其他专业人士，如医生、学校教师和普通公务员，却常常比律师更重要。

表8 图卢兹：1790—1799年市议会各职业代表的变化表（%）

职业	1790—1791年 (N=41)	1792—共和二年 (N=40)	共和三年 (N=35)	共和四年—七年 (N=26)
法律	35	9	18	9
其他自由职业	5	29	15	9
商业	32	21	47	52
手工业者和店主	11	26	9	26
其他	16	15	12	4
未知职业	10	15	3	12

商人在较小的行政市镇里不如在大城市里的代表多。南锡是所考察城市中最小的一个，那里的情况就是如此。在普罗旺斯地区艾克斯（Aix-en-Provence）镇这个大约有28 000名居民的王室行政首府，革命精英的情况也相似。整体上，艾克斯的商人数量排在律师之后（商

---

[41] Jeffrey Kaplow, *Elbeuf during the Revolutionary Period: History and Social Structure* (Baltimore, 1964)，尤其是pp. 86, 87, 162, 167, 169, 170, 171中的表格。

人占12%，相对于律师的21%）。[42] 在附近的阿尔勒（Arles）镇，商人整体上只能超过律师少许（商人占10%，相对于律师的9%），但是商人继续提高他们所占的比例，从1790年2月占镇议会的3%，到1792年12月的13%，直到1797年5月高达38%。在这两个没有大规模制造业的南方小镇，商人和律师的比例却被手工业者和店主超过了；手工业者和店主在艾克斯的革命议会中占31%，在阿尔勒占37%。[43]

甚至在普罗旺斯地区的小镇旺斯（Vence），人口2 600，61%的家庭是农民，但商人在革命政治中也表现积极：1790年选举的10个镇官员中有3个是商人或店主（还有3个是法律界人士），镇上29个商人（commerçants）中有8个在第一届镇革命议会中担任某种职务。商人和店主，像律师、医生和所谓的"资产阶级"（靠投资为生的人）一样，对革命政治非常感兴趣。这些人在1790年的投票参与率比手工业者、工人和农民的高，有近40%的人投票，而农民只有20%，手工业者有14%，薪资工人更少。[44]

关于城市和国家政治的研究总是着重其动荡的历史，与此相反，大部分村庄研究则将重点放在从旧制度到新制度领导权的延续，尤其是相同地方显贵的霸权延续上。例如，帕特里斯·伊戈内就断言，在蓬德蒙韦尔（Pont-de-Montvert，位于洛泽尔［Lozère］省，人口

---

[42] Christiane Derobert-Ratel, *Institutions et vie municipale à Aix-en-Provence sous la Révolution (1789—an VIII)*（Millau, 1981), pp. 602—603, 590.

[43] 关于阿尔勒镇政府的社会构成，可参见Fabio Sampoli, "Politics and Society in Revolutionary Arles: Chiffonistes and Monnaidiers,"博士学位论文，耶鲁大学，1982, pp. 331, 326—327. 关于普罗旺斯地区艾克斯的手工业者和店主，可参见Derobert-Ratel, *Institutions et vie municipale*, p. 590.

[44] Georges Castellan, *Une Cité provençale dans la Révolution: Chronique de la ville de Vence en 1790*（Paris, 1978), pp. 47—51. 在2月投票时，没有"积极"公民的名单，因此所有缴税家庭的户主都符合条件。

1 350),"工作、头衔和荣誉都归地方显贵";对于"显贵们为了自己的目的而轻易利用人民",他感到很惊讶。[45] 研究奥尔穆瓦(Ormoy,在上索恩省,人口 747)的作者也得出结论,在奥尔穆瓦,"如其他大部分农村地区一样,制度改变了,但统治阶级却不变。实际上,是那些富有阶级接管了市镇中最重要的机关"[46]。

贝内斯-马朗恩(Bénesse-Maremne)这个富庶的小乡村(在朗德[Landes]省,人口 380,五分之四是农民)就证实了这种模式,一小股富裕的农场主在村庄政治中很少遭到反对。村长直到 1795 年都由让·德特里巴(Jean Destribats)担任,他是一个 40 岁的农场主,也是村里排名第六的纳税人。后来,他输给了皮埃尔·德特里巴(Pierre Destribats,他们是亲戚吗?),由这个村里排名第二的纳税人继任村长。再下一任的村长则是最富有的地主弗朗索瓦·德克洛(François Desclaux)。大革命时期几乎所有的村庄职位都由农场主占据。[47]

然而,许多村庄也经历了与大城镇相同的民主化进程。例如,在蓬拉贝(Pont-l'Abbé,在菲尼斯泰尔省,人口 1 885),第一届村政府主要由村里的律师构成:村长和村检察官都由律师担当,其他 5 个官员中有 2 个也是律师(另外 3 个分别是鞋匠、面包师和商人)。但在 1792 年宣布共和后,发生了重大的权力转移,新议会里都是手工业者和店主。7 个高层官员中,有 2 个是屠夫,1 个鞋匠,1 个商人,2 个店主(零售商[marchands détaillants])。[48] 在圣奎恩港的莱索蒂厄(Les

---

[45] *Pont-de-Montvert: Social Structure and Politics in a French Village, 1700—1914* (Cambridge, Mass., 1971), pp. 85, 87.

[46] R. Rondot, *A Ormoy pendant la Révolution* (Besançon, 1958), p. 41.

[47] Francis Hirigoyen, "Bénesse-Maremne pendant la Révolution française," *Bulletin de la société de Borda* 103 (1978): 51—70.

[48] Alain Signor, *La Révolution à Pont-l'Abbé* (Paris, 1969), pp. 132—135, 216—217.

Authieux-sur-le-Port-Saint-Quen，在下塞纳省，人口 395）发生了相同的变化。第一届村政府仍由 1789 年之前就掌管当地事务的富裕农场主主导，但在 1792 年 12 月，无套裤汉把他们推到了一边。一个学徒期满的驳船船夫成了村长，另 2 个村官是 1 名摆渡船夫和 1 名马车夫。他们的职位一直维持到共和四年。[49]1793—1794 年，在大部分村庄，手工业者和贫穷的农民进了村议会；与此同时，在城市里，手工业者和店主也参与到了城市政治当中。[50]

所以整体上来说，新政治阶级在社会构成上并不是只有一个种类。律师主导了国家和地区政治，商人、手工业者和店主在城市里比较突出，农民、手工业者和小商人掌管村庄。但是，在这种明显的多样化背后有着意义重大的模式，其中最重要的就是在社会和政治上与旧制度的决裂。1792 年之后，贵族几乎从政治舞台上消失。在图卢兹，议会中有 8 个贵族（占全部的 7%），1792 年之后只剩下了 3 个。在亚眠和南锡，议会中只有 3 个贵族。[51]王室官员也以缓慢但必然的趋势从革命政治中退出。旧制度的市议员在新制度的议会中数量也极少。在图卢兹，曾在 18 世纪 80 年代的大型"普遍议会"（general council）中

---

[49] Albert Soboul, "Une Commune rurale pendant la Révolution: Les Authieux-sur-le-Port-Saint-Ouen (Seine-Inférieure), 1789—1795," *AHRF* 25 (1953): 140—160.

[50] 在卢尔马兰（Lourmarin），手工业者和工人（*travailleurs*）出现在 1793 年和 1794 年的议会中（Thomas F. Sheppard, *Lourmarin in the Eighteenth Century: A Study of a French Village* [Baltimore, 1971], p. 204）。谢泼德（Sheppard）努力弱化这种转变的社会意义，但此时大部分村庄都经历着相同的发展。

[51] 关于贵族的数据可能估计过高。其中包括亚眠的两个自诩为普通小贵族（*écuyers*）的人，但他们并未出席 1789 年为亚眠的大法官裁判权（*bailliage*）而召开的贵族会议。两个人都是富有商人。贵族的姓名来自 Louis de la Roque and Edouard de Barthelemy, *Catalogue des gentilshommes en 1789 et des familles anoblies ou titrées depuis le premier empire jusqu'à nos jours*, 2 vols. (Paris, 1866)。在同样有着高等法院的小镇普罗旺斯地区艾克斯，革命议会中的贵族占 7%（Derobert-Ratel, *Institutions et vie municipale*, p. 590）。

担任议员的 13 人，后来在多个革命市政府中也占有一席之地，其中 7 人在 1790—1791 年的第一届新议会中担任职务。[52] 在思想更传统的普罗旺斯地区艾克斯，1790 年 2 月选出的议员中有 63% 曾是旧制度下的议员，但到督政府时期，这个比例就下降到了 4%。[53] 新时代是留给新人的。

革命政治阶级的"新"有几种形式。在地方上，最新的方面体现在以前被拦在权力走廊外的社会群体出现了。在城市里，大革命初期，商人和非贵族出身的律师扭转了局面，从那些傲慢的高等法院法官和寡头政治下的王室官员手中夺取了权力。[54] 在革命的第二波浪潮中，手工业者、店主、小有薄产的商人和地位不高的专业人士，诸如刀剪匠、木匠、小有雇员的制衣商、针对有限地区市场的商人、理发师兼外科医生（barber-surgeons）以及学校教师等，从医生和法律专业人士手中夺了权（见表 5 至表 8）。克兰·布林顿（Crane Brinton）发现，在城市里的雅各宾俱乐部会员中也存在相同的权力向下转移的现象。[55] 在村庄里，情况类似，只是讨论的社会群体与城市中的并不相同。

我们还可以通过比较大革命不同时期市议员的相对财富来看地方政府的民主化。在资料最完整的图卢兹，市政官员的平均税款估值

---

[52] 革命市议员的卷宗都与 *Almanach historique de la province de Languedoc*，1780—1790 中提供的列表进行过核对。

[53] Derobert-Ratel, *Institutions et vie municipale*, p. 601.

[54] 关于这点的具体阐述，参见 Lynn Hunt, *Revolution and Urban Politics in Provincial France: Troyes and Reims, 1786—1790* (Stanford, 1978)。在地方层面上，律师并不像他们的数量所显示的那样积极。莱纳德·R. 伯兰斯坦（Lenard R. Berlanstein）发现大革命时期在图卢兹的各个层面担任公共职务的 276 人中只有 54 名律师，而且他们中大部分在恐怖时期或之后离职了（*The Barristers of Toulouse in the Eighteenth Century [1740—1793]* [Baltimore, 1975], esp. pp. 165, 176）。

[55] *The Jacobins: An Essay in the New History* (New York, 1930), p. 60.

在 1790—1791 年是 962 法郎，恐怖时期降到 706 法郎，到热月反动时期又回升到 1 093 法郎。当社会最大程度地向地位较低的社会群体开放时，地方官员的财富较少。当图卢兹在督政府时期（1795—1799年）重新回到雅各宾派的影响下时，议员的平均税款估值又重新下降，这次降得更多，低至 448 法郎。[56] 甚至在某个社会群体内部也能看到这种社会开放的进程，比如在商人内部。在督政府时期（当图卢兹是雅各宾派根据地时），入选图卢兹议会的 6 个商人中，有 5 个财产收入（property revenue）估值在 700 法郎以下；与之相比，1790—1791 年当选的商人中有 5 个，共和三年中有 7 个，财产收入估值均在 700 法郎以上。[57]

令人惊讶的是，地方政治的民主化甚至发生在右翼联盟控制的地方。例如，在督政府时期，波尔多和亚眠的右翼议会与图卢兹著名的左翼议会有着几乎一样的社会构成。但在一定程度上，这种社会构成的相似性只是反映了以职业进行社会分类的模糊不清。在督政府时期，图卢兹议会的商人可能不如亚眠和波尔多的有钱。在督政府时期的图卢兹议会中，7 个商人中只有 1 个的财产收入估值超过 1 000 法郎；但在同时期的亚眠议会中，3 个商人中就有 2 个的估值超过 2 000 法郎。[58] 可惜的是，税收单不完整，不足以做出可信的比较，也不一定能对各市镇进行比较。然而，其他证据也显示亚眠的议员特别富

---

[56] A.M., Toulouse, 1G 38—53, Contribution foncière, 1791. 其中找到了 44% 市议员的税款估值。恐怖时期议员的数据也不少：40% 都有了。莱昂斯在比较革命委员会的成员时发现"热月党人比他们的雅各宾派同僚收入更高，财产和资金更多"，然而他仍坚持认为社会差别还是"模糊不清的"（*Revolution in Toulouse*, pp. 172—174）。考虑到市议员之间的差异，似乎更适合说社会差异确实存在，但并不突出。

[57] A.M., Toulouse, 1G 38—53.

[58] 此处提供的数据只包括那些税款估值可以找到的商人。亚眠的税款估值可参见 A.M., Amiens, 1G 2.11, Contribution foncière, 1791.

有。共和九年，在督政府时期的亚眠议会里担任过议员的人中，有三分之二被拿破仑定为索姆省的"显贵"，其中 2 个最初只是店主。[59]肯定是地方社会的富裕才使其登上了拿破仑的"显贵"名单。尽管文献中存在一些固有的不确定因素，但我们似乎还是可以得出以下两个结论：大革命为那些以前由于社会原因而被排挤在外的群体提供了登上政治舞台的可能性；地方政府越左（1793—1794 年的所有地方，尤其在雅各宾派根据地），越有可能吸收资产不多的商人、手工业者和店主，以及地位不高的专业人士。

新政治阶级的"新"不仅在于其比旧制度下的统治人员"新"，还体现在革命十年中的不断自我更新。地方政治最富戏剧性的现象就是它几乎一直处于剧变当中。例如，亚眠在 9 年之中就有不少于 15 个的不同市政府，而在动荡的共和三年这一年就有 4 个不同的市政府。有时候，市政府的社会构成一夜之间就会发生剧变。例如，1793 年 1 月，波尔多经选举产生的"联邦主义"议会，包括 61% 的商人、22% 的手工业者和店主；同年 9 月取代它的激进派临时市政府，却只有 13% 的商人、多于 44% 的手工业者和店主。[60] 但更令人震惊的是人事上的大量变更，1793 年 9 月选出的市议员中没有一个曾经担任过此职。

1793 年的波尔多是更全面的大洗牌和重新安置的极端例子（见表 9 和表 10）。

---

[59] A.D., Somme, Mb 107529 bis, Liste de Notabilité du département de la Somme, an IX.

[60] 此处提供的是在已知职业中所占的百分比。1793 年 1 月的市议会中只计算了官员，不包括显贵；20 种职业中有 2 种不能确定。1793 年 9 月的市政当局中不可知职业的比例更高：50 种中有 18 种不确定。很明显，福里斯特（Forrest）在其关于 1793 年 1 月市议会的数据中包括了显贵：他提到了 46 名从事商业的人、12 名从事自由职业的成员（包括 5 名律师）和 7 名手工业者或小生意人（*Revolutionary Bordeaux*, pp. 122—123）。

表9 恐怖时期市议员在其他革命市政机关任职情况表(%)[*]

城市	恐怖时期市议员在以下时期也在市政机关任职的比例					
	1790—1793年1月	共和三年	在前两个时期都任职	督政府时期	在共和三年与督政府时期都任职
亚眠（N=16）	75	56	25	13	13
南锡（N=39）	26	41	10	13	10
图卢兹（N=25）	48	28	12	16	8

[*] 这里包括在其他革命市政机关中以显贵或王室官员的身份担任职务的议员。

表10 督政府时期市议员在前革命市政机关任职情况表(%)[*]

城市	督政府时期市议员在以下时期也在市政机关任职的比例		
	1790—1793年1月	1793—共和二年	共和三年
亚眠（N=19）	37	11	53
南锡（N=30）	37	27	33
图卢兹（N=26）	15	23	8
波尔多（N=64）	25	8	20

[*] 这里包括在以前的市政机关中以显贵或王室官员的身份担任职务的议员。

1790—1791年四个城市当选的人中，有大约五分之三继续为之后的革命政权服务，另外五分之二则退出了地方政治。在共和三年的反动政权下，许多曾经任职于君主立宪制政权的人得以复权；共和三年的市府官员中，南锡有73%，图卢兹有67%，都曾任过某种公职，大到国家议员，小到居民区的治安官。但很少有人在共和三年之后继续任职：在督政府时期继续担任某种公职的，南锡只有27%，雅各宾派的图卢兹只有14%。

共和三年的反动使在恐怖时期被清除的官员恢复了公职，除了共和三年这一短暂时期，政权的每一次变化都向新人敞开了大门。即使在雅各宾派的图卢兹，恐怖时期的议会和督政府议会之间的延续性也非常小；只有4个人以官员身份在两个议会中都曾任过职（见表9）。地方政治命运中的每个转折点都需要新人。所以，1798年任职的商人、律师或店主都不是1790年的那些人。人事上的不停转换在各地产生了非常重要的结果：许多人在革命的十年中获得了革命经验。

积极的政治责任的传播在村庄中最明显。即使在富人占据高位的地方，大批村民也在地方事务中获得了直接的经验。在贝内斯－马朗恩，在1790年，52个投票人要选出10个人组成政府，而这只是许多选举中的第一轮而已。在更贫穷的奥尔穆瓦，只有22个人在第一轮村长选举中投票，当天下午他们还必须选出另外5个村官和12个显贵！在9年中，7个不同的人担任过村长，包括1个磨坊主、1个"资产阶级"、1个商人、1个律师和1个农场主。[61]安省的梅克西米约（Meximieux）有300户人家，只有119个男人有权参加1790年的投票，62人能担任公职，投票人要从中选出19人组成新政府。在大革命的前5年中，梅克西米约产生过4个不同的村长；而且虽然有时姓氏相同，但担任政府公职的人非常多：从1790年到1795年就有42人，即大约每7家就有1个代表。[62]无论他们的回忆是苦是甜，成千上万的人都在革命的法国品尝过政治。因此，讽刺的是，恰恰是革命经历的不延续性加强了革命传统的力量。因为有如此多的人曾经参与了革命的塑造，革命的集体记忆才如此清晰。

在革命阶级不断更新和扩大的过程中，一些特征保持不变。其中之一就是年龄。不论是雅各宾派还是联邦主义者，共和派还是保王党，国家和地方的政治精英都是同一代人。他们出生于18世纪四五十年代，非常年轻，没有亲身经历过启蒙时期的主要战斗，但都目睹过18

---

[61] Hirigoyen, "Bénesse-Maremne," and Rondot, *Ormoy*, pp. 14–16, 41.

[62] F. Page, *Meximieux: Une commune pendant la Révolution* (Belley, 1903)，像许多用法语书写的农村研究作品一样，这一部也是由地方教区牧师执笔的。

世纪 70 年代早期的现代化君主制和旧式精英之间的斗争。1793—1794 年民主公开期的市议员可能年纪更轻些：在南锡，议员中有 68% 在 1789 年不到 40 岁，但在 1790—1791 年只有 44% 不到 40 岁。但是，新式精英在 1795 年之后并没有更加年轻：南锡 1795 年之后的议员中只有 46% 在 1789 年不到 40 岁。[63]

新政治阶级的突出之处还在于它与城市的特殊联系。以城市为基地的专业人士主导了国家和地区政治。即使在村庄中，领袖职务通常也是由那些与城市市场或城市文化有联系的人担当。在小镇和村庄里，政治参与的程度并不一定都低于城市，事实上可能更高，至少在某些地区是这样。例如，在全国范围内，雅各宾俱乐部会员约占法国总人口的 4%；但是，在普罗旺斯的小镇和村庄里，会员在当地人口中所占的比例可能是 18% 或 20%，甚至高达 39%。[64] 然而，农村里每个社会群体的活跃度却不相同，农民代表尤其偏弱。在帕西（Pacy，位于厄尔省），虽然一些种植葡萄的农民（*vignerons*）和园丁于大革命初期在村议会任职，但影响力不如前税收和法庭官员、手工业者和店主。在共和三年，村长是个木匠，官员中有 2 个食品杂货商（grocer）、1 个裁缝和 1 个旅店老板。[65] 相似地，在 1794 年的梅克西米约，虽然村长是地主，但影响力却不及议会中的 2 个旅店老板、1 个医生、1 个裁缝、1 个公证员和 1 个马鞍匠。[66]

即使在镇上，这种模式也很明显。大多数 18 世纪的镇上都有许

---

[63] 参见本章脚注 9。

[64] Michael L. Kennedy, *The Jacobin Club of Marseilles, 1790–1794* (Ithaca, N.Y., 1973), p. 151, 审核了有效数据。

[65] 共和三年芽月 4 日的名单是唯一一份记录了所有官员的职业的名单 (Edouard Isambard, *Histoire de la Révolution à Pacy-sur-Eure*, 2 vols. [Pacy, 1894] 2: 279)。

[66] 这是梅克西米约最完整的名单 (Page, *Meximieux*, p. 228)。

多居民从事农业。例如，在阿尔勒，37%的纳税人是农场主或农业劳动者，但大革命时期只有10%的镇议员来自农业。[67] 同样，虽然普罗旺斯地区艾克斯有35%的人口从事农业，但革命议员中只有6%是农民。[68] 在一个有着80%的农村人口和大量受雇于农业生产之人口的地方，农民的参与对大革命和共和国的胜利尤其重要。然而，除了1789年农民起义和之后的一些间歇性骚乱之外，农民在革命战斗中并没有多少醒目的表现。在一些村庄里，他们会掌管事务，但更常见的是，他们期盼手工业者、店主和专业人士的领导。

　　法国大革命是由千千万万的人民以各种不同的方式缔造的。有人发起暴动抗议高物价，有人为了自己十分关心的政治原因进行示威。但通常，数以万计的人还是选择在选举中投票，数以千计的人则选择成为官员，他们以各自的方式来参与革命。大革命不是几个狂人从首都的卓越战略家那里获取了脚本后就能发动的。臭名昭著的共和二年的战斗派也只是革命十年里新政治阶级中较为引人瞩目的一部分而已。例如，如果没有来自上层的支持或至少是上层的默许，在南锡被斥为"二级"恐怖分子的烟草小贩、前看守、酒贩、书商、鞋匠、园丁和舞蹈教师也不可能成功地"恐吓"到以前的精英。[69]

　　大多数在革命议会中担任职务的手工业者和店主根本就不是其敌人所描绘的嗜血之徒（hommes de sang），但不可否认，他们登上政治舞台确实让那些体面人（honnêtes hommes）胆战心惊，怒不可遏。许多在共和二年当选的官员后来都被当作辜负了公众信任的叛徒（prévaricateurs）或恐怖分子（terroristes）而遭到起诉。还有一些人，例如共和二年的图

---

[67] Sampoli, "Politics and society in Revolutionary Arles," pp. 58, 331.

[68] Derobert-Ratel, *Institutions et vie municipale*, pp. 29, 590.

[69] 这份名单出现在A.M., Nancy, D 14, Delibérations municipales，共和三年牧月15日。

卢兹市长，在 1794 年之后的白色恐怖中被反革命敢死队杀害。比较幸运的就只被谴责为"俱乐部派"（Clubocracy）的拥趸。[70]

称颂并支持地方政府的人还是受到了尊敬。正如人们所预料，相比于喧闹的地方战斗派、地方革命委员会和民众社团的成员，市议员和村议员普遍来说更受人民爱戴。即使是在共和二年担任过公职的市议员，也很少有人在 1794 年后被正式认定为恐怖分子。[71] 反而是那些在动乱的几个月里闪耀崛起的人受到了更多的打击（见第 6 章）。由于当选的官员与普通战斗派之间存在社会差异，所以大量商人和成功律师更可能出现在官员团队而不是战斗派中。例如，克兰·布林顿称，他研究的雅各宾俱乐部会员中只有不到 10% 是商人。迈克尔·肯尼迪（Michael Kennedy）根据克兰·布林顿的分类，发现马赛俱乐部中商人的比例从 1790—1791 年的 17% 下降到 1793—1794 年的 0.6%。同样，马丁·莱昂斯也发现在 30 名图卢兹"恐怖"革命监管委员会（*comité de surveillance révolutionnaire*，恐怖时期的地方部门）成员中，只有两三个商人，律师则更少。[72] 然而，在重要的地方职位、

---

[70] 波尔多的贝尔纳多（Bernadau of Bordeaux）称他们是"一群瞎说乱讲的人，我们再也不需要他们了"，参见 "Tablètes contemporaines, historiques et cryptografiques, de l'Ecouteur bordelais," vol. 3（1793 年 9 月 21 日—1802 年 9 月 22 日）in *Oeuvres complètes de Bernadau*, B.M., Bordeaux, ms. 713, vol. 7, 共和三年雨月 14 日条目。

[71] 很少有市议员出现在 1794—1795 年编订的"恐怖分子"名单上。关于这四个城市，参见 A.M., Nancy, D 14, 共和三年牧月 15 日；A.M., Amiens, 2I 19, "Liste des citoyens dénoncés au représentant du peuple Blaux," 共和三年牧月 13 日；A.M., Toulouse, 2I 26, "Liste des terroristes bien reconnus pour tels"; A.M., Bordeaux, I 69, Police: list of 109 citizens to be disarmed, 共和三年牧月 14 日。出现在这四个城市的名单上的人，他们的社会特征几乎都相同：许多职业没有标明，但标明的职业中许多是书记员、手工业者和店主。比如，波尔多的名单上最常见的职业是鞋匠、假发匠和裁缝。

[72] Brinton, *The Jacobins*, p. 51. 布林顿只计算了大批发商，并将不同规模的城市混在一起研究。在他关于勒阿弗尔（Le Havre）（1791）的数据中，有 22% 是商人（转下页）

地区和国家的权力职位上,则是律师、公证员、商人和医生一再冲锋向前,迎接挑战。1790年,古弗尼尔·莫里斯(Gouverneur Morris)称这些人是"权力上的新手,理论上野蛮,实践上生疏"[73]。但是,他为之哀叹的"对形而上的奇思怪想的追求"仍得到可敬的城市专业人士和工厂主的推崇和实践。

新政治阶级是马克思所指的"资产阶级"吗?如果不是从很严格的马克思主义解释出发,那么答案是肯定的。答案包括两个不同部分,因为在马克思主义中,阶级的概念就有两个不同的分析部分:与生产相关的社会地位和阶级意识。马克思本人在其理论著作(例如《资本论》)中强调前者,但在历史学著作(尤其是关于1848年法国和德国革命的各种著作)中也给予后者相当的重视。[74] 关于它们之间的联系,马克思在《路易·波拿巴的雾月十八日》中做了经典描述:"当数百万家庭因经济条件的不同而与其他阶级在生活方式、利益和文化方面各不相同,并且相互敌对时,他们就形成阶级。当人们之间

(接上页)(在已知的职业中),商人与专业人士的比例为2∶1。相似地,斯特拉斯堡的商人在1791年占俱乐部成员的40%,人数是专业人士的2倍。参见Brinton,表格,pp. 302—303。当时在大城市,商人加入雅各宾俱乐部并不违反常理,但随着大革命越来越激进,商人的参与度可能会降低。另外,数据可参见Michel de Certeau, Dominique Julia, and Jacques Revel, *Une politique de la langue: La Révolution française et les patois: L'Enquête de Grégoire* (Paris, 1975), p. 44; Kennedy, *The Jacobin Club of Marseilles*, p. 156; and Lyons, *Revolution in Toulouse*, pp. 182—183。

[73] 莫里斯指的是国民制宪议会成员 (Beatrix Cary Davenport, ed., *A Diary of the French Revolution by Gouverneur Morris [1752—1816], Minister to France during the Terror* [Boston, 1939], p. 68, 1790年11月22日)。

[74] 这里不能对马克思或马克思主义的不同阐述进行更全面、充分的展开。Frank Parkin, *Marxism and Class Theory: A Bourgeois Critique* (New York, 1979),对这个问题的新近文献进行了批判性的回顾。

只存在地域上的联系，而其利益认同却不允许在他们之中产生任何共同体、民族联合或政治组织时，他们就形成不了阶级。"[75] 对于马克思来说，阶级的形成既取决于经济条件，也取决于文化；既取决于社会范畴，也取决于意识。在这段文字中，马克思是要解释农民在法国1848年革命中的普遍被动性；他们没能共同行动，是因为没有形成一个阶级。马克思的分析也可以用来解释在1789年革命中，为什么农民相对来说没能得到充分的展现：农民通常被隔离出主流的政治生活，只能依靠他人（旅店老板、裁缝、店主等）获得信息并代表他们的利益。

革命政治阶级可以从社会地位和阶级意识两方面被称作"资产阶级"。革命官员都是生产资料的拥有者，他们是拥有资本的商人、拥有技术的专业人士、拥有工坊的工匠或拥有土地的少量农民。没有技术的人、薪资工人和没有土地的农民都没有出现在领袖的位置上，甚至没有大量出现在普通民众中。[76] 革命精英的"意识"可以被贴上资产阶级的标签，毕竟它明显是反封建、反贵族、反专制的。在革命者的语言和意象中，他们反对所有能让人们想起过去的事物，而且他们的队伍中只有极少数是贵族或旧制度官员。革命精英是由那些致力于建构新法兰西的新人组成的。

可惜的是，这些特征同时又太松散——太宽泛——没什么用处。作为一个社会范畴，"资产阶级"不能将富于战斗精神的革命派和共和派同他们的敌人区分开来。这样说来，波尔多的温和派和亚眠的保

---

[75]　*The Eighteenth Brumaire of Louis Bonaparte* (New York, 1963), p. 124.

[76]　布林顿在描述雅各宾俱乐部的会员情况时说，他们"彻底横截了法国社会，旧时王廷贵族和近期工业无产阶级都被排除在外"(Brinton, *The Jacobins*, p. 68)。即使是巴黎的无套裤汉们，也以拥有独立财产的店主和手工业者为主导 (Soboul, *Les Sans-culottes parisiens*, pp. 439—455)。

王党，同图卢兹、梅克西米约或莱索蒂厄的共和派一样都是"资产阶级"，甚至更"资产阶级"。而且，法国最发达（资本主义水平最高）的地区通常是右翼，而共和主义却在那些最少受到资本主义发展影响的地区繁荣昌盛。同样，反专制主义和反封建主义的相同文化背景，并不能将富于战斗精神的共和派与他们在1790—1791年的先驱们区分开来；或者举例来说，它也不能将亚眠的雅各宾派与他们富裕的商人对手区分开来。所以，马克思主义的社会诠释的主要问题不在于某些具体细节，而在于它不能进行充分有效的辨别。它不能解释地区反应的不同、资产阶级内部的分裂，以及大革命为什么没能在1791年资本家和商业人士已经获得了最大收益时结束。

　　修正主义的解读也有谬误。修正主义叙述最主要的缺点就在于没有提出一个能取代马克思主义版本的实际可行的解释。许多修正主义评论家在与马克思主义阐释相辩论时，都反对"资产阶级"革命这一说法，但却没有提供任何令人心悦诚服的说法来取代它。例如，相比于提出大革命是由衰败的王室官员和自由职业人士所缔造的这一说法，科班在反对大革命让资本主义获利这一观点上更为成功。王室官员在1790年之后就退出了运动；而律师，如更广义的资产阶级一样，出现在政治冲突的各方中。科布及其追随者更极端的修正主义观点称，大革命的社会意义极少，甚至根本没有任何社会意义。这种观点认为，大革命是特殊性和独特的个人弱点的大杂烩。每个地方都有各自的反应，十年动乱被界定为"许多个人苦痛、雄心与渴望"的综合，"表达着在寻求贪婪的宣泄口或乌托邦式的希望时，无数未获成功之生命的绝望情绪"。[77]

　　村庄里的花匠和旅店老板、小镇上的食品杂货商和医生、大城市

---

[77] Lyons, *Revolution in Toulouse*, p. 174.

里的律师和商人有着太多不同的经济与社会利益，不可能将他们统统归拢到某个单一的经济或社会范畴中。因此，革命意图和意义不可能从新政治阶级的社会构成中推导得出，同时，它们也不能被随意归拢到个人精神状态的集合体中。新政治阶级成员共享了某些在很大程度上由共同的文化立场所形塑的价值观，比如他们作为年轻一代的经历和他们与城市世界的联系。之前的章节已经阐述过这种文化中的一些抽象因素，诸如世俗主义、理性主义、对民族高于所有特殊性的强调，以及共和派中沃洛克所谓的"民主劝服"，即相信广泛的政治参与天生具有优点。[78] 在第 6 章中，我会在新政治文化的地方结构中更加精确地分析这些价值观。家庭网络、组织经历和共同的文化联系都有助于新政治阶级的形成。

---

[78] *Jacobin Legacy: The Democratic Movement under the Directory* (Princeton, 1970), esp. pp. 149—186.

第6章
局外人、文化中间人和政治网络

大革命像一场漫漫典礼，没人知道哪里才是终点。社会被彻底颠倒，旧结构分崩离析。革命者相信，他们会随着建立在理性和自然之上的新共同体从乱世中破壳而出，但却发现很难迅速跨越新社会秩序和政治秩序的门槛。按人类学家的说法，法国似乎被困在一个"阈限"（liminal）阶段，一个过渡时期；在此时期，民族似乎悬浮在已被宣告为旧的秩序和人们所期盼的新秩序之间。[1] 新的价值观已公布，但还未扎根，到处弥漫着对未来的不确定。

在这段令人焦躁的、对社会和政治都不确定的阈限时期，新政治阶级的作用非常关键。新官员要成为跨入新秩序的政治和文化先锋。就在旺代叛乱发生前，一名共和派人士满怀信心地写着他的期望："我非常不幸地居住在一个对革命充满敌意的地方……但我高兴地看到，（人民）的本质是好的，他们只是迷失了方向。如果我们成功地教化他们，他们很容易就会意识到自己的错误。"[2] 不久以后发生的反革命事

---

[1] 这里采用的"阈限"是Victor Turner, *The Ritual Process: Structure and Anti-Structure* (Ithaca, N.Y., 1969), 尤其pp. 94–130 中所指的含义。

[2] A.N., F^{lc} III Vendée 4, Comptes rendus administratifs, 1791–an VIII, 来自圣克里斯托夫－迪利涅龙（St. Christophe-du-Ligueron）的信，1793年1月1日。

件就证实了"教化"的必要性。然而，尽管政府管理工作有不尽如人意的地方，又很危险，但还是不断有新成员加入到革命政治阶级中。激励他们承担新责任的因素有很多，但在这么多个人选择中，隐含着决定性塑造革命政治运作的更普遍的文化模式。

最普遍最微妙的模式之一就是革命与迁徙之间的关系。革命的创伤性动乱让法国人民行动了起来，广大人民从熟悉的居住地和工作习惯中被连根拔起。军队的召唤、新官职的诱惑、国民自卫军的服役，甚至政治原因造成的迁徙，所有这些都破坏了旧的习惯，有力地重新分配了人口。成群的难民为躲避内战的蹂躏涌入旺代的城市，也有难民从被侵略或受联邦主义者骚乱所困扰的城市中逃离。例如，波尔多的人口从1790年的110 000下降到共和四年的88 394。[3] 在安静的沙特尔（Chartres），大革命的十年里，从外镇来的新婚人口比18世纪80年代多了一倍，而外来人口中只有大约一半来自邻近地区（十年前却有四分之三）。[4]

新政治文化强调公民平等和普世价值观，取消地区和地方特权，所以吸引了许多新来的人，让他们有了民族归属感，而新政治文化也仰赖他们进行更进一步的宣传。克兰·布林顿在其关于雅各宾俱乐部的开创性研究中发现，他研究的会员中有38%是所居住城市和市镇的外来移民。1789年之后搬迁到所居住城市的会员比例虽然不大，但也很显著（13%）。在大城市比例更高：马赛的雅各宾俱乐部会员中有54%是移民，后来上升到70%。[5] 移民与革命的联系没有躲过时人的注意。在有关1795年宪法的辩论中，一名国家议员就抱怨道："所有

---

[3] Alan Forrest, *Society and Politics in Revolutionary Bordeaux* (Oxford, 1975), p. 243.

[4] Michel Vovelle, *Ville et campagne au 18e siècle: Chartres et la Beauce* (Paris, 1980), p. 115.

[5] *The Jacobins: An Essay in the New History* (New York, 1930), pp. 56—57. 关于马赛，可参见 Michael Kennedy, *The Jacobin Club of Marseilles, 1790—1794* (Ithaca, N.Y., 1973), p. 153.

最有益于艺术和科学的人都将离弃他们祖居的村庄……为的是能投身于更多的人群中，在那里承担一定的责任以求得一席之地。"[6]

迁徙早在大革命之前就已经开始了。在小镇上，例如在沙特尔（13 000名居民），18世纪80年代的新婚人口中有四分之一来自镇外。在大港口城市，例如波尔多，非本地人的比例可以高达适婚人口的一半。[7]然而，尽管18世纪有新来者不断汇入城市和市镇，但1789年之前的地方政治仍是每个城市旧式家庭的最后一个堡垒。在很多镇上，法律禁止新来的人担任职务，一直到1789年，镇议会还在竭力阻止新来者的加入。[8]法国大革命打开了防止新来者涌入的闸门。所有反对新来者的规定都被取消，还有针对宗教少数派的限制和保证特定群体之主导地位的选举规定也被废除。1789年之前，大多数市镇都有某种关于议会中的教士、律师、贵族、商人，甚至手工业者数量的规定。[9]随着这些限制的消失，新社会群体、新家庭，甚至新宗教群体都走进了城市政治。

法国大革命为宗教少数派提供了无可比拟的机遇，而他们也没有忽视这一时刻。新教徒和犹太商人从大革命一开始就出现在波尔多市

---

[6] 引自博尔达斯（Bordas）的演讲，相关报道参见 *Le Moniteur universal*, no. 302（共和三年热月2日［1795年7月20日］），p. 1217。

[7] Vovelle, *Ville et campagne au 18e siècle*, p. 113. 有关迁徙的文献综述，参见 Jean-Pierre Poussou, "Les Mouvements migratoires en France et à partir de la France de la fin du XVe siècle au début du XIXe siècle: Approches pour une synthèse," *Annales de démographie historique*, 1970, pp. 11—78。

[8] 在兰斯（Reims）镇，写给三级会议的陈情书（*cahier de doléances*）一再重申，许多社团要求修改只有当地人才能担任该镇职务的规定，并建议居住满15年的居民可以担任职务。镇议会书面上否决了这种提议（Lynn Hunt, *Revolution and Urban Politics: Troyes and Reims, 1786—1790* [Stanford, 1978], p. 60）。

[9] Ibid., p. 23. 关于亚眠，可参见 Marie-Yvonne Dessaux, "La Vie municipale à Amiens de 1782 à 1789," U.E.R. de Sciences historiques et géographiques（Amiens, 1978）。

议会中。例如，新教徒皮埃尔·塞尔（Pierre Sers）是波尔多雅各宾俱乐部的首任主席。他在1790年被选入市议会，后来又当选为国民立法议会的议员。他在1793年成了联邦主义公共安全民众委员会的主席，后来虽然被判剥夺法律权利，但在拿破仑时期又摇身一变，成了归正教会（Reformed Church）的官员。[10] 在图卢兹，信奉新教的韦斯（Vaysse）家族站到了雅各宾派一边。雅克·韦斯和保罗·韦斯（Paul Vaysse，与雅克是堂兄弟）在督政府时期经选举担任市政府职务。他们两人都是雅各宾派，但在1796年之前在政治上却不为人熟知。雅克是个殷实的商人，也是共济会成员；保罗在共和四年曾是一名警官，通过购买国有产业（biens nationaux，为确保国债而被没收的天主教会的土地）积聚了相当的财产，于共和六年当选为市行政机关主席。[11] 但是，同韦斯堂兄弟不同，大部分宗教少数派成员都避免极端激进。在波尔多，大部分新教徒和犹太人都倾向联邦主义，支持吉伦特派。但在省级层面上，宗教少数派的出现似乎并没有影响投票模式。例如，虽然新教徒的数量与支持审判国王的选票数成负相关，但是，一省人口中的新教徒比例与支持左翼或右翼的选票数却没什么关联（见相关矩阵图，附录A，PROTPOP项）。

宗教少数派成员共享了新政治阶级的态度。例如，出生于伦敦的犹太商人弗塔多（Furtado）是早期雅各宾俱乐部成员，支持波尔多联邦主义运动。他躲过了恐怖统治的杀戮，于共和四年经选举再次担任地方职务，但他断然拒绝了此荣誉。他认为共和国是个"早产儿"。然

---

[10] Forrest, *Revolutionary Bordeaux*, pp. 243–245.

[11] Jean Beyssi, "Le Parti jacobin à Toulouse sous le Directoire," *AHRF* 22 (1950): 28–54, 109–133, esp. p. 37; Martyn Lyons, *Revolution in Toulouse: An Essay on Provincial Terrorism* (Berne, 1978), pp. 186–187; Georges Marinière, "Les Marchands d'étoffe de Toulouse à la fin du XVIII siècle," D.E.S. (Toulouse, 1958), pp. 154–188.

而，他尽管摆脱了对共和主义的幻想，却仍基本保持了对革命承诺的信念：

> 我相信，一个政府的好坏取决于领导者的道德。有什么比专制更糟糕，比贵族政治更容易引起叛乱，比民主制更动荡不安呢？……（然而），想象一个由严肃高尚的、尊重法律的人所组建的民主制吧，你将会拥有最大可能的自由和最稳定的秩序与和平。

像其他新官员一样，弗塔多坚信个人利益与公共利益（la chose publique）之间的差别。他于1799年在巴黎与斯塔尔夫人共进晚餐时说："我无法理解那些人的精神或所谓的爱国主义。他们热衷公共事务，而不是公共利益。对公共利益的热爱并不总是能带来地位、津贴或商业利益，只有阴谋诡计才会带来那些东西。"[12]

新社会群体、新家庭和有着不同宗教信仰的人都可以被归入一种更普遍的现象，即局外人（outsiders）在地方政治中崭露头角，甚至表现突出。在巴黎，众所周知，来参观和定居的外省人很重要，没什么大惊小怪的。在外省，来自巴黎的特派议员通常影响力大，尤其在恐怖时期和之后的热月反动时期。但更令人惊讶的是地方圈子里"边缘"人的作用。这些人是访问议员的自然合作者，但远远不只是受外来入侵力量控制的傀儡。一个政治活动家可能由于社会地位、地理出身、宗教或综合因素而成为一个局外人。在威权不确定的革命十年中，局外人成为中央政府与地方人民之间的重要连接者。特派议员因为他们是局外人而走向他们，因为他们还没有被可疑的当地关系所沾染，而

---

[12] "Souvenirs d'Abraham Furtado," La Révolution française 69 (1916): 543—551，引文出自 pp. 549, 547，共和七年穑月14日条目。

当地人民无疑出于各种动机也会走向他们。对于那些对迫近的变化心存疑虑的人来说，局外人提供了便利的责任转移，而且一旦危机过去，反对他们会更加容易。对于当地的战斗派来说，局外人传递了一种从属于某种更大型运动的感觉。而对于当地的反对派来说，局外人的存在能够使他们更彻底地与以前的统治者决裂。

局外人在地方冲突最严重的时期和地区尤其重要。下面将以大城市的市长为例。1790年，投票人选择了能够体现旧制度的自由成分与革命运动可能达成相互妥协的象征性人物。那年波尔多的市长是约瑟夫·德·菲梅尔（Joseph de Fumel）伯爵，时年70岁，他也是驻扎在吉耶讷（Guyenne）的军队的总指挥。图卢兹的市长里戈（Rigaud）是一名法学教授，当时也70多岁。南锡的市长是声名显赫的屈斯蒂纳·多弗朗斯（Custine d'Auflance）伯爵。亚眠的市长是富有的商人德冈-卡内（Degand-Cannet），他刚购买了一个可获封贵族的职位。1792年8月10日的叛乱之后，亚眠的投票人选择了路易·莱斯库韦（Louis Lescouvé），一个富有的58岁假发匠。他和妻子都不是亚眠本地人，与极重要的商人-制造商共同体也没有任何家庭或社会联系。他们的亲戚所从事的职业也显示这对夫妇的社会地位非常卑微：他们结婚契约上的亲戚有农民、马鞍匠和理发师兼外科医生（一种医学专业知识相当贫乏的医生同行）。[13]

1793—1794年，其他大城市的市长职位因频繁动乱受到了很大

---

[13] 莱斯库韦的土地税（*contribution foncière*）据评估是1 295法郎，所有议员土地税的平均值是1 164法郎（42%议员的税款估值都找到了记录）(A.M., Amiens, 1G 2.11, Contribution foncière, 1791)。他于1757年娶了一个农夫的女儿，他的结婚契约很微薄，估价只有2 000里弗尔（A.D., Somme, 2C Etude Morel, 1757年5月28日）。而与之相比，1764年结婚的商人皮埃尔·盖拉尔（Pierre Guérard）的结婚契约则丰厚许多，估价有131 000里弗尔（A.D., Somme, 2C 705）。盖拉尔于1790年入选市议会。

震撼。波尔多的新市长约瑟夫·贝特朗（Joseph Bertrand）是一名于1779年或1780年来自阿维尼翁（Avignon）的钟表匠。他步入政治聚光灯下的踏脚石是当地一家激进派俱乐部。他于1793年那个关键的夏天成了这家俱乐部的主席。共和三年，贝特朗被省刑事法庭判处监禁12年，罪名是非法没收恐怖时期受害者的财产，包括他的前任弗朗索瓦·赛热（François Saige）的财产。共和五年，他被释放，迁居到了巴黎。[14] 他的继任者是另一个更受尊敬的局外人——皮埃尔·托马（Pierre Thomas）。托马是多尔多涅河沿岸大圣富瓦（Sainte-Foy-la-Grande）小镇上的新教牧师。他于1794年被任命为波尔多市长时，只有34岁。特派议员对他青眼有加，因为他是一名值得信赖的省级官员。尽管托马被谴责为恐怖分子，但还是于1799年夏被督政府选为派往省行政机关的特派员。[15] 1799年督政府的动机与共和二年那些特派议员的一样：波尔多的本地领导人不足以信赖，根本无法有力地反抗右翼的蚕食。

南锡在1793年和1794年也有局外人出任市长。第一位是40岁的尼古拉·热安（Nicolas Géhin），一名来自图勒（Toul）的教士。他的继任者是42岁的演员埃马纽埃尔·格拉松－布里斯（Emmanuel Glasson-Brisse），接下来是来自萨尔堡（Sarrebourg）的约瑟夫·维利耶（Joseph Wulliez）。其中两人不是本地居民，另一个则从事被认为不体面的职业（表演）。无疑，当地人看到克洛德·马拉梅（Claude Mallarmé）于1794年12月就任市长时，就意识到暴风雨已经结束了。这名35岁的

---

[14] Renée Dubos, "Une Société populaire bordelaise: Les Surveillants de la Constitution," *Revue historique de Bordeaux* 25（1932）, 26（1933）, 27（1934）, and 29（1936）. 根据迪博（Dubos）的研究，俱乐部的成员基本上是手工业者和小店主。

[15] R. Brouillard, "Un Maire de Bordeaux inconnu: Pierre Thomas," *Revue historique de Bordeaux* 11（1918）and 12（1919）.

律师兼前高等法院法官是南锡本地人，自1790年以来就担任过各种革命职务。1795年春，格拉松-布里斯和维利耶被新市政府列为"一级恐怖分子"，也就是"压迫人民的主要始作俑者或共犯"。这一点将他们与二级和三级区分开来。二级是"可能同样邪恶，但由于没有相同影响力而未造成同样致命后果的那些人"；三级是"出于怯懦、软弱或虚弱而躲在暴政代理人的旗帜之后的那些人"。[16]

市长在地方政治中可谓举足轻重，但是局外人并不仅限于担任这个威严的职务，革命军事的关键壁垒往往也由局外人掌管。南锡民众社团的主席皮埃尔·菲利普（Pierre Philip）就是个巡游政客。他于1750年生于波尔多，是个船长的儿子，年轻时做过海员，之后在巴黎做书记员，自称诗人和剧作家。1792年，他获得了一个官员职位，是战争部供应品仓库的主管。1793年9月，他为了完成建立服装仓库的任务第一次到了南锡。他在南锡的短暂政治生涯不时被打断，后来他因共谋而被捕入狱，最终提前终止了这段事业。无疑，他与前任市长们一起，都上了一级恐怖分子的名单。[17]

但是，没人比J.-B.拉孔布（J.-B. Lacombe）在地方上更加臭名昭著，他是波尔多为处罚联邦主义者而成立的军事委员会的主席。他生于图卢兹，是个卑微裁缝的次子。当地的一名天主教牧师首先发现了他的聪明才智，愿意教育他。1784年，24岁的拉孔布成了一名学校教师。三年后，他带着妻子和两个孩子搬到了波尔多。像许多其他战斗派一样，拉孔布从一个大城市搬到另一个就是为了要功成名就。无疑，看起来搬到远离自己低微社会出身的地方会更容易一些。像马拉一样，拉孔布也发现通向成功的大门向他关闭了，因为他被拒绝加入波尔多

---

[16] A.M., Nancy, D 14, Delibérations municipales, 共和三年牧月15日。

[17] Henry Poulet, "Le Sans-culotte Philip, président de la Société populaire de Nancy," *Annales de l'Est et du Nord* 2 (1906): 248–283, 321–366, 501–529.

知识精英聚集的文学院协会（*Société littéraire du Musée*）。波尔多的联邦主义者市长，后来成为拉孔布委员会的受害者，也是该协会的创始人之一。后来，拉孔布被允许加入一家共济会会所，1790年又加入了国家俱乐部（*Club National*）。在经历了又一次的失望——他希望被提名为临时市长或市检察官——之后，他于1793年秋被任命为军事委员会主席。1794年8月，罗伯斯庇尔倒台后几天，拉孔布也以勒索、道德败坏和叛国罪等罪名被处以死刑。[18] 拉孔布和贝特朗市长这类人都能很快吸收革命修辞的主旨，并通过更激进的俱乐部扶摇直上。而在这种俱乐部里，一个人的政治影响主要仰仗其说服公众的演说能力。这些人的成功让一个深感敬畏的波尔多人感叹道："他们通过*言词*达到了目的，*言词*决定一切。"[19]

　　界定局外人的方式可能有很多。例如有宗教局外人，如新教徒和犹太教徒；有社会局外人，如被诋毁的演员和在世俗学校里苦苦挣扎的教师；也有地理局外人，如从外市或外国来的移民。甚至殷实的商人和富裕的生意人，在由贵族、法官和一些高级教士主宰着政治和社会事务的旧制度下，也会感觉自己是局外人。然而，"局外人"不是一个像职业或专业一样的范畴，并不用来界定某种革命时期或旧制度下的社会地位，它只是一种关系，一种以某种方式被遗漏的关系。学校教师兼战斗派分子拉孔布和犹太商人弗塔多属于不同的社会或政治范畴。事实上，拉孔布担任主席的那个委员会就是专门负责判处弗塔多及其朋友之流。然而，拉孔布和弗塔多都是某种局外人，同是边缘人

---

[18] Pierre Bécamps, *La Révolution à Bordeaux (1789—1794): J.-B.-M. Lacombe, président de la Commission militaire* (Bordeaux, 1953).

[19] Sainte-Luce-Oudaille, *Histoire de Bordeaux pendant dix-huit mois ou depuis l'arrivée des représentants Tallien et Ysabeau, Beaudot et Chaudron-Rousseau, jusqu'à la fin de leur mission* (Paris, n.d.), p. 3.

这一点使他们有了加入新政治阶级的理由。

边缘化这一共同特点并没有使新政治阶级成为游手好闲、惹是生非之徒——这是一种令人恐惧但不常见的职业革命者。[20] 拉孔布和菲利普之流的不凡故事不能让我们仓促下结论，说大革命只是"许多个人苦痛"的综合，即个人挫折与愤恨的综合。无疑，对某些人来说，这其中是有挫折与愤恨；但对其他人来说，动机却完全不同。不能将个人动机归拢为新阶级的整体意愿，因为政治阶级不是通过个人心理来界定，而是通过共同机遇和共同承担的角色来界定的。边缘化——是从结构意义上来说，而不是将其作为一种会引起怨恨的社会性比较术语——使新官员类似于文化和权力中间人。正如处于国家外围或边缘的地区比较容易接受革命政治文化的渗透，边缘人也更急于承担政治和文化中间人的角色。这种角色至关重要，因为大革命本质上就是要繁殖并扩散文化和权力。

移民、新教徒、犹太人、学校教师、演员和商人都与所处城市外的世界有联系，尤其与全国的文化、知识、商业或宗教网络有联系。村庄里也有这种人，虽然数量不多。很多村里的首要候选人就是当地的男教师。在厄尔河畔帕西（Pacy-sur-Eure）村，塔亚尔（Taillard）于1791年正值36岁之际，带着父亲和妻子从巴黎搬迁至此，就任补助金和教育主管（*maître de pension et d'éducation*）。作为低阶官员的短暂经历曾使他锒铛入狱，后来他得到三位访问议员的提名，进了省行政机关，而且还通过与他们的关系让自己的伙伴和盟友得到提升，进入了新近重新组建的村议会。[21]

---

[20] 布林顿表述了相似观点（Brinton, *The Jacobins*, p. 57）。

[21] Edouard Isambard, *Histoire de la Révolution à Pacy-sur-Eure*, 2 vols. (Pacy, 1894) 2: 25, 182-183.

还有很多类似的故事。一名男教师来到镇（或像帕西一样的村庄，甚至像波尔多一样的大城市。在波尔多，教师拉孔布就凭借在军事委员会的任职威慑那些富裕、冷漠或满怀敌意的人）上，很快就拥抱了革命事业。这不仅让他脱离了教士的控制，还确实给他提供了一份新工作。有关外面世界的学识为他在当地赢得了听众和影响，但也招致了来自某些角落的敌意。这些特点引起了来自巴黎或邻近大城市正竭力寻找可靠合作者的代表们的注意。

文化和权力中间人并不都是像塔亚尔那样的局外人，但他们的职业和利益确实促进了与外界的联系。在汝拉省的丰西讷－莱普朗什（Foncines-et-les-Planches），让－巴蒂斯特·卢梭（Jean-Baptiste Rousseau）于1792年当选为国家代理人（agent national）。他的纺织生意不仅使他与许多当地人有了联系，也为他提供了财力，让他可以考虑为公众服务，甚至在有需要时还能借钱给该市镇居民。[22] 莱索蒂厄的关键人物是尼古拉·于贝尔（Nicolas Hubert），一个旅店老板。作为第一届革命市政当局的检察官，他于1794年春成为当地监管委员会的委员和民众社团的主席。比他更重要的人物是另一个有着同样经历的当地战斗派，奥古斯丁·玛格丽特（Augustin Marguerite）。他是一个30岁的园丁，能读会写，除了担任议会秘书一职，还组织市民宴会和游行。1794年春他建了一所共和派学校。[23] 贝内斯－马朗恩的国家代理人是议会中的少数非农民成员之一，名叫达里格朗（Darrigrand），是名前法庭执达员（huissier）。面对这个由富裕农民主导、不守规章的议会，他提醒共事的村民，如果他们不服从规定，"我就必须向上级行政部门汇报

---

[22] Pierre Doudier, *Villages comtois sous la Révolution et l'Empire* (Dôle, 1975), pp. 138–139.

[23] Albert Soboul, "Une Commune rurale pendant la Révolution: Les Authieux-sur-le-Port-Saint-Ouen (Seine-Inférieure), 1789–1795," *AHRF* 25 (1953): 140–160, esp. 153–156.

了"[24]。地方权力中间人都认识到,他们的影响力取决于自己与外界的联系。

最成功最持久的中间人不仅是外界力量的合作者,也是外界与当地利益的调解者。在小小的圣阿芒(Saint-Amans,有100户人家,在阿韦龙省),让-雅克·罗凯特(Jean-Jacques Roquette)就是一个典型的例子。他在附近的罗德兹(Rodez)上学,在图卢兹完成了法学学业,之后回到家乡,成为一名职位要求不高的庄园法庭法官(seigneurial judge),这样他就有时间阅读卢梭和伏尔泰的著作了。1790年他30岁,第一次当选为村里的检察官,后来被提拔到省行政机关。1791年他当选为地区革命法庭的法官,1793年被任命为圣阿芒的村长。在他这个村子里,只有他早在1790年7月就开始寻求建立与雅各宾派的友好关系。1793年,他同几个朋友一起,终于成立了一个民众社团,而且很自然地就被任命为这个社团的主席。不久以后,他成为新革命监管委员会的主席。

1793年11月一个名叫拉加德(Lagarde)的访问特派员来到圣阿芒,要在当地为穷人举办一个节庆。虽然罗凯特出身于村里最富裕的家庭之一,但还是不卑不亢地主持了这个在当地一家旅馆举行的节庆。有关节庆流程的官方记录没有提到拉加德制定的第八条法令:"所有被捕的人、富人、自我主义者或有嫌疑的人都要到举办节庆的指定地点;他们必须待在那儿,站在穷人身旁以提供服务;但他们不能享用自己端上来的菜肴,因为旧时的礼仪规定侍从不能坐在主人的桌边。"[25]很明显,罗凯特在此奇特的节庆中成功地保持了自己的尊严和诚信。所

---

[24] Francis Hirigoyen, "Bénesse-Maremne pendant la Révolution française," *Bulletin de la société de Borda* 103 (1978): 51–70, esp. pp. 66–67.

[25] Antoine Roquette, *Jean-Jacques Roquette ou la Révolution à Saint-Amans-des-Cots* (Paris, 1978), pp. 118–122.

以在罗伯斯庇尔倒台后，他就被所在地区任命为特派员，去调查恐怖时期滥用职权的现象。之后，他谢绝了更高的职位，继续留在村里做一个简单的治安法官。

罗凯特之流积极地投身于革命，就使城乡差距不至于过于明显。他把从城市里和阅读中学会的价值观带到了农村。他不像圣茹斯特和巴贝夫（Babeuf）那些人一样搬到罗德兹、图卢兹或巴黎，而是宁愿住在离家近的地方，但同时又急切地追随着民族的发展。他的这一决定意味着，即使没人能摆脱与城市的联系，但也不能简单地将大革命看作外来事物。虽然很多农民厌恶征用食物，讨厌一直征召年轻人去参加永无休止的战争，但圣阿芒的农民发现，当他们中的绝大多数人都投票反对划分公有土地时，他们是可以信赖罗凯特的。因为他不仅向地区议会维护他们的决定，而且还递交了一份长长的备忘录来分析该地区农民所面临的问题。[26]

一名学校教师、旅店老板或年轻显贵的热忱在农村地区显得尤其重要。革命官员发现，虽然不是完全没办法，但与农民沟通起来还是很困难。例如，在卢瓦尔（Loire）省，农村市镇被描绘成"公共观点的杠杆无法撬起的大山"[27]。如果确实有一个成功的杠杆在运作，那就是像罗凯特一样的权力中间人和文化调解员所采用的微妙力量。在某些地方，他们的成功显而易见（见第4章）。一名前任村长在1796年解释了耐心的必要性："选举的会议记录可能不是按法律要求的格式来起草的，但是你知道，农村里的人没受过什么教育，他们已经是尽

---

[26] Antoine Roquette, *Jean-Jacques Roquette ou la Révolution à Saint-Amans-des-Cots*（Paris, 1978），pp. 145—148.

[27] Colin Lucas, *The Structure of the Terror: The Example of Javogues and the Loire*（Oxford, 1973），引自p. 235。关于利用特派员将革命信息传达到各村庄，卢卡斯提供了进一步的细节（尤其是pp. 189—219）。

其所能地来处理自己的事务了；我们可以告诉你们，选出的两个公民都是本市镇里受教育最好、最睿智的公民。"[28] 他可能还会说，（他们还是）最开明的人，最愿意接受城里人给我们带来的新文化的人。

政治中间人能实施影响，是因为他们曾经在新政治文化的连接环节和组织内工作过。罗凯特利用了家族联系、与村外官员的联系、与雅各宾俱乐部的交好，以及与加入当地民众社团或参加当地共和派节庆的村民们之间的新联系。在城市，相同种类的关系在更大规模上展开。新政治阶级中力量最强的非正式社会网络是家庭网络。在图卢兹，至少三个家庭都有两名成员在市议会任职：韦斯堂兄弟、加里（Gary）和马里（Marie）家族的父子组合。家庭联系可以朝任何一种政治方向运转。大加里（父亲）是旧制度下的前市政长官（capitoul），1790年以律师身份担任市政府职务；他的儿子也是律师，在共和三年的反动中担任职务。在对立阵营中，大马里（父亲）是个商人、共济会成员、雅各宾派，在1790年担任职务，而且在他儿子也加入议会的督政府时期又担任了职务。共和九年，大马里被列入图卢兹市前100名纳税人名单。[29] 在南锡，布莱兄弟、尼古拉兄弟和罗兰（Rollin）家族（父亲和儿子？）在城市事务中都举足轻重。

亚眠的家庭联系更令人印象深刻，因为在当选官员的结婚契约上都有较详细的记录。安瑟兰（Anselin）和勒鲁（Leroux）这两个家族的父子都在市议会中任职，但这只是编织绵密的商人家庭网络中最清晰可见的亲属关系而已。1790年当选的市议员中至少6人有姻亲关系，而且都是商人或染色师。从那时起，家庭关系持续吸收新人担任官职。1791年，小安瑟兰（儿子）和德拉莫利埃（Delamorlière）入选市

---

[28] J. Brélot, *La Vie politique en côte-d'Or sous le Directoire* (Dijon, 1932), p. 42.

[29] A.N., F^{1b} II Garonne (Haute) 25, "Proclamation de la liste des cent plus imposés de la commune de Toulouse, an IX."

议会。让-巴蒂斯特·德拉莫利埃（Jean-Baptiste Delamorlière）是个染色师，初婚使他成了皮埃尔·弗莱塞勒（Pierre Flesselles）的姻亲兄弟（brother-in-law）。弗莱塞勒是1790年1月入选市议会的商人，他又通过母亲与1790年当选市议员的商人安托万·克莱芒（Antoine Clément）有了亲戚关系。德拉莫利埃由于1792年6月在一份支持国王的请愿书上署名而丢了官位，但是在共和三年又入选议会。后来，他成了拿破仑的重要支持者。他的第二次婚姻使他与1790年市议会中的商人安托万·热内斯-迪米尼（Antoine Genesse-Duminy）成了亲戚，并且与食品杂货商尼古拉·达尔让（Nicolas Dargent）也成了亲戚。达尔让和德拉莫利埃一起参加了共和三年的两届市议会和拿破仑时期（从执政府到帝国）的几届市议会。[30]

小安瑟兰的父亲是个理发师兼外科医生，也随小安瑟兰短暂出席了亚眠共和二年的议会。小安瑟兰的一个姐妹嫁给了商人皮埃尔·马塞（Pierre Massey），马塞同岳父一起当选为专门筹备三级会议的地区或管辖区会议的镇议员。[31]马塞在1791年入选国民立法议会，在共和三年进入市议会，1798—1801年进入商业法庭（commercial court），后来在执政府时期又进入市议会。他还通过妻子与参加了1790年和共和二年市议会的染色师路易·杜邦（Louis Dupont）结成了亲戚。[32]而且，杜邦还通过其姻亲兄弟与1790年市议会中的商人克莱芒有了亲戚关系，而克莱芒又是德拉莫利埃的亲戚，如此等等。

---

[30] 关于德拉莫利埃的第一次婚姻，可参见A.D., Somme, 2C Etude Scribe, 1764年7月15日。关于他的第二次婚姻，可参见Etude St. Germain, 1788年10月21日。结婚契约的内容包括证婚人名单及其与新郎新娘的关系。

[31] Albéric de Calonne, *Histoire de la ville d'Amiens*, 3 vols. (Amiens, 1899—1900) 2: 415—416 (36名来自城市的议员的名单)。

[32] 关于马塞，可参见A.D., Somme, 2C Etude Machart, 1779年12月8日；关于杜邦，可参见Etude Delattre, 1792年1月22日。

这种家族联系确保了亚眠行政机关的隐秘连续性。最强的联系之一是夏尔－弗朗索瓦－巴斯塔尔·德拉罗什（Charles-François-Bastard Delaroche），这个中年商人从1790年直到执政府时期一直是市议会议员（1793年被短暂降级为显贵）。德拉罗什通过母亲成了夏尔·德利（Charles Dely）的亲戚。德利是商人，在1793年当选为显贵，后来在共和二年和三年任市议员。德拉罗什的一个姻亲兄弟和一个舅舅都来自勒菲弗（Lefebvre）这个商人家族，其中一人在1790—1791年参加议会。德拉罗什的姻亲兄弟也是于共和三年入选市议会的路易·勒菲弗（Louis Lefebvre）的叔叔。路易·勒菲弗后来和1790年与共和三年任市议员的商人亚历山大·普兰－科特（Alexandre Poullain-Cotte）成了亲戚。[33]德拉罗什通过另一个姻亲兄弟与克莱芒和杜邦这两个1790年市议会成员成了亲戚。他还通过一个表哥与德拉莫利埃成了亲戚，并一起参加了执政府时期的首届市议会。[34]至少，在商人共同体里，通婚关系将革命官员紧紧联系在了一起。在拿破仑时期，相同的这批人继续主导着这个城市：两个勒菲弗、大安瑟兰、达尔让、德拉莫利埃、德拉罗什、弗莱塞勒、热内斯－迪米尼、杜邦、普兰、勒鲁和马塞，在共和九年、共和十年或1810年，或出现在显贵的名单上，或出现在最高纳税人的名单中。[35]

看来，亚眠市的大商人和制造商家族之间连续深厚的婚姻纽带，即便不是该市政治上思想保守的原因，至少也加强了这种保守思想。一旦在1790年之后确立了主导地位，他们就不会再放弃。然而，来

---

[33] 关于路易·勒菲弗，可参见A.D., Somme, 2C Etude Baudelocque, 1775年11月5日。公证员博德洛克（Baudelocque）本人是1790年的市议员和共和三年的显贵，波拿巴政变后又成为市议员。

[34] 关于德拉罗什，可参见A.D., Somme, 2C Etude Turbert, 1756年4月19日。

[35] A.D., Somme, Mb 107529 bis, Mb 107547 and Mb 107574.

自巴黎的压力和新民主思想的冲击还是在一定时期内对他们的控制发起了挑战。里戈洛（Rigollot）医生（自1790年起就任市政府官员）在1793年1月选举之后的演说中宣称："诚实勤劳的工人不再因为没有丰厚的财产而被鄙视和拒绝，他们终于恢复了所有的尊严和最光辉的权利，即不可剥夺的提名地方行政官员的权利。"[36] 他表达的可能并不是制造商的观点。"诚实的工人"参与到政治当中，尖锐地插入了商人和制造商代表之间（见第5章表5）。然而那时的里戈洛虽然是个成功顺从的政客（他在共和四年成为市长，这说明他可以为各种政治色彩的政府服务），但并不是本地人。[37]

可惜的是，很少有城市能像亚眠市那样具备可供利用的结婚契约，所以很难进行亲属网络的比较。右翼亚眠与左翼图卢兹的主要不同是不是在于一种亲属体系呢？这种想法很有吸引力，但却得不到证实。然而，来自亚眠的证据确实显示了商人与手工业者、店主之间有着不同的亲属网络。虽然手工业者和店主的结婚契约更少见，但那些已经发现的契约还是显示手工业者和店主有着与商人不同的社会关系模式。例如，假发匠路易·莱斯库韦与博德洛（Baudelot）家族有亲属关系，那么他有可能与1793年同他一起入选议会的鞋匠尼古拉·博德洛（Nicolas Baudelot）是亲戚。[38] 退休的鞋匠菲利普·德马伊（Philippe Demailly）于1793年1月入选议会。当他在1783年再婚时，证婚人包括一名退休的面包师傅和一名织布匠，织布匠就是他年轻的新婚妻子的弟弟。[39] 德马伊和莱斯库韦与商人家族都没有亲戚关系，他们的亲

---

[36] *Affiches du Département de la Somme*, 1793年1月26日。

[37] 马克·埃德姆·里戈洛（Marc Edme Rigollot）出生在博热万（Boegevin, 上马恩）(Calonne, *Histoire de la ville d'Amiens* 2: 475)。

[38] A.D., Somme, 2C Etude Morel, 1757年5月28日。

[39] A.D., Somme, 2C Etude Baudelocque, 1783年6月28日。

204　法国大革命中的政治、文化和阶级

196

亚眠市

城堡

北

圣索河

中央市场
圣马丁街
市政大厅
傅皮街
主教座堂

城墙
▲ 手工业者或店主
● 商人

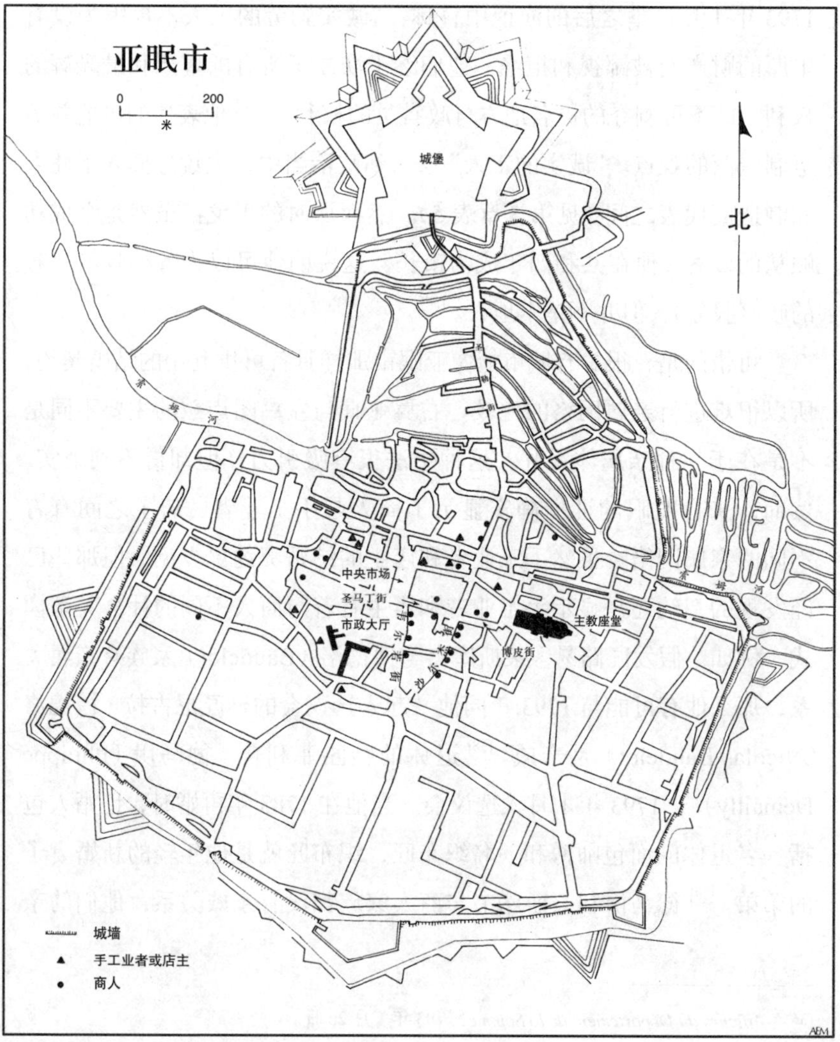

地图 2　亚眠市革命官员的居住区分布图

属体系属于小资产阶级（可能与纺织工人有些联系，因为德马伊的妻弟是羊毛工人）。

居民区加强了家族体系内部的共同体感，也让他们更加意识到不同家族体系之间的隔离。在亚眠市，列出地址的大部分手工业者或店主议员都居住在离天主教主教座堂只有几步之遥的中央市场附近（见地图 2）。一个箍桶匠、一个酿酒工、一个金匠、一个制皂匠和一个食品杂货商住在直接通向中央市场的街道上。商人和制造商有的住在主教座堂的北边，有的住在主教座堂的西边和西南边；议会中能找到地址的商人有一半居住在毗连的韦尔若（Vergeaux）街、沙尔杰（Sergents）街、圣马丁（St. Martin）街和博皮（Beau Puits）街，这些街道都位于市政大厅与主教座堂之间。皮埃尔·德永（Pierre Deyon）在其关于 18 世纪亚眠市人头税税单的研究中也发现了同样的社会隔离：王室官员和贵族居住在主教座堂的南边和东南边，工业大亨住在主教座堂的北边和西边，而中产阶级和手工业者则居住在市中心。[40]

然而在大多数情况下，手工业者和店主的分布更显多样化，不像商人和制造商那样聚居。这种凝聚力的缺乏主要是因为小行业的经济多样化。[41] 小行业中很少会有一个以上的市议会代表。一个例外就是亚眠的食品杂货商（*épiciers*），他们共有 4 个代表参加了市议会。出现在财产税（property tax）税单上的 3 个食品杂货商中，有 2 人的税款估值与市议会中商人的平均值一样，这说明这些食品杂货商在各种议

---

[40] "Les Registres de capitation d'Amiens au XVIIIe siècle," *Revue du Nord* 42 (1960): 19—26, esp. pp. 20—21.

[41] Antonino de Francesco, "Le Quartier lyonnais de la Croisette pendant les premières années de la Révolution (1790—1793)," *Bulletin du Centre d'histoire économique et sociale de la région lyonnaise*, no. 4 (1979): 21—64, 对这点有具体的探究。

会中更接近纺织商和制造商，而不是酿酒工、箍桶匠或鞋匠。[42] 市议会中的其他手工业者和店主来自不同行业，每种行业都有各自的利益，而且有时利益还会彼此冲突。

手工业者和店主可能是因为同情城市下层阶级而当选，但值得注意的是，成千上万的纺织工人在议会中却没有自己的代表。许多要求激进变革的压力都来自城市的贫民窟。位于亚眠东北部的圣勒（St. Leu）堂区是无套裤汉思想的老巢，居住着大量的失业纺织工人。[43] 在羊毛工人的七月节（fête des sayeteurs）上，经常发生关于面包价格的暴乱和示威，而群众的激愤则发展成为一种政治诉求，要求组建能够更加响应人民呼声的地方政府。例如在 1792 年 7 月和 8 月，在圣勒教堂举行的大型"公民"集会就要求市政府采取行动来武装国民自卫军，关闭女修道院的教堂，将不顺从的牧师从医院中解雇，取下挂在会议大厅墙上的路易十六画像。[44] 在不久之后举行的选举中，投票人选择了假发匠莱斯库韦、医生里戈洛和一个制皂工来领导新政府。纺织工人施加了民众压力，却到别处寻找领袖。

工人对更高等级社会群体的依赖甚至在恐怖时期也很明显。1795 年春，在亚眠被列入"恐怖分子"之首的人中有一个锁匠、两个音乐家、两个书记员、一个石匠、一个前牧师和一个木工（这个木工被指控在他的木工棚中收藏了一个断头台！）。[45] 与 1792 年 8 月后在亚

---

[42] 市议会中有 8 个商人的税款估值比那 2 个富裕的食品杂货商的多，而有 5 个则比他们的要少（A.M., Amiens, 1G 2.11, Contribution foncière, 1791）。

[43] Calonne, *Histoire de la ville d'Amiens* 2: 462－463.

[44] 关于法国大革命最初几年亚眠历史的珍贵资料，参见 *Documents pour servir à l'histoire de la Révolution française dans la ville d'Amiens*, 5 vols.（Paris, 1894－1902）。关于七月节和 1792 年 7 月－8 月的示威行动，可参见 vol. 5: 189－298。

[45] A.M., Amiens, 2I 19, "Liste des citoyens dénoncés au représentant du peuple Blaux, comme ayant participé aux horreurs commises avant le 9 thermidor à Amiens," 共和三年牧月 13 日。名单中只有 16 个名字。

眠当选的市府官员相比,这些普通战斗派分子的社会地位更低,但无人来自广大的纺织工人群体。其他城市的工人也仰仗同样的领袖,如手工业者、店主和各种次要的专业人士。例如,图卢兹议会中的手工业者至少有两种不同的经济背景。一种手工业者要迎合高等法院提供的庞大的贵族主顾,包括一个珠宝商、一个制帽师傅、一个皮草商、一个刀剪匠、一个锡匠和一个金匠。他们中许多人住在市中心,靠近以前的精英组织或住处,在大革命初期还得为这些精英服务。另一种手工业者则是在雅各宾派政府中任职的鞋匠、木匠和其他更低微的手艺人。他们不会聚居在镇上某一特定区域,相当一部分的人住在拥挤的郊区,如一些人住在河对岸犯罪滋生的圣西普里安(St. Cyprien)区。而且,没有任何特定行业会站出来承担政治先锋的角色,手工业者和店主是作为中间人才被选入议会的,而不是作为手工业或某种行业的代表。他们在城市、小镇或村庄散居,并与各种社会群体保持稳定的接触和互动,这将他们推向了"代表"地方社会中较低等级民众的位置。

除了家庭、居民区和行业网络,共同的组织经历也在塑造新政治阶级。在大革命之前,许多未来的官员都参加了共济会,这些共济会会所在18世纪数量激增。城市里的共济会反映了城市社会里各种非贵族社会群体的重要性。在亚眠,96%的共济会成员来自第三等级,其中46%是商人和制造商,31%从事司法或自由职业,13%是小资产阶级。波尔多有更多的商人参加共济会,南锡和图卢兹相对少一些。例如,在南锡,共济会会员中只有79%来自第三等级,其中51%从事法律行业和其他自由职业,21%是商人,15%是手工业者和店主。[46]

---

[46] 共济会会所的社会成分数据来自 Daniel Roche, *Le Siècle des lumiéres en province: Académies et académiciens provinciaux, 1680—1789*, 2 vols. (Paris, 1978) 2: 419–424。

不是所有共济会成员都成了革命者，也没有任何证据显示共济会关着门策划了大革命。[47] 相对详细的会员名单让我们有可能了解共济会在南锡和图卢兹的影响。在南锡，每个革命市政机关里都可以找到共济会会员：1790—1791 年，20% 的市议员是共济会会员；到恐怖时期，这个比例下降到 8%；在共和三年，有 10%；最后到督政府时期，回升到 20%。[48] 在南锡，有一个共济会会所作为市政官员的储备库备受瞩目，这就是 1771 年成立的耶路撒冷圣让（Saint-Jean de Jérusalem）共济会会所。1790—1791 年当选的 9 个共济会会员中有 7 个，督政府时期当选的 6 个共济会会员中有 5 个，均来自此会所。此会所会员中在这两个时期的议会中都任过职的只有 1 人，从这一点我们就可以推测当时此会所是什么性质的。更加值得注意的是，督政府时期的议会中有一半以上的此会所会员是在大革命开始之后才加入此会所的。[49] 相反，在 1790—1791 年的议会中，大多数此会所会员在 1789 年之前就已经加入，其中有 2 人在 18 世纪 70 年代就加入了。因此看起来，在南锡，颇有抱负的政客们已经认识到了加入圣让共济会会所的好处。此会所吸引了不同社会地位的人，如军官、教士、商人和制造商、律师、官员，以及许多手工业者和店主。在一定程度上可以说，此会所

---

[47] 关于共济会和雅各宾派之间的关系，可参见 Michael L. Kennedy, *The Jacobin Clubs in the French Revolution: The First Years* (Princeton, 1982), pp. 5—7。

[48] 市议员的卷宗都对照 Charles Bernadin, *Notes pour servir à l'histoire de la Franc-maçonnerie à Nancy jusqu'en 1805* (Nancy, 1910) 中所列的姓名核查过。这些数据与普罗旺斯地区艾克斯的数据非常相似：1790 年 2 月是 37%，1793 年 9 月是 4%，督政府后期是 15% (Christiane Derobert-Ratel, *Institutions et vie municipale à Aix-en-Provence sous la Révolution [1789—an VIII]* [Millau, 1981], p. 602)。

[49] 南锡和图卢兹的有些共济会会所在 1789 年之后继续集会。这种延续性与普罗旺斯共济会会所的消失恰恰相反 (Maurice Agulhon, *Pénitents et Francs-Maçons de l'ancienne Provence* [Paris, 1968])。

已经预示了革命议会中复杂的社会平衡。大部分当选市职的共济会会员是商人（36%）、律师（41%）或专业人士，没有一个是手工业者或店主。

在图卢兹，没有任何共济会会所能够拥有同样的主导地位，可能因为共济会会员在法国南部的分布太广泛了。在大革命前夕，图卢兹有500—600个共济会会员。[50] 图卢兹有比南锡更多的共济会会所（在1789年图卢兹有12家，而南锡只有7家），其中有好几家产生过市议员。议会中共济会会员所占比例从1790—1791年的五分之一上升到督政府时期的三分之一（恐怖时期只有1个共济会会员）。[51] 如果有某个共济会会所特别突出的话，那就是博学（Encyclopédique）共济会会所；1790—1791年8个共济会议员中有3个，督政府时期8个中有2个，均出自这个大革命之前才刚刚建立的共济会会所。在建立后的一年之内，这个共济会会所就吸收了来自各种社会群体的120个会员。手工业者和店主大量加入，而且与南锡的情况不同，他们中确实有几个当选为市政官员：虽然议会中的共济会会员60%是商人，但第二大队伍就是占16%的手工业者和店主。因此，共济会在图卢兹有效巩固了商人同手工业者和店主的结盟，正如在南锡帮助建立了商人－律师－专业人士的联合。

---

[50] J. Gros, "Les Loges maçonniques de Toulouse (de 1740 à 1870)," *La Révolution française* 40 (1901): 234—270, 297—318.

[51] 市议员的卷宗都对比了B.N., Fonds Maçonniques (F.M.)² 443, 444, 451, 454, 455, 458, 462, 464, 471, 478, 479中提供的成员名单。无疑，在图卢兹，有些会所未被察觉，因为并不是所有会所的名单都完整。关于博学共济会会所，采用的是1786年的名单。在Fonds里，波尔多的名单甚至更加不完整，所以这里就省略了波尔多。1789年在波尔多有12个会所（G. Hubrecht, "Notes pour servir à l'histoire de la Franc-maçonnerie à Bordeaux," *Revue historique de Bordeaux et du département de la Gironde*, n.s. 3 [1954]: 143—150）。有些单独的传记信息也得自于Johel Coutura, *La Franc-Maçonnerie à Bordeaux (XVIIIe-XIXe siècles)* (Marseille, 1978)。

共济会成员编织了一张人际网，有时甚至是一张意识形态网，对革命运动起着重要的支持作用。[52] 但如果将这个难以琢磨的网络等同于激进派政治，那就错了，因为会员的影响在恐怖时期最不明显。例如，在图卢兹，恐怖时期之前最后一届当选的议员中有 6 人是共济会会员，然而在恐怖时期的议会中却只有 1 人。而且，在大革命时期，共济会的表现并不非常积极，共济会与雅各宾派经常发生竞争和冲突，尽管图卢兹的雅各宾派中有近三分之一也是共济会会员。[53] 图卢兹的共济会在共和三年曾经被特派议员马拉梅短暂遣散，他是在听到几个雅各宾派的抱怨后才做出此决定的。但是，像姻亲关系一样，共济会的会员关系在一定程度上促进了革命十年中城市政治的延续。而且，共济会的势力虽然在恐怖时期弱化，但并没有在 1789—1799 年完全消失。在图卢兹，共济会最终被允许重组。在 1797 年，许多前雅各宾派加入了重新充满活力的博学共济会会所。[54] 共济会会所这一组织形式没有策划大革命，但其会员关系却帮助许多革命官员接近了权力。

最显著的招募地方官员的中心是雅各宾俱乐部。由于雅各宾俱乐部出现较早，而且与巴黎总部保持着惯常的联系，所以雅各宾俱乐部在每个城市都是最突出的政治组织。[55] 然而，每个地方的俱乐部原则和纲领都不相同。在波尔多，有一个最初几年被称作"宪法之友"（Amis de la Constitution）的雅各宾俱乐部，这个俱乐部在政治上温和，整体上支持联邦主义运动。在社会成分上，它"仍旧是未被干扰

---

[52] Agulhon, *Pénitents et Francs-Maçons*, p. 186.

[53] Michel Taillefer, "La Franc-maçonnerie toulousaine et la Révolution française," *AHRF* 52 (1980): 59—90, esp. p. 72. 塔耶费（Taillefer）称图卢兹的共济会与各种政治选择有关：38%的吉伦特派、32%的雅各宾派和30%的保王党是共济会会员。根据我所掌握的市议员的信息，其中有25%的雅各宾派也是共济会会员。

[54] Gros, "Les Loges maçonniques," p. 264; Taillefer, "La Franc-maçonnerie toulousaine," pp. 83—89.

[55] Brinton, *The Jacobins*; Kennedy, *The Jacobin Clubs*.

的富人和有产者的独占区"[56]。1790—1791 年的市议员中有一半人的名字出现在这个俱乐部唯一现存的会员名单中。[57]1793 年的"联邦主义"市政府中有一半以上（60%）官员出现在此名单中，而"恐怖分子"（根据国家标准，就是真正的雅各宾派）议员只有 11%。共和三年的议员中几乎四分之一曾是雅各宾派，督政府时期有 44%。但恐怖政权中的更激进官员（1793 年 9 月至共和二年年末掌权）却来自其他俱乐部，例如由小资本商人、生意人和自由职业人士组成的国家俱乐部。[58]

相反，图卢兹的雅各宾派代表了一个历史学家所谓的"人民阵线"（popular front），包括小、中和大资产阶级。[59] 由于缺乏像控制波尔多雅各宾派那样的大商业精英，小资本商人与小生意人就能够相互合作，在地方政治中维持更加典型的雅各宾派表现（支持国民公会中的山岳派或左翼）。议会中雅各宾派的比例从 1790—1791 年的 46% 上升到 1792 年至共和二年的 65%，在共和三年短暂下滑至 43%，到督政府时期最终上升到 58%。[60] 事实上，图卢兹是雅各宾派的根据地；虽然这里也出现了与其他大城市一样的官员人事变更，但雅各宾派还是保持了很强的延续性。

---

[56] Forrest, *Revolutionary Bordeaux*, p. 68.

[57] A.D., Gironde, 12L 19，一份包括大约 400 名会员的未标注日期的名单。因为没有完整的会员名单，所以这里提供的数据只能作为约数来参考。

[58] Forrest, *Revolutionary Bordeaux*, pp. 63—66.

[59] Beyssi, "Le Parti jacobin," p. 46.

[60] 目前未找到图卢兹的雅各宾俱乐部成员名单。让·贝西（Jean Beyssi）关于督政府时期"雅各宾派"的分析是基于政治忠诚，而不是有文件记录的会员情况（Ibid.）。这里所使用的雅各宾派名单是以俱乐部的会议记录上提到的姓名为基础。这种研究方式颇有成果（而且可能比贝西的方法更精确），但还不能完全令人满意，因为俱乐部的会议记录只延续到 1793 年 8 月 24 日（A.D., Haute-Garonne, L 4542—4544）。俱乐部其他登记簿的时间跨度也相同（1790 年 5 月 6 日—1793 年 8 月 24 日），但只提到了少量姓名。

在亚眠，雅各宾派的影响遵循了最典型的轨迹：共和二年雅各宾派在议员中占最高比例（56%），在恐怖时期前后只有一半。[61] 但我们不应过多关注城市间的不同，因为手头的会员名单都来自不同时期。这其中也有一些重要的相似点。在亚眠、波尔多和图卢兹这三个城市中，商人、手工业者和店主从雅各宾俱乐部会员的身份中获利最多。在亚眠，雅各宾派议员中有 30% 是商人，30% 是手工业者或店主[62]；在波尔多，42% 是商人，13% 是手工业者或店主（还有许多职业未列出）；在图卢兹，28% 是商人，23% 是手工业者或店主。在这三个城市里，律师都远远落后。雅各宾俱乐部是两方面合作的试验场，一方面是商人和制造商，另一方面是手工业者和店主。雅各宾派从来没有控制过市议会的所有席位，然而即使在 1794—1795 年俱乐部被关闭以后，以前的会员还能继续当选市府职务（三个城市中至少都有四分之一的督政府官员曾经是雅各宾派）。这并不一定能证明激进派的影响在城市事务中仍在延续，但可以说明雅各宾俱乐部具有广泛的吸引力，人们通过归属于一个公开的政治组织确实获得了一定的力量。

在一定程度上，雅各宾俱乐部还弥补了共济会的欠缺。共济会将

---

[61] A.M., Amiens, 2I 46, Registre de présence des membres de la société populaire, 共和二年雨月 10 日—共和三年霜月 7 日。登记簿涵盖了恐怖高峰时期和热月反动时期的几个月时间（1794 年 1 月 29 日—1794 年 11 月 27 日）。但是，登记簿可能省略了那些早期加入但后来离开的人，所以很可能夸大了手工业者和店主的比例，他们中有许多是在 1792 年 8 月 10 日之后才加入的。在普罗旺斯地区艾克斯的镇议会中，雅各宾派的比例相当稳定：从热月反动时期的 51% 到 1790 年 11 月的 69%（在其他所有时间里，其比例为 51%—58%）(Derobert-Ratel, *Institutions et vie municipale*, p. 602)。在艾克斯，一般城市政治与地方雅各宾俱乐部的立场有着非常紧密的关联。在这点上，艾克斯与图卢兹相同，但原因却不同：在艾克斯，两者都是中间派；而在图卢兹，两者基本上是左派。

[62] 这里只给出了在已知职业中所占的百分比，因为未知职业所占的比例在城市与城市之间有很大不同。例如在图卢兹，(在议会的雅各宾派中) 有 11% 的未知职业。在已知职业中，16% 是律师，11% 来自其他自由职业。

人们的兴趣引向慈善、伙伴关系，甚至新思想。而且共济会与其他旧制度下的政治机构和文化组织恰恰相反，它向更多的社会群体开放。雅各宾俱乐部追寻着某些与之相同的慈善目标，也提供了某些与之相同的伙伴关系，但却增加了一种新的、有组织的政治维度。共济会是一个编织松散的网络，而雅各宾俱乐部则通过一个地区内不同俱乐部之间的交流，以及外省与巴黎之间的交流，蒸蒸日上。雅各宾俱乐部是共和主义运动中的关键环节。它们内部很有可能会出现分歧，还经常遭受来自下层更加民众化之组织的压力。然而，没有它们，就不会有共和主义思想。即使在联邦主义的波尔多，雅各宾俱乐部也为共和主义事业做出了巨大贡献。商人皮埃尔·巴尔格里（Pierre Balguerie）是督政府官员，他与其他三名家族成员都曾经是早期的雅各宾俱乐部会员。在督政府时期，他和同为前俱乐部会员的苏利尼亚克（Soulignac）都想将俱乐部复兴为"宪章圈"。苏利尼亚克后来也加入巴尔格里所在的一个协调波尔多政府的部门——中央市政局（Central Municipal Bureau）。他们两人都公开赞颂1797年9月发生在议会里反对保王党的督政府政变，而且指导当地人民努力压制保王党。[63] 即使在有些地方，雅各宾派的人数被其他群体超过，他们也能继续坚持信念，这都归功于他们之前的组织经历。

新政治阶级可能如莫里斯所说，是"权力上的新手，理论上野蛮，实践上生疏"[64]，但其成员并不是从形而上的真空中诞生的，他们有家庭网络、居住纽带和他们身后的组织关系。作为局外人，他们还与启

---

[63] Gaston Ducaunnès-Duval, *Ville de Bordeaux: Inventaire-Sommaire des Archives municipales: Période révolutionnaire (1789—an VIII)*, 4 vols. (Bordeaux, 1896—1929) 3: 66 and 76—77 (A.M., Bordeaux, D 156, 共和五年穑月1日和共和六年霜月28日).

[64] Beatrix Cary Davenport, ed., *A Diary of the French Revolution by Gouverneur Morris (1752—1816), Minister to France during the Terror* (Boston, 1939), p. 68, 1790年11月22日.

蒙运动的理念有着密切的内在联系，并为其中的宗教宽容、世俗化以及广泛的政治参与等理念所吸引。他们没有痴迷于权力（我们可以看到，他们中大多数人都很快放弃了权力），也不想成为政党官僚。这里最后举一个例子来展现他们的信念。1799 年，经过十年动乱，波尔多又一次遭受了反征兵暴乱和保王党的复辟活动。然而，一名市行政官员却面对人群勇敢地说："我们是共和党人，因为我们相信，这个政府最适合人民；人人都依据各自的天赋为人民服务，并在制定法律和执行法律中联合起来。"[65] 即使在右翼的波尔多，在波拿巴政变之前的几个月，还有许多人仍旧相信大革命的承诺。

并不是所有商人和律师、手工业者和店主、乡村男教师和旅店老板，都能成为新政治阶级中的一员，但他们却比农民、法官、贵族、农村地主或城市工人更有可能被卷入政治。他们如果住在某些地区或拥有某种特殊的社会文化地位，从事政治的可能性就更大。大部分参与政治的人都居住在现代世界的边缘地区，或占据了以前精英的外围空间。他们并不是相对于"内部人"的"外部人"，而是那些几乎处于"内部"却感到受排挤的人。他们是相对的局外人，不是被社会遗弃的人。

阶级的社会轮廓、调解者和文化中间人所扮演的关键角色，以及新政治网络所信奉的理性化和民族化价值观，都指向革命运动中城市文化的影响。新政治阶级的社会根源非常城市化；文化中间人将城市的影响带到了农村；世俗主义、理性主义和普世主义都与所谓的城市生活的侵蚀功效有联系。这种模式似乎支持一种法国大革命的现代化阐释。根据这种观点，革命者就是推崇社会上越来越受到城市化、识

---

[65] Ducaunnès-Duval, *Ville de Bordeaux* 3: 99—104 (A.M., Bordeaux, D 159, 共和七年热月 20 日)。

字率和功能区分所影响的理性主义和世界主义价值观的现代化者。那么，我们是不是要用托克维尔、涂尔干或韦伯（Weber）的现代化阐释来替代马克思主义的解读呢？

许多晚近研究都暗示着某种现代化阐述。奥祖夫在她关于革命节庆的研究中，强调组织者的不同政治目的下潜藏着相同的文化概念，即他们都是为了"人类大同"（homogenization of humanity）而奋斗。[66] 对大型开放空间、圆形布置、巨大纪念碑的喜好都表明了要将个性和特殊性纳入新型集体中的愿望。当节庆游行需要不同的范畴和分类时，人们就根据年龄、性别、新秩序中的职业或职位来形成不同的派系。旧制度下的群体和社会等级区分被清除，人们在热烈庆祝由平等公民组成的新共同体时，忽略了恼人的社会差异和经济差异。因此，正如奥祖夫所说，节庆例证了平等化、标准化和理性化的过程，而在托克维尔的观念中，这一过程有助于绝对国家权力的扩展。[67]

但对法国大革命持反对观点的人则认为，大革命似乎体现了传统社会与雅各宾派革新之间的一种搏斗。卢卡斯在关于法国东南部热月暴力事件的研究中说："恐怖分子打破了默认的均衡状态，为了获得不正常的权力，他们从外部引进了对于该共同体而言完全陌生的权力和价值观。"[68] 恐怖分子"野蛮地"进行革新，而（1794年之后的）热月青年帮派出于恢复垂直的共同体控制关系这一传统目的，以传统的方式对他们发起了反对和惩罚活动。青年帮派不是由粗暴喧闹的农民子弟

---

[66] Mona Ozouf, *La Fête révolutionnaire, 1789–1799* (Paris, 1976), p. 337.

[67] Ibid., pp. 149–187. 关于节庆与城市生活之间的联系，可参见米歇尔·沃韦勒的定量研究，Michel Vovelle, *Les Métamorphoses de la fête en Provence de 1750 à 1820* (Paris, 1976), esp. pp. 151–156。

[68] "Violence thermidorienne et société traditionelle: L'Exemple du Forez," *Cahiers d'histoire* 24 (1979): 3–43, 引自 p. 28。

构成，而是由仍然信奉旧方式和旧价值观的地主、律师与商人的孩子们组成。因此，热月暴乱事件并没有将农村与城市对立，而是将发生暴力事件的小镇共同体分割了。

正如卢卡斯和其他人所描述的，"传统"与"现代"之间的革命战争与那些在法国伴随着君主权力的增长而出现的革新所引发的周期性斗争有着相似之处。[69]17世纪中叶对监察官（*intendants*）的推介、改革司法机构和消除官员贪污现象的间歇努力，甚至禁止圣徒节（Saints' days）和过于喧闹的宗教节庆的教会努力——所有这些都遭遇到了传统共同体中执政长官或村民的反抗。那么1789年之后现代化者的态度有何不同呢？1790年卢尔马兰村刚选出的村议会抱怨说，贫穷的根源是"由歌舞餐厅（*cabarets*）导致的道德败坏和宗教信仰的缺失，以及由太多节庆造成的不敬和混乱"[70]。解决办法就是更加严格地控制这类餐厅，禁止一些节庆，也就是要增长政府权力以确保日常生活的纪律。

在共和国时期，围绕新革命历法中休息日的庆祝也发生过相同的冲突。在几百起这类事件中，有一起发生在1799年安省的一个小村庄里。督政府的地方代理人有一天下午散步时，碰巧看到一群人在中央广场敲锣打鼓，欢快歌舞（当天是旧历法中的周日，但在新历法中已不再是休息日了）。代理人立即召唤了最近的宪兵，但他马上就遭到了街上狂欢群众的攻击。群众头领掐住他的脖子，将他推挤到墙上，大声向他抗议，不准他禁止周日的跳舞活动，并威胁着要杀死他。虽然当时有几个旁观者协助，代理人也知道这个头领的名字，但这个头领

---

[69] T. J. A. Le Goff and D. M. G. Sutherland, "The Revolution and the Rural Community in Eighteenth-Century Brittany," *Past and Present*, no. 62（1974）: 96—119.

[70] Thomas F. Sheppard, *Lourmarin in the Eighteenth Century: A Study of a French Village*（Baltimore, 1971）, p. 192.

还是逃跑了，或者代理人是如此汇报的。[71] 这起事件在很多方面与旧制度下当地人想努力维持他们所热衷的圣徒节和其他节庆的做法相似。

但是，法国大革命绝不仅仅是在延续旧制度君主和显贵的现代化努力。政府的行政官员希望得到金钱、人员和意识形态上的支持，但在地方上遭到了抵制；在有些村庄，显贵仍然代表着外部世界对农村的侵蚀。尽管如此，政党的身份还是发生了改变：旅店老板、男教师及其在省会的庇护人取代了牧师、封建领主及其宠臣。如今许多牧师和旧制度官员都到了对立面。身份改变了，国家合法性的基础也发生了转型。共和国代理人以自由和平等的名义积极推进了改革；他们肯定希望维持秩序，但也希望无论是在军事阵地还是在意识形态阵地上都能动员人民群众来支持共和国。他们没有简单地募集钱财，而是更大规模地收集信息；他们四处奔走，煽动民众，策划新节庆，组织宴会，发表演说，任命委员会，简而言之就是要调高政治意识的声调。罗凯特作为圣阿芒的革命官员时的活动就与他作为庄园法庭法官时的表现有很大不同。

如果我们认为革命者比那些君主改良派的现代化努力更彻底，而且以主权的新原则为基础，那么此进程就不是一种现代化吗？很明显，这得看如何界定现代化。但糟糕的是，现代化是定义最宽松的社会科学术语之一。与马克思主义不同，现代化理论并没有权威文本。大部分 19 世纪和 20 世纪的杰出社会理论家都将某种形式的现代化视作当代社会生活的显著特征。例如，韦伯强调理性化和官僚化，而涂尔干则关注社会解体和统一重建之间的交替。[72] 而且，在大部分的现代化

---

[71] Eugène Dubois, *Histoire de la Révolution dans l'Ain*, 6 vols.（Bourg, 1931—1935）6（*Le Directoire*）: 203—205. 这起事件发生在 1799 年 1 月 13 日的塞塞勒（Seyssel）。

[72] 关于文献的有用评论，参见 Reinhard Bendix, "Tradition and Modernity Reconsidered," *Comparative Studies in Society and History* 9（1967）: 292—346。

理论中,法国大革命都占据着关键地位;正如马克思将法国大革命定义为典型的资产阶级革命,太多的现代化理论家将大革命定义为典型的现代化运动。结果,这两种叙述都赘述着大革命,大革命也被界定为资产阶级革命或现代化运动。

在将法国大革命作为试金石的现代化叙述中,可能最有影响力的就是塞缪尔·P. 亨廷顿(Samuel P. Huntington)的《变化社会中的政治秩序》(Political Order in Changing Societies)。亨廷顿将政治现代化界定为三个部分的发展:威权的理性化,新政治功能的区分和行使这些功能的专门机构的发展,社会群体越来越高涨的政治参与。根据他的观点,革命是现代化的一方面,革命"最有可能在那些经历过一些社会和经济发展,政治现代化和政治发展滞后于社会和经济变化进程的社会里发生"[73]。正如人们所预料,这种叙述听起来很有道理,因为法国大革命确实促进了威权的理性化、新政治机构的发展和通过广泛选举活动不断增长的人民参与度。

近年斯考切波关于法国大革命的分析也受到了政治现代化模式的影响。她认为,现代社会的革命"发生在经济发展落后于竞争对手的国家";在这些革命中,"在国家相互竞争的世界氛围下,革命团结的紧迫性有助于确保那些愿意建立,而且有能力建立中央集权的强制性行政组织的领导力量走在大革命的前列,而且确保他们的工作能为国家干部创建永久的权力基础"。[74]虽然她优先考虑国际竞争,而不是国内经济增长和政治适应上的差异,但这种模式的运作还是非常明显:经济需要与政治发展之间的差距加速了革命的爆发,革命之后,这种差距就被填平了。根据这种观点,雅各宾派通过发扬其作为领导群体

---

[73] (New Haven, 1968),引自 p. 265。在此意义上,革命是暴力和不稳定的一种特定形式。

[74] *States and Social Revolutions: A Comparative Analysis of France, Russia and China* (Cambridge, 1979), p. 286.

的凝聚力量，通过动员广大群众，促进了一个现代国家的建立。[75] 正如亨廷顿和托克维尔的观点所说，民主作为一种意识形态只是增长了中央集权国家的权力。

像马克思主义的阐释一样，现代化叙述也有其因循守旧的地方，因为它们都认为，所有发生过的事情都要参考最初的那套定义。现代化瓦解了传统社会中预先存在的平衡，随之而发生的垮塌只有在某种和谐被恢复时才能终止。这样的话，大革命（政治现代化）的成果之一就集中在目的论上；制度化、理性化、民主和政治动员都平等地隶属于国家权力的增长这一成果。马克思主义的叙述将所有大革命中的特殊斗争都解释成资本主义发展这一成果的必要条件，同样，现代化阐释也将每种特殊的政治革新解释成中央集权增长这一成果的必要条件。在前一种阐释中，民主、威权主义、普世主义和理性主义都为资本主义发展（经济现代化）服务；而在后一种阐释里，它们却是为国家权力（政治现代化）工作。

就像马克思主义阐释一样，现代化阐释的最大错误也在于它缺乏精确的分析。几乎所有的法国政治精英都喜欢现代化，包括国王、旧制度宫廷、自由贵族、1790年的君主立宪派、吉伦特派、雅各宾派和督政府派。但是，大革命一旦开始，在广泛同意变革的同时，分裂也越来越尖锐。不可能说这种分裂是因为对普遍现代化存在不同意见，而应该说是对特定的民主存在不同意见。虽然革命精英有着相同的与传统社会分离的价值观，但是，他们中最激进的人却往往是最不现代的。例如，村里的旅店老板、丰西讷的地方纺织游商和出席梅克西米约议会的马鞍匠，都不如亚眠市信心满满的制造商和波尔多的商人－

---

[75] *States and Social Revolutions: A Comparative Analysis of France, Russia and China* (Cambridge, 1979), p. 170.

运输商现代，而这些更现代的人却认为激进的共和主义没有吸引力。而且，最现代的省在政治上往往是右翼。

革命运动中城市文化的作用也是如此情况。城市地区和城市民众处于革命动员的最前沿，但城市又是政治分裂最严重的地方。激进的革命往往发生在小地方或中等大小的地方，发生在对城市事务生疏，或者有在大城市的生活经历却在小地方发展事业的人之中。圣阿芒的罗凯特和帕西的塔亚尔就是后面这种现象的例子。反革命没有发生在最落后的地区，而是发生在开始经历蒂利所谓的城市化的地区；同样，革命吸引的也不是最城市化最现代的人，而是亲身经历着两种文化之间冲突的人。[76] 在城市与农村、现代与落后的分界线上，在发生对抗的地区，在局外人和调解者占据的位置上，参与和革新的新准则才受到了最热烈的欢迎。

对民主参与的信念在法国发动了一场共和主义的"实习"，新政治文化得到充分吸收，从而形成了革命的基础，即共和主义传统。[77] 大革命的这一成果在现代化阐释中被忽视了，从托克维尔到斯考切波都忽视了这一点，因为他们只专注国家权力。拿破仑从雅各宾派的经验中认识到了民众动员的价值，但没有采用相同的方式来培育它，反而取消了所有有意义的政治参与。投票和政治俱乐部让位给强大的国家政治宣传，积极参与让位给被动旁观。因此，大革命的政治成果并没有在拿破仑的统治下"得到充分的巩固"，因为他只捡起了现代化的一半，却压制了另一半。民主从来没有效率，通常又无法预测，还

---

[76] *The Vendée* (Cambridge, Mass., 1964), p. 11.

[77] 在1848年的革命"实习"中，阿居隆区分了"une republique à conception morale et à contenu maximum"和更保守的"republique à conception purement constitutionell, et à contenu minimum"两种共和派。这种区分刻画了图卢兹共和派领导人与亚眠共和派领导人之间的差异（*1848 ou l'apprentissage de la République, 1848–1852* [Paris, 1973], p. 230）。

经常危机四伏。结果，现代化者，置理性化和标准化高于一切的人，后来都聚集到了拿破仑的旗帜下。不相信民主共和主义，也可能实现现代化。

最热情的共和派引进了政治统治的新基础，甚至是社会关系的新基础。顺从让位于劝服，传统让位于革新，"狂热主义"让位于理性的共和主义，世袭职位让位于选举和政治动员。共和派信奉这些理念，并不是因为他们发现这些对政治现代化有用，或是他们竭力避免被"挤出历史舞台"[78]。18世纪90年代，他们才刚刚走上历史舞台。在长远的19世纪和20世纪的历史上，共和派是运动的政党，是未来的人类。他们是法兰西第二共和国和第三共和国的先驱，而不是法兰西第一帝国和第二帝国的前身。他们的观点令人感叹，不是因为它们吸引了现代化或资本主义发展进程中的赢家或输家，而是因为它们为建立新的社会和政治秩序提供了希望。他们继承了政治参与和尊严的古老理念，但给它们穿上了新的装扮，那就是民主选举、广泛的责任心和有组织的政治活动。他们一时的失败掩盖不了长远的胜利光芒。

---

[78] 这里我对 Barrington Moore, Jr. (*Social Origins of Dictatorship and Democracy: Lord and Peasant in the Making of the Modern World* [Boston, 1967], esp. n. 112, p. 84) 所表达的现代化观点提出了异议。

结　论
政治文化的革命

　　从特别意义上来说，法国大革命根本上就是"政治的"。新政治修辞的发明和政治实践中新象征形式的出现改变了时人关于政治的观念。政治成了改建社会的工具。法国人相信，他们能够建立一个与过去不同的、以理性和自然为基础的新的民族共同体。这些崇高的抱负需要新的政治实践去实现。于是，为了法兰西民族的复兴，群众性宣传、下层阶级的政治动员、日常生活的政治化等策略应运而生。这些策略也很快成为界定革命经验的要素。

　　新语言和新象征虽然是集体性的、匿名的，而且很大程度上是不自觉地发展出来的，但绝不是在真空中发展变化的。致力于革命的人们不断地言说、使用、修改新修辞和新象征。革命政治既不是马克思主义所说的某个社会阶级的利器，也不是走向现代化的精英们手中的工具。革命政治与新共和的政治阶级一起形成，两者都在得到普遍接受的修辞学假设和集体性政治实践的持续互动中被塑造。

　　虽然革命的政治文化从定义上来说总是变化和发展的，但仍有其连贯性和统一性的源头。革命者将理性和自然作为新的社会和政治秩序的基础，从此导出一整套共同的期望。他们认为，成功的职业生涯靠的是能力，不是出身；不应该有任何世袭的、团体的或地方的特权；应该向广大公民开放通过选举和担任公职来参与政治的机会。简而言之，他们相信，新秩序应该以理性为基础并覆盖全国。这些自觉的政治原则都来自启蒙思想家的著作，为许多受过教育的法国人所熟知。相比于其他受过教育的阶级，革命者的出众之处在于他们隐含的修辞学假设。指导他们行动的信念是：复兴后的民族是一个史无前例的新共同体，是建立在透明的社会和政治关系这一理念基础之上的。所以，他们认为所有职务甚至服装上的不同都是没有必要的，最极端的想法是认为任何代表制度都是不必要的。新共同体不需要政客或政党，议员和官员只是暂时性地行使职权，而且要服从民众的意愿。

如果革命者关于政治世界应该如何运转都抱有这种假设，那么他们也就能清醒地认识到这些政治设想在实践上会存在哪些局限。在实践上，他们必须在体制和象征两方面都找到具有充分代表性的体系。人民不可能总是处于行动当中，也不可能总把握得住普遍意愿。虽然大革命挑战了权力的家长制模式，但是，即便是激进派也渴望维持某种合法的（而且在他们眼中，应该是男性的）威权。当共和派在他们的政治道路上遭遇到更困难的障碍时，他们就越来越强调教化。即便法国人民不能立刻被重塑，那么至少可以给后代留下一个具有指导意义的范例。这就是共和主义的遗产。

革新的修辞和革命象征形式的发展得到了新政治阶级的推动。新政治阶级在政治事务上是新手，相对年轻，又是相对的局外人，这些都促进了革命修辞和象征形式的发展。透明与教化，决裂与复兴，直接回应了那些被称作"卑鄙的革新者"所关心的问题。因为他们在权力上是新手，而且以前曾经被排挤在外，所以更容易感受到政治革新中的不确定因素和焦虑。他们对自己的革命文本的权威感到不确定，也无法预测自己担当主演的这出社会和政治大戏的结局。这个团体对于权力走廊运作的生疏无疑也使他们倾向于相信阴谋的威胁。新近的移民、宗教少数派、新任学校教师、只在初级法庭工作过的律师,以及1789年之前从未在政治集会上发表过演说的商人和生意人——所有这些人完全有理由担心政治事务的走向,正如他们有充分理由抓住机遇,接过驾驭国家的缰绳。虽然他们中有些在1789年之前参加过共济会,但绝大多数新政客都没有民主社交的经历。[1] 雅各宾俱乐部是他们接受政治教育的第一所学校,而公共职位是他们接受实践训练的操练场。

因此,革命政治文化的连贯性有了象征性和社会性两个源头。革命者说着相同的语言,并且在威权的象征物和意象中寻找相同的品质。赫拉克勒斯和玛丽安娜代表着相似的内容,而且革命者的不同社会背景和经济利益使他们更倾心于理性的、民族性的和普世性的形象。因为法国新政治阶级没有精确的社会分界,所以革命者耗费了大量时间和精力去寻找能代表自己和自己行动的合适形式。对言词、节庆、印章,以及时间、空间和距离的测量单位的关注,并非对更为重要或实际的政治问题的偏离,而是界定革命进程和新政治阶级身份的根本。因此,颇具讽刺意味的是,新政治阶级因其社会身份的模糊不清而使革命经验更为激烈地挑战了习俗和传统。对新的民族身份的寻求导致了与旧的威权模式和标准的全面决裂。

如果在革命十年中,政治、社会和文化的界限不确定,那么处于边界位置的人自然就尤其重要。新来的人、外出求学过的年轻显贵、在农村各地旅行的商人、与省会或巴黎有联系的律师、迎来送往各色人等的旅店老板、城镇里处于工人与上层阶级之间的生意人等,都可能成为政治网络的建造者、新观点的传递者和外部政治权威的代理人。他们的职业和社会地位往往不同,但作为文化和权力中间人的角色却

---

[1] 关于民主社交起源的经典论述,可参见 Augustin Cochin, *L'Esprit du Jacobinisme: Une interprétation sociologique de la Révolution française* (Paris, 1979), esp. pp. 128–136。

基本相似。

新人和新政治文化同时形成，要想弄清楚谁先出现，肯定会徒劳无功。在1789年，没人知道革命政治会吸引哪些人，也没人想象得到饰带、名字或服装风格会变得那么重要。新人与新政治彼此强化。在大革命早期，与旧制度的某种和解似乎还有望达成，因为政治领袖中还有许多贵族、王室官员、经历过地方政治的人和老一辈的人（例如，市长往往是年长的显贵）。参与者仍然希望革命这出戏会有无痛的结局，还没有与过去彻底决裂的想法。随着革命修辞越来越激进，越来越坚持与所有既存习俗和传统决裂，政治阶级的特点也发生了改变。小资本商人和生意人、教师和公务员、只有很少或没有公职经历的人取代了富有的商人、律师、贵族、王室官员和以前的政治领袖。取代旧制度中同情革命的"局内人"（insiders）的，最早是在社会和政治层面与他们最接近的人，后来则是离以前的权力中心越来越远的边缘人。

因此，新政治阶级并不是一个固定不变的范畴。虽然我强调其统一性源头，但它同样有着政治、社会和文化的分界线。正如革命历史的情节化设置在1789—1794年经历了从喜剧到浪漫剧，再到悲剧的过程，演员表也有所变化。政治阶级里来自底层的代表越来越多（虽然很少有工人和贫穷的农民），来自上层阶级的代表却越来越少。随着时间的推移，政治和社会区分开始融合。"无套裤汉"和"贵族"具有了社会和政治双重含义。人民是激进共和派一边的，而贵族、"温和派"和保王党则被统统归为人民的敌人。相似的情况也发生在文化维度上。通过家庭或社会关系与旧制度密切相关的人，起初被那些"几乎处于内部的人"推开了，后来又被离以前的权力中心越来越远的人推开。到1794年年初，年轻人（波尔多的拉孔布在1789年只有29岁，与圣阿芒的罗凯特一样年纪）和与之前的精英（甚至1790—1791年的精英）根本毫无联系的一批人出现在了领袖的位置上。在大革命最激进的时期（1793—1794年，共和二年），政治领袖是最新、最边缘的人，而这个时期的激进基本上就产生自这种"新"和边缘化。1793—1794年，这些人的出现使得与过去的决裂变得具体真实了。革命的修辞和象征物同新的政治领导互相推动，对之后的历史产生了巨大影响。

新政治阶级内部在空间和时间维度上存在差异。1789年，法国各地的人们对修订宪法的前景都热情高涨。随着冲突的可能越来越明显，越来越具威胁，一些地方就开始表现出对革命的不情愿，甚至抵制。到1793年中期，西部开始公开叛乱，几个分布在沿海和主要河流沿岸的城市（尤其是里昂）宣布与革命运动脱离干系。不仅在时间上，空间上也存在很多分界。在许多地区，大革命在一定程度上撤退到了城市和市镇。在大城市，激进派的基地通常设在某些居民区里。在全国范围内，革命运动在边境地区，以及中部和西南部的左翼地区获得了最坚定的支持。激进化进程在时间和空间两个维度上结构相似：大革命在更激进的同时也就更加外围了。然而与此同时，大革命的修辞和象征物却保留，甚至增强了普世性、民族性和理性的特点。

"外围的""边缘的"和"局外人"在社会科学词汇中具有很强的轻蔑含义，似乎意味着隔离、怪异或极端，尤其会被用于对政治行为的心理学阐述。边缘人不能正常行动，不能像那些处于或接近中心的人那般行动，在结构和行为上都反常。采用这些术语的革命理论都倾向于认为革命是不正常的事件，在革命中表现积极的人本身在某些方面就不正常。在查默斯·约翰逊（Chalmers Johnson）所谓的"以行动者为导向的理论"中，革命者就被描绘成对社会病变（在一定情况下造反的反常人）、身份危机或某种个人沮丧情绪做出反应的人。[2] 他们嗜好

---

[2] *Revolutionary Change*, 2nd ed. (Stanford, 1982), pp. 169—194.

暴力。[3] 在此声明，我并不持这种观点。我认为，新政治阶级不是一个具有相同沮丧情绪、喜欢挑衅、反常、有暴力倾向的极端分子的集合体。其实，他们拥有一个建立新共同体的共同目标，并发现自己有能力为此未来努力奋斗，因为他们已经断绝了与旧体制的大部分联系，而且——由于年龄、流动性、宗教、社会地位或家庭联系等原因——已经准备要与过去的政治习俗和陈腐之言决裂。同时，他们也不是没有根基，或完全被边缘化。家庭网络、居住区、职业、社会和政治联系都使他们能够集体行动。边缘、外围和局外人只表现关系，并不是具有自动心理结果的绝对范畴。

有关革命的辩论经常以二分法的方式展开。有些作者强调匿名的结构性力量，还有些作者则强调个人的、"唯意志论者"的选择和个性。[4] 对因果关系和对过程或经历的不同强调似乎正好与这种结构和个人行为的二分法方式相契合。结构性叙述集中研究结构问题（例如经济、阶级结构或国际力量的平衡）中的革命根源，以及导致结果的结构性决定因素。以行动者为导向的叙述和过程理论则指向个人领袖、组织化政党、意识形态，或从政治进程中的一个阶段到下一个阶段的更普遍的、无法避免的各种运动。[5] 我的叙述着重革命进程，强调修辞、象征物以及某些群体和地方的参与如何形塑革命变化的不间断经历。我不寻求结构性因果，只想确定政治进程中统一性和多样性的源头。然而，这些源头不在个人领袖、某个极权政党、某种意识形态，或某个必然的政治"生命周期"当中。个人领袖、政党和意识形态的

---

[3] E. Victor Wolfenstein, *The Revolutionary Personality: Lenin, Trotsky, Gandhi* (Princeton, 1967), 对这种观点进行了一些修正。

[4] 有关两种强调结构性力量之优点的看法，可参见 Theda Skocpol, *States and Social Revolutions* (Cambridge, 1979)。

[5] Johnson, *Revolutionary Change*, pp. 169–194.

作用，以及从一个"阶段"到另一个"阶段"的运动之所以可能，是因为"诗学"和政治社会学中的隐含模式。修辞学假设和象征实践限制了政治领域的发展可能：它们阻碍醒目的"建国之父"的出现和自由政治（英国－美国模式）的确立。同时，它们也开辟了前所未有的其他选择：政治化日常生活；在革命者寻求问题的答案和消除对阴谋的焦虑的过程中，革命从一个阶段走向了下一个阶段。然而，革命的诗学并不是固定不变的，处于变化当中的革命领导模式，即不断演变的政治社会学，决定性地影响了其发展过程。换句话说，革命进程中暗含了结构或模式，但这些结构又反过来受到了不自觉秉持的政治假设与社会中自觉的政治行动者之间的互动过程的塑造和转化。

因此，我的叙述既是结构性的，也是以过程为导向的。但是，与其他大部分结构性解释不同，我的重点是革命事件的展开，而不是其长远的决定因素。而且，与大部分过程理论不同，我的重点是思想和行动的普遍模式，而不是个人、政党或被界定的意识形态。但最终，这种方式的优点之一就是为因果论提供了新的解释。一旦经历的特征被确定了，因果分析才能呈现出新的意义。

据证实，等级化的阐释模式生命力非常持久，因为它为随时间推移而发生的变化提供了简洁明了的解释。马克思用新生产方式的出现来解释历史运动，尤其是解释革命：一种新的生产方式在旧生产方式的裂缝中成长，最终引发摧毁旧生产方式的基础，并在废墟上建立新生产方式的社会和政治冲突。现代化理论家通常避免"生产方式"之类的词汇，但也将变化归因于经济增长的断裂或经济竞争的需求。这两种理论都认为，社会变化的根源来自存在的前层次或者潜层次（如果不是经济，那么可能就是人口，甚至是气候）。

革命凸显了历史变化的普遍问题，因为加速变化的步伐就是革命的一个决定性特征。结果，它也就成了大部分等级化历史阐释模式的焦点。马克思主义认为革命起着关键作用，是后封建社会蹒跚前进的方式。法国大革命中，资产阶级开始掌权；在将来的革命中，则是无产阶级掌权。现代化理论将革命作为典型范例来证明更普遍的发展过程。例如在亨廷顿的分析中，革命就是证明经济增长与政治现代化的分歧导致暴力和不稳定的戏剧性范例。[6] 小巴林顿·摩尔则颠倒了阐释的次序，说"病态的社会不可能产生革命"[7]。他认为，革命对于建立资本主义民主非常关键，但失败的革命或自上而下的革命却会导致法西斯主义。尽管这些模式之间存在不同，但都将革命融入到了更普遍的、经济和社会结构优先的、有关历史发展的因果解释当中。

然而我认为，大革命导致的社会和经济变化并不是革命性的。贵族可以恢复头衔，回收许多土地。虽然很多土地在大革命中被易手，但土地占有的结构很大程度上还是一样的；由于封建税款的废除，富人变得更富，小农也巩固了他们所拥有的土地。工业资本主义的发展还是像蜗牛爬行一般慢。[8] 相反，在政治王国，几乎事事都发生了变化。成千上万的男人，甚至很多妇女都在政治舞台上获得了第一手的经验：他们用新方式交谈、阅读、倾听，他们投票、参加新组织、带着政治目的去游行。革命成了传统，共和主义成了永远的选择。从此，国王没有议会就不能统治国家，贵族对公共事务的主宰只会激起更多的革命。结果，19世纪的法国成了欧洲最资产阶级的政体，虽然法国从来都不是主要的工业力量。那么，需要解释的不是新生产方式或经

---

[6] *Political Order in Changing Societies* (New Haven, 1968).

[7] *Social Origins of Dictatorship and Democracy: Lord and Peasant in the Making of the Modern World* (Boston, 1966), pp. 457—458.

[8] 对社会和经济趋势的卓越综述，可参见 Louis Bergeron, *France under Napoleon*, trans. by R. R. Palmer (Princeton, 1981), pp. 119—190。路易·贝热龙（Louis Bergeron）概述了大量文献，并提供了很好的参考书目。

济现代化的出现，而是革命政治文化的出现。

新政治文化的发明需要施展伎俩的机遇和空间。可供替代的政体在1789年之前还未成形；没有秘密的革命政党，也没有民众的政治组织。多亏启蒙哲人和美国独立运动，共和、美德、透明，甚至民主的观念已经开始流通，但直到君主制开始崩溃时才有人按照这些观念来行动。[9] 在此，政治现代化的模式，尤其是斯考切波的分析就很诱人。[10] 她认为，法国君主制的瓦解是因为它不能为与英国的竞争买单。美洲战争花费不菲，法国王室债台高筑。但最重要的是，债权人后来要求为上层阶级扩大政治参与的程度，结果导致三级会议的召开。然而，这个最初的机遇到最后却并不是经济的。债务本身并非难以克服，英国就想办法借到了更多的钱。创造这个机遇的反而是旧制度政治文化的垮塌；贵族金融家、王室官员和部队军官都要求在政体组织上进行基本改革，他们的"政治"需求使事件呈螺旋式上升发展。

面对"贵族革命"，君主制被推翻了，但这只是第一个行动。法国大革命与美国独立战争及17世纪40年代英国内战的区别，就在于旧制度精英内部的激烈竞争。在之前的美国独立战争和英国内战中，政府的瓦解开放了政治、社会和文化冲突的可能性，但这种开放却从未被制度化。英国和美国的政治精英很快就认识到了民主和动员民众的危险性，所以为了保护财产所有者（在美国是奴隶主）的统治，他们紧密地团结了起来。托克维尔注意到了民主推动力在法国的重要性，并认为其威力有政治、社会和心理方面的综合原因。法国王室成功剥夺了贵族们的所有政治职责，贵族们为了对抗，坚持要捍卫自己的社会特权直到最后。而且，随着他们越来越钟爱等级制度，资产阶级也

---

[9] 关于起因的文献综述，可参见 William Doyle, *Origins of the French Revolution* (Oxford, 1980)。

[10] *States and Social Revolutions*.

越来越沉迷于维持对下层阶级不利的界线。[11] 结果，对社会各阶层平等的要求越来越强烈；在法国社会，几乎每个群体都有理由憎恨其他群体。

托克维尔的叙述精妙高明，但没有充分重视法国形势下的两个基本因素。贵族虽然丧失了社会家长制和政治责任中的"贵族"职能，但力量还是很强大，并坚决地阻挠第三等级控制重大的三级会议。是贵族作为一个阶层进行的抵制，而不是他们的软弱无能，直接促使第三等级在立宪上实现了突破——产生了由个体公民，而不是"阶层"或等级组成的国民议会。面对为支持贵族的抵制而待命的王室部队，第三等级从市镇和农村中被动员起来的下层阶级那里获得了支持。因此，贵族比托克维尔想象得更强大更团结，第三等级比托克维尔想象得更愿意跨越社会障碍。

随着王室与贵族之间的竞争，以及后来贵族与第三等级之间的竞争在 1789 年打开了政治空间，第三等级内部的竞争也从 1789 年到 1794 年不断加速了政治动员的节奏。民众的政治空间飞速增长，民众的政治组织（地区委员会、民众俱乐部，甚至重组的卫兵和军事单位）也成为政治舞台上的一股重要力量。虽然许多资产阶级领袖主要是想为个人权利（包括财产权）构建一个法律和政治框架，但其他很多领袖首先关心的还是建立一个新的民族共同体。[12] 他们信奉有关革新、复兴和美德的修辞。两派之间的竞争——斐扬派与雅各宾派，吉伦特派与雅各宾派，甚至后来的督政府派与雅各宾派——使动员人民群众和开展有组织的集体政治行动成为可能。在开展民众政治组织实验的

---

[11] Alexis de Tocqueville, *The Old Regime and the French Revolution*, trans. by Stuart Gilbert (New York, 1955), esp. pp. 81—107.

[12] Patrice Higonnet, *Class, Ideology, and the Rights of Nobles during the French Revolution* (Oxford, 1981)，详细探究了这两种"资产阶级"概念（个人主义和普世主义）之间的紧张性。

那几年，多少有点组织性的政治示威替代了粮食暴动，推动法国人走出了"早期现代"政治活动的局限。只要政治精英中有分裂，这种实验就会继续。另外我们也知道，当时在英国和美国也有雅各宾俱乐部和民众社团，但从未受到过官方的鼓动，反而大部分受到了官方的压制。它们的机会很少，因为没有获得任何统治精英的明确支持。

托克维尔看得最清楚，必须在1789年之前法国政治文化的特殊性中寻找革命的起因。他考察观念、社会关系、社会心理与政治之间的联系，以求能解释大革命为何"不可避免，但又完全不可预知"[13]。托克维尔在每个关键点上既不强调社会结构，也不强调政治本身，而是强调政治策划、社会关系、知识分子的理想以及民众心理彼此间的互动。但他的叙述在解释大革命一旦开始后为什么会如此发展这一点上却不是非常成功。例如，民主共和主义、恐怖和社会主义并不一定是由某些*1789年之前*就已经很明显的法国政治文化特点所造成的。当然，旧制度下政治文化的结构性弱点造成了精英内部的各种分歧，使新政治形式和原则能够比在其他任何地方都更自由地发展。但是这些形式和原则一旦开始发展，也要因为隶属于一种新的政治文化而受到限制，受到新政治阶级的修辞、象征和实践的影响。跟保守主义和威权主义一样，恐怖和社会主义也不是不可避免的。

历史学家一直为革命经验的真正开端和结尾争论不休，这在18世纪90年代已经如此。从长远来看，在大革命时期有三股法国政治文化正在形成中：民主共和主义、社会主义和威权主义。这三种思想都与传统的君主主义模式有了很大的不同。我强调第一种思想，部分是因为民主共和主义在关于大革命的阐述中普遍未得到充分的重视。马克思主义者通常强调从民主到恐怖，再到社会主义的过程；现代化理论

---

[13] *The Old Regime and the French Revolution*, p. 1.

家，包括托克维尔，则强调从民主到恐怖，再到威权主义的过程。这两种结果不容置辩，但民主共和主义的力量也在延续。而且在很多方面，无论从即时的冲击还是从长期的影响来说，民主共和主义都是大革命最重要的结果。

从革命修辞的原则和革命政治实践所隐含的紧张关系中，我们可以以某种方式得出这三种结果。民主、恐怖、社会主义和威权主义的出现，都源自政治空间的拓展和民众阶级有组织的参与。没有以前的民主经验，人们无法想象恐怖统治；它是民主共同体纪律惩戒的一面，在紧急情况下被采用，并因为美德和保卫国家的需要获得了合理性。政府采用恐怖统治来控制民众运动，但如果没有民众运动，也就没有进行恐怖统治的需要了。

革命的社会主义，从根源上来说，是从恐怖统治和民主共和制的失败中可能吸取的教训。根据1796年巴贝夫及其追随者的观点，真正的民主和平等只有通过另一种形式的造反才能得以实现，这就是由"平等派密谋"（Conspiracy of the Equals）秘密组织的造反。[14] 他们这种原始的农业共产主义理念来自启蒙运动时期的著作，但他们又增加了造反和民众独裁的新维度，而这些新维度在19世纪产生了相当大的影响。威权主义则是从制度化民众动员中吸取的教训：拿破仑取消选举，代之以全民公决（plebiscites），取缔俱乐部，延长军队服役期。他保留了人民主权的原则，但自己却是唯一真正的政治行动者，因此就消除了有组织地动员民众可能造成的无法预测的危险。

大革命催生了有关革命行动的早期社会主义观点，甚至原始列宁主义观点。这点虽然有趣，而且重要，但并不能说社会主义在大革命中起到了组织或意识形态方面的重要作用。巴贝夫只有为数不多的追

---

[14] 可参见 J. L. Talmon, *The Origins of Totalitarian Democracy* (New York, 1960), pp. 167–247 中具体但片面的叙述。

随者，而且大多数都没有提出任何形式的共产主义，他们更关注"密谋"中造反的那一半意义。策划者一遭背叛，督政府就立刻围捕了领导者。接下来的审判让巴贝夫得到了比他预期更多的公众关注。一个历史学家这么总结道："政府试图营造'红色威胁'的企图看上去可怜得很，因为他们对付的只是几个不合格的空想家而已。"[15]

而另一方面，威权主义的结果却远不是空想，这需要解释。既然民主共和主义既有力量又有韧性，那为什么拿破仑会崛起？威权政体是民主共和制的进一步发展（毕竟，它们在时间上存在先后次序），还是完全不同的现象？更普遍地来说，是什么造成了法国自由议会传统的势弱？有关拿破仑政权的历史，同他掌权之前的革命十年一样，已经产生了许多不同的阐释。本书无意重述这段历史，只是认为在任何关于革命十年的叙述中都应加入拿破仑夺权这一段，因为它阐明了民主共和主义的短期失败。

在某些方面，1799年的波拿巴政变并不是一种断然的决裂。督政府政权在此之前已经经历了两起或三起政变（这要看如何定义政变了），其中一次政变（1797年，反右翼）是督政官在一位与自身交好的将军的协助下发起的。[16] 新政权名为共和国，拿破仑也强调自己对革命原则的忠诚。他在第一次宣言中声称："我不做有党派意识的人。"他向法国国民保证："通过遣散那些压制议会的宗派分子，保守、守护、自由的观点已重新获得了权利。"[17] 新政权在开始的几个月甚至几年里，故意宣扬其意图中模棱两可的内容（即同时具备保守、守护和自由的特点），以求吸引尽可能多的不同群体。

考虑到之前的十年动荡，拿破仑加入刚建立的执政府看似众望所

---

[15] Martyn Lyons, *France under the Directory* (Cambridge, 1975), p. 35.

[16] Albert Meynier, *Les Coups d'état du Directoire*, 3 vols. (Paris, 1928).

[17] *Proclamation de général Bonaparte, le 19 brumaire, 11 heures du soir.*

归。故事的主要脉络众所周知。1796年之后督政府实行"秋千政策"（*politique de bascule*），每当选举结果不利于多数中间派时，五人执政内阁就组织清除议会中的右翼或左翼。立法机构不稳定，投票弃权率高，宪法呆板，各省因天主教教会地位问题而持续发生骚乱，通货膨胀，还有征兵等问题，都被法国军队在意大利与德意志诸邦的军事胜利大大冲淡了。将军们，尤其是拿破仑·波拿巴，成功利用不稳定的国内形势，在战场上获得了属于他们的事实上的自治。随着代表体制的声望下降，将军的声望就开始上升了，从而为拿破仑在共和八年发动著名的雾月18日政变搭好了舞台（见图18）。

从这方面来看，第三等级内部的持续竞争确实给自由代表制政府的前景带来了毁灭性影响。因此，恰恰是允许民众组织繁盛发展的条件在暗中破坏自由共和国。政治阶级内的基本分歧不利于政府的稳定。然而这种说法并不完全令人满意，因为它忽视了重要的一点：在政变时，由于过于急躁，拿破仑差点功亏一篑。[18] 如果当时他担任五百人院主席的弟弟吕西安（Lucien）没有干涉，没有说服包围议会大厅的士兵开始行动，这次赌博可能就输了。即便如此，如果议员们能够或愿意组织反抗，这次政变也可能失败。经过七年的代表共和制，经历了政治阶级内部的分歧和宪法的交替仍旧幸存的共和制，从内部瓦解了。圣克卢（Saint Cloud）宫里"打倒独裁者"的寥寥几声呼喊没有得到响应。

最终，革命政治文化的缺陷使1799年的威权式解决方式获得了成功。粮食和征兵暴动、宗教战争和肃清立法机构的行动以前都曾发生过，但共和国仍能维系下去。1793年几乎在各个方面都面临比1799年更加严重的危机：战争扩展到了多处边界线，共和国军队还未经受过任何考验，民众动员如火如荼，去基督教化运动疏远了许多人，国

---

[18] 经典叙述是Albert Vandal, *L'Avènement de Bonaparte*, 5th ed. (Paris, 1908) 1: *La Genèse du Consulat, Brumaire, la Constitution de l'an VIII*。

结论 政治文化的革命 237

图 18 雾月 18 日进入五百人院大厅的拿破仑·波拿巴

这张雕版画表现了 1799 年 11 月 9 日企图在圣克卢宫的议会大厅刺杀拿破仑·波拿巴将军的场景。当时,有些议员希望议会宣布拿破仑违法。后来,拿破仑的弟弟吕西安努力挽狂澜,尽管拿破仑的闯入受阻,但改变最终还是成功了。(法国国家图书馆图片收藏部,未允许不得转载)

王刚被处死，政府也是过一天算一天。所以，并不是紧张危险的境况使共和国在1799年失败了。

革命政治文化的一些弱点在早期就有所表现，首先是在修辞上对政党政治的拒绝。督政府政客保留了代表制政府的原则，*每年举行全国选举*，而且许多人都享有选举权。但是政府没有组织一个中心政党，并拒绝鼓励任何有组织的反对团体的发展。[19] 督政官拉勒韦利埃－勒波（La Revellière-Lépeaux）说："为保卫共和国和共和国政府而死是光荣的，比在政党的污秽和宗派分子的玩弄中死去或苟活要好得多。"[20] 在这种修辞架构中，自由政治作为代表利益的政治，是无法得到发展的。中央只能通过人为地干扰立法机关的平衡，即通过清除一旦当选的对手来维持其地位。拿破仑利用了后来立法政治的声名狼藉，以相同的革命修辞原则合理化了自己的登基：他站在高于政党和宗派的位置，承诺要清除国家中不体面的政治阴谋。自由政治因此从一开始就处于困境，拿破仑使这一过程更进一步，几乎废除了选举政治。

拿破仑也利用了革命的政治象征物。与其他人一样，他欣赏象征物的力量，在开始统治的几个月甚至几年里，继续沿用共和派最神圣的那些象征物。他是玛丽安娜的保护者。他的印章宣称，他为法国人民说话（*au nom du peuple français*）（见图19）。他保留了共和女神，但用自己的形象为她做了标记（见图20）。最后他完全取代她（见图21），成了法兰西民族的化身；他的形象装饰着帝国的货币和印章，就像旧时的国王装饰着君主制政体下的货币和印章一样。[21] 革命意象内

---

[19] Lynn Hunt, David Lansky, and Paul Hanson, "The Failure of the Liberal Republic in France, 1795－1799: The Road to Brumaire," *Journal of Modern History* 51（1979）: 734－759，对此观点做了具体的展开。

[20] *Mémoires de La Revellière-Lépeaux*, 2 vols.（Paris, 1895）1: 379.

[21] P. Ciani, *Les Monnaies françaises de la Révolution à la fin du premier empire, 1789 à 1815* (Paris, 1931).

结论 政治文化的革命 239

在的张力使拿破仑的任务实现起来要容易得多；督政府时期的意象不再直接表现人民，玛丽安娜成了一个更疏远更懈怠的象征。拿破仑保留了她的形象和共和国的名称，又赋予人民一个声音，其实就是他自己的声音。使用象征物来表现政治和创造政治的革命念头也为拿破仑所用，但人们可能忽视了其中政治内容的倾空。当革命象征物被新的

图 19　拿破仑任执政官时的印章
（法国国家档案馆允许转载）

图 20　共和十三年的五分硬币
复制于 P. Ciani, *Les Monnaies françaises de la Révolution à la fin du premier empire, 1789 à 1815* (Paris, 1931), p.143。（来自加利福尼亚大学伯克利分校图书馆影像部）

图 21　拿破仑任皇帝时的印章
(法国国家档案馆允许转载)

"道德和体制运动"[22]接管时,针对复兴寡头政治和终结群众参与的抗议就难有发展余地了。

但是,威权主义的吸引力不仅仅在于其修辞和象征。拿破仑之所以成功并不是因为他拥有大量选民(我们可以看到,在1814年和1815年他都迅速倒台了),而是因为其潜在对手的选民非常有限。激进革命的修辞和意象尽管内容上具有民族性、理性和普世性,但并不具备全面的吸引力。1792—1799年的经验显示,民主共和主义还远未深入人心,学徒期才刚刚开始。一场在外围地区,在贫穷、文盲多、远离省会的农村地区更加成功的运动,很难在全国范围内保持其势力。一旦

---

[22] *Opinion de Boulay (de la Meurthe), sur la situation de la République, et sur le projet présenté par la commission chargée d'examiner la cause de ses maux, et d'indiquer les moyens de les faire cesser* (séance de la nuit du 19 brumaire an VIII, à Saint Cloud).

巴黎的战斗派和主要雅各宾派议员被逮捕、处死或折磨至沉默时，各地的民主共和主义也就进入了防卫状态。大部分城市和最现代化地区到1799年都已经转向右翼，拿破仑只需要将此发展状态进行全面化就可以了。一场吸引局外人、少数派、移民和调解者的运动很难克服来自内部人及其从属者，以及所有感觉新秩序的到来会带来威胁之人的抵制。拿破仑承诺要建立一个新旧统一的政体，因此在一定时期内，除了最坚信民主共和主义的人之外，他几乎打消了所有人的疑虑。

同时，拿破仑的胜利也显示了法国君主主义的弱点。在1799年，共和主义已经赢得了足够多的皈依者，回到之前的状况已绝无可能，绝对君主制已不能为人所接受。只有再经历几年的战争、最后的失败、以新名义再生的贵族制，以及外国干预的压力之后，某种君主制在法国才有可能出现。即便如此，这种君主制持续的时间也非常短。革命政治阶级——那些成千上万曾经经历过由公职和会员制所带来的挫折和机遇的商人、律师、医生、手工业者和店主——不愿意让时间倒转。他们已经进入了新时代，而且数量庞大，不容忽视。

然而，最重要的一点就是拿破仑从法国政治中心的解体中获利了。到1799年，不管在全国范围还是在立法机关，雅各宾派的势力都被限制在了外围。[23]保王党尽管在1797年有一次短暂的复兴，在西部发动了持续的骚乱，而且在城市里也会时不时地发动一些示威，但基本上处于被遏制的状态，而且每次保王党所挑起的侵略都以惨败告终。1797年之后的重要变化都发生在立法机关议员的多数派中。由于原则上反对党派的形成（甚至是执政党的形成），并在立法机关中进行频繁的清算运动，最后督政府议会中只剩下了一个危害极大的组合：一方面是对共和主义理念不怎么热心的新人，另一方面是极力阻止共

---

[23] 这一段的信息来自 Hunt, Lansky, and Hanson, "The Failure of the Liberal Republic in France"。

和国左倾的议会元老们。到共和七年（1799 年），议员中只有 12% 曾经是国民公会成员，5% 曾赞成处死国王，只有 16% 曾在 1795 年前任职于立法机关。1799 年当选的议员中有超过一半在那年是第一次当选。由于没有任何参与国家政治的经验，这些人特别容易接受西哀士（Sieyès）和其他"修正主义者"的观点，很少有议员甘冒生命危险去保卫共和国。

我们还可以从"雾月精英"的构成中清晰地看出这个中央政府的重要性。维尔纳·吉塞尔曼（Werner Giesselmann）研究了执政府的 498 名高官（在共和八年拿破仑政变后担任职务），他发现有 77% 曾是督政府时期的议员（83% 自 1789 年以来曾任过议员）。[24] 其中很多人在 1798 年（占整个群体的 15%）或 1799 年（16%）还是第一次当选议员。因此，督政府议员中新来者越来越多这一趋势，整体上对后来的政治形势产生了直接影响：这些新来者不仅没能抵制政体上的变化，而且还积极参与了新政体的运作。因此，督政府政体存在相当大的延续性，但这种延续性主要存在于右翼和中间派中。正如吉塞尔曼所总结的，政变"排除了即将离职的督政府精英中左倾的雅各宾少数派"。为了维护"资产阶级威权"[25] 的利益，进一步的民主实验提前终止了。拿破仑派精英的核心是由已经摆脱了幻想的共和派组成的，他们更倾向于稳定的现代化，而不是广泛的政治参与所带来的剧变和动荡。

考察在执政府筹备委员会中任职的一小股议员（见附录 A，PROBON 项），得出的结论相同。波拿巴派与当时被捕的 59 名被认定的雅各宾派分子（见附录 A，ANTBON 项）相反，主要来自城市化省份（$r=0.41$），识字率高（$r=0.30$），比较富裕（土地税 $r=0.31$；其他

---

[24] *Die brumairianische Elite: Kontinuität und Wandel der französischen Führungsschicht zwischen Ancien Régime und Julimonarchie* (Stuttgart, 1977), pp. 111–112.

[25] Ibid., p. 430.

税收 $r=0.52$）。有趣的是，他们也往往来自左翼或右翼或两派都曾经非常强大的省份；一个外省代表团中委员会成员的数量与 1797 年右翼的成功（$r=0.35$）、1798 年左翼的成功（$r=0.24$）成正相关。[26] 换句话说，波拿巴派来自曾经废除过选举结果的省份，是督政府"秋千政策"的产物。雅各宾反对派却没有这些特点。

吉塞尔曼关于拿破仑派精英的分析显示，政变确实标志着新的背离。虽然新政体的许多领袖曾经是革命者和某类共和派，但他们重组成新秩序精英却带来了更为深远的后果。他们排挤了政治阶级中的左翼，丢弃了共和主义中的民主，还通过增选（cooptation）制度，为将旧贵族重新整合进显贵的寡头统治集团铺平了道路。[27] "修正主义"史学家所看到的在 1789 年之前尚在形成过程中的显贵统治，只有在威权主义的保护下才能得以实现。从这点上说，现代化君主制的真正继承者是拿破仑·波拿巴及其追随者。他们与革命十年的共和主义有联系，但只代表了原始理念的一种退化。

资本主义、社会主义、显贵统治、强大的中央集权国家、民主共和主义——在一定程度上，这些都是法国大革命的结果，因为它们都以某种形式发生在其之后。民主共和主义是革命经历的核心，尽管它的新奇怪异无法预测，本身有弱点，又遭受了失败。民主共和主义不是由生产方式的冲突、社会流动性的危机或启蒙理念的传播直接造就

---

[26] 但是，判别分析显示 1798 年的选举结果与 1795 年和 1797 年的不一致；右翼省与左翼省并没有以同种方式分离，所以在数据上没有考虑 1798 年的结果。参见 Lynn Hunt, "The Political Geography of Revolutionary France," *Journal of Interdisciplinary History* 14 (1984): 535–559。

[27] *Die brumairianische Elite.* 吉塞尔曼对社会背景、意识形态和政治生涯都做了详细讨论，但可惜的是，他很少提及省份出处。

的，因为这些经济、社会和思想方面的张力与冲突自18世纪中期以来就已经存在。民主与革命共和主义的源头要从汇集了所有不同政体的政治文化中去寻找。旧制度政治文化中的矛盾使民主共和主义有了可能，但直到革命进行之时它才确切成形。在革命中，新政治阶级为民主共和主义提供了声音和形式，而它对新思想和新象征的回应也塑造了其自身。法国的民主与革命共和主义没有直接导向资本主义、社会主义、显贵统治或强大的中央集权国家，而是君主国和帝国培育了资本主义、显贵统治、19世纪强大的中央政府，以及与社会主义争夺选民和信徒直到20世纪的激进共和主义。民主共和主义有着自己的，往往也是非常独特的遗产和传统。

民主共和主义最早、最有力地出现在法国革命情境下这一事实，对19世纪和20世纪法国政治的发展产生了非常重要的影响。共和主义在其拥护者和反对者的脑海中总是与革命行动相关，结果，向共和制政府的"过渡"总是非常突兀困难。它不只是众多政治选择之一，还是深刻剧变的信号，并触发关于剧烈冲突和分裂的记忆。在这点上，大革命让共和制和代表制政府更难取得好成绩。它也让共和主义与社会主义及共产主义运动有了长期联系，虽然那些运动反而会公开指责它的失败。共和主义也曾是革命的，共和派首先学会了革命的艺术。在法国，直到城市和更现代的农业地区接受了起初只对不那么现代的外围地区有吸引力的理念，向共和主义的过渡最后才取得了成功。然而直到今天，民主左翼即便不是在相同地方，那通常也是在同一类地区最成功，正如在18世纪90年代一样。第五共和国时期的法国社会主义仍与第一共和国时期的共和主义有着很强的联系。

虽然法国大革命作为革命政治的范例具有无可置疑的重要性，但其起因、结果和经历的本质却明显有法国特色。具有讽刺意义的是，其许多独创性就是因为革命者坚持要突破欧洲过去经验的束缚。

他们对宗教标识和历史契约的拒绝，很大程度上都源自使法国革命者有别于英国和美国激进派的法国政治文化的特殊性。然而，恰恰是这些特殊性激励着他们以更普世化的方式来思维，因此正如托克维尔所认识到的，也就具有了救世主般的影响力[28]。相反，英美对普通法、先例甚至清教的信奉，反而使英美的激进主义思想不能具有很强的普遍性。

大革命一直迷惑我们至今，因为它催生了这么多现代政治的基本特征。它不仅仅是现代化会引起暴力和不稳定的一个例子，或走向资本主义的关键一步，或极权主义诞生的环节之一，虽然我们可以认为它促成了所有这一切。更为关键的是，它应该是一个时刻，就在这一时刻，人们发现政治是一个蕴含巨大效力的活动、一个意识转变的代理人，以及性格、文化和社会关系的铸模。从此，人们可以从这一发现中演绎出不同结论，事实上也确实出现了许多不同的结论。托克维尔虽然对这次经历中"阴暗恶兆的"一面感到惧怕，但还是总结道："所以，法国人民立刻成了所有欧洲民族中最辉煌也最危险的一支。在其他民族的眼里，法国人民最有资格被膜拜、被憎恨、被怜悯，或者说，法国人民成了一种预警——一种绝对不容漠视的预警。"[29]

---

[28] "它创建了一种具有传教士般热忱的氛围，并确实设想了宗教复活的方方面面。"(*The Old Regime and the French Revolution*, p. 13.)

[29] Ibid., pp. 210—211.

附录 A

精选政治、经济与人口变量的相关矩阵图

	URB1806	TOTLIT	TERPER	EMIPER	ANTI93	DEATH	GIRONDE
URB1806	1.000	0.007	0.263	0.267	−0.218	0.188	0.151
TOTLIT	0.007	1.000	−0.179	−0.010	−0.112	−0.210	0.107
TERPER	0.263	−0.179	1.000	0.039	−0.048	0.091	0.067
EMIPER	0.267	−0.010	0.039	1.000	−0.136	0.154	−0.075
ANTI93	−0.218	−0.112	−0.048	−0.136	1.000	−0.257	0.213
DEATH	0.188	−0.210	0.091	0.154	−0.257	1.000	−0.351
GIRONDE	0.151	0.107	0.067	−0.075	0.213	−0.351	1.000
FRUCTI	0.641	0.023	0.263	−0.033	−0.088	0.143	0.229
FLOR	0.411	−0.096	0.158	−0.075	−0.035	0.218	0.055
ANTBON	0.172	−0.075	0.213	0.177	−0.058	0.128	0.121
PROBON	0.414	0.299	0.073	−0.164	−0.167	−0.142	0.127
PCFONC	0.279	0.301	−0.007	−0.097	−0.214	0.106	0.074
PCOTHR	0.653	0.131	0.257	−0.078	−0.156	0.158	0.123
AGPROD	−0.102	−0.052	0.050	−0.187	−0.093	0.049	0.218
OATH	0.009	0.064	−0.227	−0.263	−0.033	−0.044	−0.041
POP98	0.355	0.149	0.262	−0.061	−0.127	0.086	0.360
DENSITY	0.661	0.248	0.291	−0.020	−0.095	0.173	0.012
PROTPOP	0.105	0.014	−0.027	−0.131	0.218	−0.217	−0.022
MASONIC	0.463	0.053	0.153	0.183	−0.067	0.037	0.410
ACADEMY	0.326	0.218	0.042	−0.082	−0.175	−0.004	0.308
MARINERS	0.194	−0.176	0.288	0.096	0.096	−0.110	0.356
PCTACTIFS	0.113	−0.066	−0.132	0.076	0.071	0.201	−0.142
DISTPAR	−0.042	−0.395	−0.085	0.169	0.298	−0.091	−0.033
AGYIELD	0.585	0.367	0.160	0.075	−0.254	0.132	0.282

附录 A 精选政治、经济与人口变量的相关矩阵图

FRUCTI	FLOR	ANTBON	PROBON	PCFONC	PCOTHR	AGPROD	OATH
0.641	0.411	0.172	0.414	0.279	0.653	−0.102	0.009
0.023	−0.096	−0.075	0.299	0.301	0.131	−0.052	0.064
0.263	0.158	0.213	0.073	−0.007	0.257	0.050	−0.227
−0.033	−0.075	0.177	−0.164	−0.097	−0.078	−0.187	−0.263
−0.088	−0.035	−0.058	−0.167	−0.214	−0.156	−0.093	−0.033
0.143	0.218	0.128	−0.142	0.106	0.158	0.049	−0.044
0.229	0.055	0.121	0.127	0.074	0.123	0.218	−0.041
1.000	0.459	0.028	0.350	0.320	0.645	−0.187	0.085
0.459	1.000	−0.131	0.243	0.167	0.433	−0.057	0.033
0.028	−0.131	1.000	−0.136	−0.157	−0.088	0.171	−0.234
0.350	0.243	−0.136	1.000	0.301	0.518	0.182	0.132
0.320	0.167	−0.157	0.301	1.000	0.741	0.273	0.338
0.645	0.433	−0.088	0.518	0.741	1.000	−0.007	0.213
−0.187	−0.057	0.171	0.182	0.273	−0.007	1.000	−0.092
0.085	0.033	−0.234	0.132	0.338	0.213	−0.092	1.000
0.331	0.328	0.237	0.369	0.127	0.320	0.381	−0.325
0.643	0.487	−0.044	0.483	0.304	0.812	−0.236	0.013
0.088	−0.036	−0.102	0.131	−0.036	−0.016	−0.067	−0.033
0.226	0.158	0.370	0.198	0.173	0.130	0.404	−0.165
0.193	0.070	0.149	0.290	0.187	0.217	0.265	−0.088
0.057	−0.140	0.302	0.116	−0.272	−0.045	0.214	−0.250
0.007	−0.018	0.038	−0.098	0.219	0.077	−0.147	0.372
−0.210	−0.101	0.206	−0.221	−0.569	−0.393	−0.155	−0.164
0.457	0.352	0.170	0.503	0.461	0.644	0.199	−0.120

资料来源：

URB1806=1806 年居民数超过 2 000 的城镇之人口占该省人口的百分比，来自一份应 1809 年某项行政要求所做的报告（革命年代中最可靠、最全面的数据）。René Le Mée, "Population agglomérée, population éparse au début du dixneuvième siècle," *Annales de démographie historique*, 1971, pp. 455—510. 勒梅（Le Mée）的数据与马塞尔·雷纳尔所记录的有关 1798 年的数据相关程度非常高（$r=0.81$），参见 Marcel Reinhard, *Etude de la population pendant la Révolution et l'Empire*（Gap, 1961）, pp. 48—49。

TOTLIT=1786—1790 年法国人民（男女都包括）的平均识字率。Michel Fleury and Pierre Valmary, "Le Progrès de l'instruction élémentaire de Louis XIV à Napoléon III, d'après l'enquête de Louis Maggiolo（1877—1879），" *Population* 12 (1957): 71—92.

TERPER=恐怖时期每 100 000 名居民中被执行死刑者所占比例。死刑数据来自 Donald Greer, *The Incidence of the Terror during the French Revolution*（Cambridge, Mass., 1935）, pp. 145—147。分省人口数据见下面的 POP98 项。

EMIPER=每 100 000 人口中的迁出比例。迁出人口的数字来自 Donald Greer, *The Incidence of the Emigration during the French Revolution*（Gloucester, Mass., 1966）, pp. 109—111。分省人口数据来自下面的 POP98 项。

ANTI93=1793 年宪法投票中反对和有条件赞成的选票在所有选票中所占比例。选票总数来自 René Baticle, "Le Plébiscite sur la constitution de 1793," *La Révolution française* 58（1910）: 5—30, 117—155, 193—237, 385—410。

DEATH = 以 Alison Patrick, *The Men of the First French Republic*（Baltimore, 1972）, pp. 317—339 为基础得出的复合变量（compound variable）。在所有有权投票的议员中，赞成死刑的投票与"激进派"在三次决定性投票中的比例相等。这三次重要投票分别是关于反对号召人民（*appel au peuple*）、赞成死刑和反对死刑缓刑的投票。

GIRONDE=吉伦特派议员数量，来自 M. J. Sydenham, *The Girondins*（London, 1961）, pp. 222—226。

FRUCTI =共和五年果月 19 日政变中被判驱逐出境的省代表所占比例。名单来自 *Réimpression de l'Ancien Moniteur* 28: 1419（共和五年果月 24 日）。记录中有 53 名议会议员和督政官卡诺（前议员）。

FLOR =共和六年花月 22 日政变中被认定为雅各宾派而遭清算的省代表所占比例。Jean-René Suratteau, *Les Elections de l'an VI et le "coup d'état du 22 floréal" [11 mai 1798]* (Paris, 1971), pp. 370—382 的记录中有 84 人被列为雅各宾派。

ANTBON =共和八年雾月 18 日政变后被认定为雅各宾派而遭逐出五百人院的省代表所占比例。*Réimpression de l'Ancien Moniteur* 31: 200（共和八年雾月 21 日）中列出了 59 名被驱逐的议员。

PROBON =入选为执政府准备宪法的"调解委员会"（Intermediate Commission）的省代表所占比例。同上文献中列出了当选的 50 名议员。

PCFONC =1791 年人均土地税，来自 P. E. Herbin de Halle, ed., *Statistique générale et particulière de la France et de ses colonies* (Paris, 1803) 2: 390—397。此数据是除以下面 POP98 项得出的商。土地税是对土地的净收益征收的税收。各省总税值由国民议会根据旧制度最后几年所评估的税收来决定，所以它们只是估算值。

PCOTHR =1791—1792 年人均属人和动产税（*contribution personnelle et mobilière*），来自 Maurice Minoret, *La Contribution personnelle et mobilière pendant la Révolution* (Paris, 1900), pp. 709—710。此数据是除以下面 POP98 项得出的商。此种税收根据财富的外在标识来估算：家仆、骡马、马车和为土地所付的租金。各省总税值由国民议会根据与 PCFONC 项相同的方式来决定。

AGPROD =1812 年以用于谷物、酒类、肉类和羊毛生产的土地英亩数为基础的复合变量，可测量用作农业生产的土地英亩数，来自 Thomas D. Beck, *French Legislator, 1800—1834: A Study in Quantitative History* (Berkeley, 1974), pp. 154—157。

OATH =1791 年宣誓效忠的教士所占百分比。数据由蒂莫西·塔克特（Timothy Tackett）提供。他提供的数据与 Michel Vovelle, *Religion et Révolution: La Déchristianisation de l'an II* (Paris, 1976), p. 63 中记录的结果相关程度很高（$r=0.82$）。

POP98 = 1798 年分省人口数，来自 Reinhard, *Etude*, pp. 48—49。

DENSITY = POP98 项数据除以同上文献提供的地理面积得出的商。

PROTPOP = 新教徒数除以 POP98 项得出的商，来自 Emile G. Léonard, *Le Protestant français* (Paris, 1955), p. 21。各省的数据可由对应行省在 1760 年左右的数据除以行省中省的数量得出。

MASONIC = 共济会会所的数量，来自 Alain Le Bihan, *Loges et chapitres de la Grande Loge et du Grand Orient de France* (Paris, 1967)。

ACADEMY = 用于区分设有外省学会（provincial academy）的外省与不设外省学会的外省的虚设变量（dummy variable），来自 Daniel Roche, "Milieux académiques provinciaux et société des lumières" in G. Bollème et al., *Livre et société dans la France du XVIIIe siècle* (Paris, 1965) 1: 95。

MARINERS = 沿海地区人口数除以 POP98 项得出的商，来自 Jacques Peuchet, *Statistique élémentaire de la France* (Paris, 1805), pp. 253—255（1803 年的数据）。

PCTACTIFS = 1791 年有投票权的公民数除以 POP98 项得出的商，来自 Reinhard, *Etude*, pp. 26—28。

DISTPAR = 省会城市与巴黎的距离（单位是法国古里：lieus），来自 Peuchet, *Statistique*。

AGYIELD = 1812 年每公顷的农业产量，来自 Beck, *French Legislators*, pp. 154—157。

注：本相关矩阵图提供的是相关系数（correlation coefficients）。显著性测试的结果没有记录，但所有相关系数高于 0.2 的样本都有 0.05 的显著性水平。除 TOTLIT（其中 $N=76$）之外，所有变量的试样数都在 81 与 83 之间。

附录 B
亚眠、波尔多、南锡和图卢兹市议员的职业分析

许多作者认为在大革命的十年中，各种职业称呼不仅模糊，而且多变；法官自称"法律人"，商人们有时为争取有利形势自称手工业者，小贩们则可能自吹为商人。（参见 Alfred Cobban, *The Social Interpretation of the French Revolution* [Cambridge, 1964], pp. 56—57 and Martyn Lyons, *Revolution in Toulouse: An Essay on Provincial Terrorism* [Berne, 1978], pp. 168—169。）然而庆幸的是，这四个大城市中经选举进入市议会的大部分人都非常有名，不可能规避准确的职业划分，而且他们的职业称呼可以在不同的资料中得到证实，足以符合最精确的划分。

但是，有些区分还是比较模糊，最值得注意的就是商业与制造业、手工业者与店主之间。前一个范畴包括批发商、银行家、制造商、运输商和制衣商。只有为数不多的人称自己是制衣商，虽然这个群体拥有的财富可能较多，但当选的那几名制衣商很少要交高额税款。在有些情况下，很难确定制造商与手工业者、批发商与零售店主的不同。所以，这两个范畴里的数目只能是近似值。

亚眠食品杂货商的案例显示了职业划分上的模糊不清。其中两个杂货商的税收记录显示，他们可能是干货批发商，但第三个杂货商交税不多，第四个杂货商则根本就没被列入税收单（参见下文中的参

考文献)。因为税收数据不完整,而且往往不可靠,所以只能以职业进行划分。大部分食品杂货商只是拥有中等财富的店主。例如在图卢兹,一个批发商的结婚契约的平均估价几乎是一个食品杂货商的3倍(Jean Sentou, *Fortunes et groupes sociaux à Toulouse sous la Révolution [1789—1799]: Essai d'histoire statistique* [Toulouse, 1969], pp. 153, 294)。尽管划分上有困难,但革命时期的社会身份证明还是比较精确的,使区分具备了可行性。

表4至表8只计算了市长、检察官和市政官员。在大革命早期,每个市政机关中都有一定数量的显贵,但相比于数量庞大的"王室官员"来说就不那么重要了。关于选举的信息往往不完整,而且不同来源的资料有时候也不一致。所以,在可能的情况下对不同资料的结果进行了比较。最好的资料有:A. Janvier, *Livre d'or de la municipalité amiénoise* (Paris, 1893); Gaston Ducannès-Duval, *Ville de Bordeaux: Inventaire-Sommaire des Archives municipales: Période révolutionnaire (1789—an VIII)*, 4 vols (Bordeaux, 1896—1929); Christian Pfister, *Les Assemblées électorales dans le département de la Meurthe, le district, les cantons et la ville de Nancy: Procès-verbaux originaux* (Paris, 1912); and J. Mandoul, "Les Municipalités de Toulouse pendant la Révolution," *Recueil de législation de Toulouse*, 2nd ser., 2(1906): 348—409。

关于职业、年龄、地址、财富和政治生涯的信息,根据很多不同资料进行了核对。这些资料根据可利用情况的不同,各城市之间也有所不同。最重要的资料有:

亚眠

A.D., Somme, 2C 703—710, Tables alphabétiques des contrats de mariage, 1749—1792.

A.M., Amiens, 1G 2.11, Contribution foncière, Table alphabétique des noms, 1791.

波尔多

A.D., Gironde, 4L 117, Emprunt forcé, an II.

A.D., Gironde, 12L 19, Société des Amis de la constitution.

南锡

A.D., Meurthe, 3M 1, Consulat: Listes de notabilitiés communales, an IX-an XII.

Charles Bernardin, *Notes pour servir à l'histoire de la Franc-maçonnerie à Nancy jusqu'en 1805*, 2 vols. (Nancy, 1910).

图卢兹

Almanach historique du département de la Haute-Garonne, 1791—1793.

A.M., Toulouse, 1G 38—53, Contribution foncière, 1791.

索 引

（索引中的页码为英文版页码，即本书边码；插图页码用粗体表示）

Actor-oriented theories of revolution 以行动者为导向的革命理论：218, 219
Adams, John 约翰·亚当斯：102
Age of political men 政治人的年龄：151, 151n9, 173
Agricultural sector 农业部分：173—174, 191
  See also Peasantry 亦见"农民"词条
Agulhon, Maurice 莫里斯·阿居隆：15, 93, 94n14, 116, 134, 211n77
Altars, patriotic 爱国神坛：59, 60
America 美国：27, 32, 34, 51, 56
  political parties in 美国的政党：43—44, 222
Amiens 亚眠：157, 160—165, 168—172, 185—186, 192—199
  Jacobins of 亚眠的雅各宾派：202—203
Amis de la Constitution. *See* Jacobin clubs 宪法之友，见"雅各宾俱乐部"词条
Ancien régime 旧制度：20, 50
Ancient models. *See* Classical models 古代模式，见"古典模式"词条
Anselin family of Amiens 亚眠的安瑟兰家族：192, 194
Arc de Triomphe 凯旋门：119
Aristocratic role in Revolution 大革命中贵族的角色：5, 168, 168n51, 222
  See also Old Regime officials in Revolution 亦见"大革命中的旧制度官员"词条
Army 军队：69, 72
Artisans and shopkeepers. *See* Occupations of Revolutionary political men 手工业

者和店主，见"大革命中政治人的职业"词条

Authenticity. *See* Transparency　真诚，见"透明"词条

Authoritarianism　威权主义：10, 13, 224, 225—226

　　Tocqueville on　托克维尔论威权主义：6—7

Baczko, Bronislaw　布罗尼斯瓦夫·巴奇科：112

Balguerie, Pierre　皮埃尔·巴尔格里：204

Banquets　宴会：86

Bénesse-Maremne　贝内斯-马朗恩：166—167, 172

Bercé, Yves-Marie　伊夫-马里·贝尔塞：135n27

Berlanstein, Lenard R.　莱纳德·R. 伯兰斯坦：168n54

Bernadau of Bordeaux　波尔多的贝尔纳多：175n70

Bertrand, Joseph　约瑟夫·贝特朗：185

Biblical symbols　来自圣经的象征物：60

Bois, Paul　保罗·布瓦：142—143, 145n50

Boissy d'Anglas, comte François Antoine de　弗朗索瓦·安托万·德·布瓦西·当格拉伯爵：125

Bonaparte, Lucien　吕西安·波拿巴：227

Bonaparte, Napoleon　拿破仑·波拿巴：2, 48, 145, 157—158, 211, 225—234, **228**

Bordeaux　波尔多：141—142, 158—159, 160—165, 168—172, 170n60, 181, 185—187

　　Jacobins of　波尔多的雅各宾派：203

Boulay family of Nancy　南锡的布莱家族：158n27, 192

Bourgeoisie　资产阶级

　　dress of　资产阶级服饰：84

　　Marxists on　马克思主义论资产阶级：4

　　in nineteenth century polity　19世纪政体中的资产阶级：221

　　in Revolution　大革命中的资产阶级：144—145, 176—178, 223

　　See also Occupations of Revolutionary political men　亦见"大革命中政治人的职业"词条

Brinton, Crane　克兰·布林顿：47n81，169，175—176，176n72，177n76，181

Brustein, William　威廉·布鲁斯坦：135n27

Bureaucratic structure　官僚结构：70—71

Burke, Edmund　埃德蒙·伯克：125，160—161

Cabanis, Pierre Jean Georges　皮埃尔·让·乔治·卡巴尼斯：126

Calendar　历法：70—71，71n45，90，98，207

Camusat de Belombre, deputy from Troyes　来自特鲁瓦的国家议员卡米萨·德·贝隆布尔：40，40n58

Capitalism　资本主义：4，15，221

Career patterns and experience of Revolutionary officials　大革命官员的职业模式和经验：151—155，170—173

 See also Old Regime officials in Revolution　亦见"大革命中的旧制度官员"词条

Carnivals　嘉年华：66—67，207

 and Revolutionary festivals　与革命节庆：65，105

 See also May-poles；Père Duchesne；Popular cultural autonomy　亦见"五月花柱""迪歇纳老爹""大众文化自主"词条

Caron-Berquier, printer of Amiens　亚眠的印刷商卡龙-贝尔基耶：129，130，130n15

Catholic Church　天主教会：59，61，63—65，68

 See also Dechristianization；Land, sale of clerical　亦见"去基督教化""教会土地的出售"词条

Catholic symbols　天主教象征物：60

Centralization　中央集权：124

Christianity. See Catholic Church；Dechristianization　基督教，见"天主教会""去基督教化"词条

Church. See Catholic Church　教会，见"天主教会"词条

Classes of republicans　共和派中的阶层：81—82，**82**，**83**

Classical models　古典模式：20，28，29，33，51

 of dress　古典式样的服饰：76，77n65

　　　　rejected by Condorcet　孔多塞所否决的古典模式：31
　　　　for symbolism　用作象征的古典模式：60—61
　　　　See also Feminine allegorical figures　亦见"女性隐喻形象"词条
Clément, Antoine　安托万·克莱芒：193, 194
Clocks　钟表：71
Club National　国家俱乐部：202
Clubs　俱乐部：56, 72
　　　　political　政治俱乐部：20
　　　　women's　妇女俱乐部：104
　　　　See also Jacobin clubs　亦见"雅各宾俱乐部"词条
Cobban, Alfred　艾尔弗雷德·科班：5, 149, 150, 178
Cobb, Richard　理查德·科布：10, 133n20, 149
Cockades　帽饰：57—59, 57n12, **58**, 60, 75, 81
Coins　硬币：94n15, 113—115, **114**
　　　　of Bonaparte　波拿巴的硬币：**230**
Colors　颜色
　　　　of cockade　帽饰的颜色：57—58, 57n12
　　　　of uniforms　制服的颜色：79—80
Comic plot　喜剧情节：34—35
Comité de surveillance révolutionnaire. *See* Terror　革命监管委员会，见"恐怖"
　　　　词条
Competition within elites　精英内部的竞争：222—223, 227
Condillac, Etienne Bonnot de　埃蒂耶纳·博诺·德·孔狄亚克：91, 92
Consensus　共识
　　　　spokesmen for　为共识而言的发言人：25—26, 53, 229
　　　　uncertainty of　共识的不确定性：32, 125
　　　　See also General will　亦见"普遍意愿"词条
Conservatism　保守主义：13, 16
Conspiracy　密谋：38—44
Constant, Benjamin　邦雅曼·贡斯当：53
Constitutional Circles. *See* Jacobin clubs　宪章圈，见"雅各宾俱乐部"词条

Constitutionalism 立宪主义：10, 44, 51
Continuity 延续性：55—56, 123, 132, 170—173, 232—233
　　over centuries 几个世纪的延续性：127, 128, 133—135
　　See also Career patterns and experience of Revolutionary officials; Old Regime officials in Revolution; Revolutionary tradition 亦见"大革命官员的职业模式和经验""大革命中的旧制度官员""革命传统"词条
Costumes and disguises 化装和伪装：66—67
　　See also Dress 亦见"服饰"词条
Council of Ancients 元老院：**79**

Danton, Georges Jacques 乔治·雅克·丹东：42
David, Jacques Louis 雅克·路易·大卫
　　colossus of 大卫的巨像：94—100, 103—107, 110—112
　　and Michelangelo 与米开朗琪罗：111—112, 112n53
　　and statue of liberty 与自由女神像：118—119
　　uniform designs by 大卫的制服设计：75—77
Dawson, Philip 菲利普·道森：161n36
Dechristianization 去基督教化：28, 32, 64n29, 67, 98
　　See also Catholic Church 亦见"天主教会"词条
Delamorlière family of Amiens 亚眠的德拉莫利埃家族：192—193, 194
Delaroche, Charles-François-Bastard 夏尔-弗朗索瓦-巴斯塔尔·德拉罗什：193—194
Democracy 民主：10, 15, 123, 210
　　See also Republican tradition 亦见"共和传统"词条
Denon, Dominique Vivant 多米尼克·维旺·德农：77
Derrida, Jacques 雅克·德里达：49n85
Deyon, Pierre 皮埃尔·德永：195
Dialects 方言：83
Didacticism 教化：72—74
　　See also Education; Labels; Propaganda 亦见"教育""标签""宣传"词条
Directory 督政府

purges by 督政府进行的整肃：48，52，130，159，226，227，232—233，234

vignette of 督政府的花饰：118

Dorset, Duke of 多塞特公爵：57, 57n12

Dress 服饰：52—53，74—85，75n58，77n65，78nn66, 67，**79**，**80**，**82**，**83**

Dupré, Augustin 奥古斯丁·迪普雷：94，102，103

Durkheim, Emile 埃米尔·涂尔干：208

Durkheimian interpretation 涂尔干的阐释

    of festivals 涂尔干对节庆的阐释：23—24

    of language 涂尔干对语言的阐释：21

Eagles 雕：103

Education 教育：68—69

    Condorcet on 孔多塞论教育：31

    in eighteenth century generally 教育在18世纪的普遍情况：28，33，44

    See also Didacticism；Labels；Propaganda 亦见"教化""标签""宣传"词条

Egalitarianism 平等主义：84，100

Elbeuf 埃尔伯夫：164

Elections 选举：20，84，125—128

    in Vendée 在旺代的选举：135

    See also Participation in politics；Suffrage and voting rates 亦见"政治参与""选举权和投票率"词条

England 英国：15，27，32，56，222

Engravings, inexactitude of 雕版画的不精确性：112

Enlightenment influence 启蒙思想的影响：33—34，204，225

Estates General 三级会议：6，75，222

Experience and career patterns of Revolutionary officials. *See* Career patterns and experience of Revolutionary officials 大革命官员的经验和职业模式，见"大革命官员的职业模式和经验"词条

Factions. *See* Classes of republicans；Political parties 派系，见"共和派中的阶

层""政党"词条

Family metaphors　家庭隐喻
    conservative　保守派的家庭隐喻：29，87—88
    literary　文学的家庭隐喻：34—38
    Revolutionary　革命的家庭隐喻：31—32，104

Family structure and political outlook　家庭结构和政治观：133n23

Family ties in politics　政治中的家庭纽带：192—195

Feminine allegorical figures　女性隐喻形象：31，60—62，93—94，97，103，103n38，113，115

Festivals　节庆：20，27—28，45，60—61，74
    Army in　节庆中的军队：69
    of August 10, 1793　1793年8月10日的节庆：96—98，**97**，110，110n50
    of Federation　联盟节：28，35，**36**，60
    of January 21, 1794 at Grenoble　1794年1月21日在格勒诺布尔举行的节庆：105
    of Liberty　自由节：**30**，63
    of Liberty trees　自由树的节庆：59—60，143
    Ozouf on　奥祖夫论节庆：23—24，60，205—206
    of poverty　穷人节：190—191
    of Reason　理性节：62—65，**64**，98
    of the Supreme Being　最高主宰节：110—111，110n52，**111**
    of Victory, October, 1794　1794年10月的胜利节：112，112n54

Flags　旗帜：29n28，86

Flaubert, Gustave　居斯塔夫·福楼拜：116

Foucault, Michel　米歇尔·福柯：56n9

Fouché, Joseph　约瑟夫·富歇：101

Freemasons　共济会会员：147，198—201，199nn48，49，200n51，201n53，203—204
    See also Masonic symbols　亦见"共济会象征物"词条

Frye, Northrop　诺思罗普·弗莱：34，35—37

Functionalist interpretation of language　功能主义对语言的阐释：24n18

Furet, François 弗朗索瓦·傅勒: 5, 11, 12, 15
 on conspiracy 论密谋: 42—43
 defining Revolution 界定大革命: 56n8
 on language 论语言: 23
 on Terror 论恐怖: 46n79, 47n80
 on transparency 论透明: 44n71
Furtado, Abraham 亚伯拉罕·弗塔多: 183—184

Gary family of Toulouse 图卢兹的加里家族: 192
Gazette de Paris 《巴黎报》: 28—29, 41, 87—88, 88n4
Geertz, Clifford 克利福德·格尔茨: 87
General will 普遍意愿: 44, 47
 See also Consensus 亦见"共识"词条
Giesselmann, Werner 维尔纳·吉塞尔曼: 233—234
Girondins defined 吉伦特派的定义: 129
Glasson-Brisse, Emmanuel 埃马纽埃尔·格拉松-布里斯: 186
Government, Robespierre on 罗伯斯庇尔论政体: 117
 See also Politics 亦见"政治"词条
Greek models. *See* Classical models 古希腊模式,见"古典模式"词条
Grégoire, Henri 亨利·格雷古瓦
 on liberty trees 论自由树: 59
 on monarchy 论君主制: 89
 portrait of 格雷古瓦的肖像: 90
 on profanity 论污秽的言谈: 84
 on reconstituting human nature 论重新构建人性: 2
 on seal 论印章: 91—92, 112—113
 on uniforms 论制服: 77—79, 85
Guilhaumou, Jacques 雅克·吉约穆: 22
Gumbrecht, Hans Ulrich 汉斯·乌尔里希·贡布雷希特: 24n18

Harris, Jennifer 珍妮弗·哈里斯: 76

Hébert, Jacques René　雅克·勒内·埃贝尔：22n11, 39
Hercules　赫拉克勒斯：94—116, 112n53, **95**, 114
Higonnet, Patrice　帕特里斯·伊戈内：46n79, 166
Historical tradition　历史传统：26—29, 29n28, 51, 54, 235
　　See also Classical models　亦见"古典模式"词条
Historiography of Revolution　大革命的史学史：3—10, 8n17, 21—24, 149—150, 117—178, 218—220
Hoarding and speculation　囤积居奇：40—41
　　See also prices　亦见"价格"词条
Hobsbawm, Eric　埃里克·霍布斯鲍姆：115
Huntington, Samuel P.　塞缪尔·P. 亨廷顿：208—209, 220

Ideals of the Revolution　大革命的理想：213—214
　　in quotations　在引文部分：26—27, 29, 32, 89, 180, 183—184, 194, 204—205
Ideology　意识形态：2, 12
Information, collection and dissemination by government　政府对信息的公告、搜集和散播：70, 125, 140

Jacobin clubs　雅各宾俱乐部：47, 47n81, 128, 201—204, 202n61
　　distribution of　分布：133n20, 135, 142—144, 146, 159
　　and Masonic lodges　与共济会会所：147, 201
　　membership in　俱乐部会员：169, 173, 175, 176n72, 177n76, 181
　　See also Journal des hommes libres　亦见《自由人报》词条
Jacobin pamphlets quoted　引用的雅各宾派小册子：129, 130
Jews　犹太人：182—184
Johnson, Chalmers　查默斯·约翰逊：218
Journal des hommes libres　《自由人报》：69

Kantorowicz, Ernst H.　恩斯特·H. 康托洛维茨：87n3
Kennedy, Michael　迈克尔·肯尼迪：175

King 国王
    execution of 处死国王: 32, 130
    at Festival of Federation 在联盟节上的国王: 135
    and flag 与旗帜: 29n28
    Hercules as 作为国王再现形式的赫拉克勒斯: 102
    humiliation of 对国王的羞辱: 57
    as sacred center 作为神圣中心的国王: 20, 21, 26, 55, 87—88, 87n3, 119
    symbolic replacements for 象征性替代国王: 65
    see also Monarchy; Royalism 亦见"君主制""保王主义"词条
King-eating people 人民食王: 108—110, **108**

Labels 标签: 106, 107—108, 110
Lacombe, J.-B. J.-B. 拉孔布: 187
La Harpe, Jean-François 让-弗朗索瓦·拉阿尔普: 19, 21, 25, 51
L'Ami du Roi《国王之友》: 29, 29n28, 35
Land, sale of clerical 教会土地的出售: 145n50
Land tenure 土地保有权: 6, 155, 221
Language 语言: 19—28, 44, 74, 187, 215
    See also Labels 亦见"标签"词条
La Revellière-Lépeaux, Louis Marie 路易·马里·拉勒韦利埃-勒波: 229
Lawyers. *See* Occupations of Revolutionary political men 律师, 见"大革命中政治人的职业"词条
Le Bras, Hervé 埃尔韦·勒布拉: 133n23
Lefebvre family of Amiens 亚眠的勒菲弗家族: 193—194
Lefebvre, Georges 乔治·勒费弗尔: 145n50
Left and right in politics 政治中的左翼与右翼: 128—129, 132
Leroux family of Amiens 亚眠的勒鲁家族: 192, 194
Les Authieux-sur-le-Port-Saint-Quen 圣奎恩港的莱索蒂厄: 167
Lescouvé, Louis 路易·莱斯库韦: 185, 185n13, 195, 197
Liberty 自由: 60—65, 93—97, 100, 109, 113, 118—119

    Festival and statue of　自由节和自由女神像：**30**, **61**, 64, 114, 118
Liberty caps　自由帽：59, 75, 86, 112, 113
    with goddess of Liberty　与自由女神：62, 89, 93, 118, **118**
Liberty trees　自由树：59—60, 105
Liminal period, Revolution as　大革命作为"阈限"时期：180
Literacy　识字率：137, 137n30, 144
Literary parallels to Revolution　文学与革命的相似之处：25—26, 34—38, 219
Local politics　地方政治：156, 159—160
    See also Rural and small-town politics　亦见"农村和小镇政治"词条
Locke, John　约翰·洛克：33, 91
Lucas, Colin　科林·卢卡斯：5, 206
Lyons, Martyn　马丁·莱昂斯：151n9, 169n56, 175—176

Mallarmé, Claude　克洛德·马拉梅：186
Marat, Jean Paul　让·保罗·马拉：39
Margairaz, Dominique　多米尼克·马尔盖拉：146n50
Marginal status of political men　政治人的边缘身份：184—189, 215—218
Marianne　玛丽安娜：62, 86, 93—94, 115, 229—230
Marie family of Toulouse　图卢兹的马里家族：192
Martin, Kingsley　金斯利·马丁：33
Marx, Karl　卡尔·马克思：176—177
Marx, Roland　罗兰·马克斯：153
Marxist interpretation　马克思主义的阐释
    of language　关于语言：21—22, 50
    of revolution　关于革命：3—4, 8—12, 149, 176—178, 220, 224
Mary, Virgin　圣母马利亚：65, 66
Masculine allegorical figures　男性隐喻形象：115—116
    See also Feminine allegorical figures　亦见"女性隐喻形象"词条
Masks and disguises　面具和伪装：66—67
Masonic symbols　共济会象征物：60, 113, 113n58
    See also Freemasons　亦见"共济会会员"词条

Mathiez, Albert 阿尔贝·马迪厄：57n12

Maypoles 五月花柱：59，105

Meister, Henri 亨利·迈斯特：80，80n72

Merchants. *See* Occupations of Revolutionary political men 商人，见"大革命中政治人的职业"词条

Mercury 墨丘利：62

Metric system 公制：70

Meximieux 梅克西米约：172

Michelangelo's David 米开朗琪罗的大卫：111—112

Minerva 密涅瓦：62

Mobility 迁徙：181—182

Mobilization. *See* Popular mobilization 动员，见"民众动员"词条

Modernization 现代化：15

    interpretation of revolution 对革命的阐释：7，55，205—211，220，224

Monarchy 君主制

    abolition of 君主制的废除：89—90

    collapse of 君主制的崩溃：221—222

    symbols of 君主制的象征：89—90，93，94

    Tocqueville on 托克维尔论君主制：8

    See also King；Royalism 亦见"国王""保王主义"词条

Moore, Barrington Jr. 小巴林顿·摩尔：220

Moore, John 约翰·穆尔：75

Morris, Gouverneur 古弗尼尔·莫里斯：176，204

Mountain, defined 山岳派的定义：129

Mythic present 神话般的现时：27—28，44—45，44n71，74，89

Nancy 南锡：141，157—158，160—165，168—172，185—187，192，199—200

National Assembly 国民议会：25—26，128—129，223

National Convention 国民公会：129

Nationalism 民族主义：123

See also Historical tradition　亦见"历史传统"词条

Necker, Jacques　雅克·内克尔：41

Neighborhoods of Amiens　亚眠的居民区：195—198

　　map　地图：196

Newspapers　报纸：19, 56, 72

Nicolas family of Nancy　南锡的尼古拉家族：192

Nobles, dress of　贵族的服饰：75

　　See also Aristocratic role in Revolution　亦见"大革命中贵族的角色"词条

Notre-Dame-la-Noire　黑圣母像：66

Oaths　宣誓：21, 27, 27n24, 45, 60

Occupations of Old Regime political men　旧制度中政治人的职业：161—162

Occupations of Revolutionary political men　大革命中政治人的职业：150—156, 151n7, 156n21, 160—168, 168n54, 173—176, 176n72, 195—199, 242—243

　　Jacobin　雅各宾派：203

　　See also Sans-culottes；Work and workers　亦见"无套裤汉""工作和工人"词条

Old Regime officials in Revolution　大革命中的旧制度官员：150, 154, 155, 155n20, 161, 161n36, 168

Oratory, emotion in　演讲中的情绪：45

Outside connections of local political men　地方政治人与外界的联系：189—190

Outsiders as political men　作为政治人的局外人：184—189, 215—218

Ozouf, Mona　莫娜·奥祖夫：15, 23, 205—206

Pamphlets　小册子：56

Paris　巴黎：124, 133, 138, 142, 146

Parlement of Paris　巴黎高等法院：6, 34

Participation in politics　政治参与：84—85, 85n77, 174—176, 179, 225

　　and uniforms　与制服：78—79

　　See also Representation　亦见"再现"词条

Particularism　特殊性：14, 14n28

Paternalism. *See* Family metaphors　家长制，见"家庭隐喻"词条

Patrick, Alison　艾利森·帕特里克：151n7

Peasantry　农民

    Marx on　马克思论农民：177

    uprisings by　农民起义：7, 59, 135, 135n27

    See also Agricultural sector　亦见"农业部分"词条

Père Duchesne of Hébert　埃贝尔的《迪歇纳老爹报》：22n11, 45, 69

Periodicals　期刊：19

Personal element in politics　政治中的个人因素：140—141, 143, 192—195

Philip, Pierre　皮埃尔·菲利普：186—187

Phrygian bonnets. *See* Liberty caps　弗里吉亚便帽，见"自由帽"词条

Place de la Concorde/Révolution　协和广场/革命广场：119

Plain, defined　平原派的定义：129

Playing cards　扑克牌：103n38

Pocock, J. G. A.　J. G. A. 波科克：34

Pole, J. R.　J. R. 波尔：44

Police state　警察国家：2, 15

Political class　政治阶级：14, 125—126, 168—181, 204—205, 214—116

    defined　政治阶级的定义：188

Political culture　政治文化：10—11, 13, 15, 213—216, 221

    weakness of Revolutionary　大革命政治文化的弱点：227—228

Political parties　政党：127—130

    distrust of　对政党的不信任：3, 43—44, 47, 73, 229

    Jacobin clubs as　作为政党的雅各宾俱乐部：2, 128

    See also Classes of republicans　亦见"共和派中的阶层"词条

Politics　政治

    defined　政治的定义：56n9

    expansion of　政治的延伸：53, 56—57, 70

    not as usual　与通常情况不同的政治：156

    primacy of　政治的首要意义：1—2, 11—13, 236

Pont-l'Abbé　蓬拉贝：167

Popular cultural autonomy　大众文化自主：59—61，65—67，73，98—100，113
Popular mobilization　民众动员：71—72，101，117，208
Posters　海报：56
Poulantzas, Nicos　尼克斯·普兰查斯：22
Power increase　权力增长：72，188，225
　　of state　国家权力的增长：50
Prices　价格：146n50
　　riots over　价格引发的暴动：197
　　See also Hoarding and speculation　亦见"囤积居奇"词条
Process theories of Revolution　大革命的过程理论：219—220
Profanity　污秽的言谈：84
Propaganda　宣传
　　to Army　面向军队的宣传：69
　　Gazette de Paris on　《巴黎报》对宣传的评论：41
　　See also Didacticism　亦见"教化"词条
Protestants　新教徒：182—184
Provincial autonomy and influence　外省自治及影响：124
　　See also Outside connections of local political men　亦见"地方政治人与外界的联系"词条

Quintilian　昆体良：33

Reception theory　接受理论：24n18
Regional political patterns　地区政治模式：132—148，133nn20，23，210—211，217，231—232
Reinhard, Marcel　马塞尔·雷纳尔：143
Religion. See Catholic Church; Dechristianization　宗教，见"天主教会""去基督教化"词条
Religious influence on regional voting patterns　宗教对地区投票模式的影响：136—137
Religious minorities　宗教少数派：182—184

Representation 再现：88—89, 99—100, 106—107, 116, 119
Republican tradition 共和传统：13, 15—16, 85—86, 214, 224, 231—236
  Hercules in 共和传统中的赫拉克勒斯：115—116
  See also Revolutionary tradition 亦见"革命传统"词条
Revisionist interpretation of Revolution 修正主义对大革命的阐释：4—6, 8—10, 149, 178
Revolutionary process 革命过程：12—14, 180, 188
Revolutionary socialism 革命的社会主义：225
Revolutionary tradition 革命传统：3, 15—16, 49—50, 119, 211—212
  See also Republican tradition 亦见"共和传统"词条
Revolution as a historical concept 作为历史概念的大革命：220—221
Révolutions de Paris 《巴黎革命报》：107—108
Rhetorical structure of speeches 演讲的修辞结构：33
Richir, Marc 马克·里希尔：44n71
Right and left in politics 政治中的右翼与左翼：128—129, 132
Robespierre, Maximilien 马克西米连·罗伯斯庇尔
  and historical models 与历史模式：28, 54
  and popular participation 与民众参与：85, 99
  portrait of 罗伯斯庇尔的画像：38
  on Revolution 论大革命：37—38, 100, 117
  on Terror 论恐怖：46
  on virtues 论美德：73
Robin, Régine 雷吉娜·罗班：22
Roche, Daniel 达尼埃尔·罗什：161
Rollin family of Nancy 南锡的罗兰家族：192
Roman models. *See* Classical models 古罗马模式，见"古典模式"词条
Romantic plot 浪漫剧情节：35—36
Roquette, Jean-Jacques 让-雅克·罗凯特：190—191, 192, 208, 210
Rousseau, Jean-Jacques 让-雅克·卢梭：1—2, 12—13, 51, 84
Royalism 保王主义：145
  popular 群众保王党：135, 141, 157, 232

See also King; Monarchy 亦见"国王""君主制"词条

Rural and small-town politics 农村和小镇政治：142—147, 154—156, 166—167, 172, 173—174, 189—192

Saige, François 弗朗索瓦·赛热：185

Saint-Amans 圣阿芒：190—191

Saint-Jean de Jérusalem, Masonic lodge of 耶路撒冷圣让共济会会所：199—200

Saint-Just, Louis Antoine Léon de 路易·安托万·莱昂·德·圣茹斯特：28, 42

Sans-culottes 无套裤汉：82, 106—107, 149, 194

 of Amiens 亚眠的无套裤汉：197—198

 defeat of 无套裤汉的挫败：113

 dress of 无套裤汉的服饰：75, 76, 81

 in village politics 村庄政治中的无套裤汉：167

 voting by 无套裤汉的投票：46

 women of 无套裤汉的女人们：109n49

 See also Work and workers 亦见"工作和工人"词条

Sarthe dept. 萨尔特省：142—143, 145n50

Schlanger, Judith 朱迪思·施朗泽：74

Seals of Bonaparte 波拿巴的印章：229, **230**, **231**

Seals of the republic 共和国的印章：**61**, 89—94, 94n15, 103, 112—113

Seals of the U.S.A. 美国的印章：102—103, 119

Semiology 符号学：23

Sentou, Jean 让·森透：162

Sers, Pierre 皮埃尔·塞尔：182—183

Shopkeepers and artisans. *See* Occupations of Revolutionary political men 店主和手工业者，见"大革命中政治人的职业"词条

Sieyès, Emmanuel Joseph 埃马纽埃尔·约瑟夫·西哀士：233

Skocpol, Theda 西达·斯考切波：7, 209, 221—222

Soboul, Albert 阿尔贝·索布尔：4, 149

Social and economic influences on regional voting patterns 社会和经济对地区投

票模式的影响：135, 137—139
Social contract 社会契约：12—13
　　See also Mythic present 亦见"神话般的现时"词条
Socialism 社会主义：13, 224, 225
Social stress and rightism 社会压力和右翼思潮：145, 146
Société littéraire du Musée 文学院协会：187
Songs 歌曲：20n3, 56
Staël, Madame de 斯塔尔夫人：73, 184
Starobinski, Jean 让·斯塔罗宾斯基：21, 27n24, 44n71
Statistics 数据：130, 130n16, 238—241
Structural theories of Revolution 大革命的结构理论：218—220
Suffrage and voting rates 选举权和投票率：127, 127n8, 134n24, 166, 182
Swamp defined 沼泽派的定义：129
Symbols 象征物：53—55, 57, 60—61, 77—79, 112—113, 117—118, 123—124
　　Bonaparte's use of 波拿巴对象征物的运用：229—231
　　Grégoire on 格雷古瓦论象征物：91—93

Taillefer, Michel 米歇尔·塔耶费：201n53
Talmon, J. L. J. L. 塔尔蒙：47, 47n80
Taylor, George V. 乔治·V. 泰勒：11
Terror 恐怖：10, 46—48, 46n79, 47n80, 101, 206, 225
　　Furet on 傅勒论恐怖：11
　　participants in, characterized 典型的恐怖政治参与者：174—176, 175n71, 186
Textile workers 纺织工人：145, 157, 197
　　peasants as 作为纺织工人的农民：143
Theater 剧院：19—20
　　See also Festivals 亦见"节庆"词条
Theatrical analogies to Revolution 大革命的戏剧类比：34—38
Theatrical effect of uniforms 制服的戏剧效果：80
Thermidorian gangs 热月帮派：206

Third Estate 第三等级: 222—223, 227
　　dress of 第三等级的服饰: 75
Thomas, Pierre 皮埃尔·托马: 185—186
Tilly, Charles 查尔斯·蒂利: 139, 211
Tocqueville, Alexis de 阿历克西·德·托克维尔
　　interpretation of Revolution 对大革命的阐释: 6—7, 9—10, 55, 222—224, 236
　　interpretation of language 对语言的阐释: 22—23
Todd, Emmanuel 埃马纽埃尔·托德: 133n23
Toulouse 图卢兹: 159—165, 168—172, 168n54, 185, 192, 200
　　Jacobins of 图卢兹的雅各宾派: 202, 203
Tragic plot 悲剧情节: 37—38
Transparency 透明: 44—46, 44n71, 72—74
Turning points in Revolution listed 大革命中的转折点: 92, 96

Unemployed workers 失业工人: 141—142, 145, 197
Uniforms. *See* Dress 制服, 见"服饰"词条
Urbanization 城市化: 139—140, 210—211
Urban political elites 城市政治精英: 156
Urban voting patterns 城市投票模式: 138, 141—142

Vaysse family of Toulouse 图卢兹的韦斯家族: 67—68, 68n36, 183, 192
Vendée 旺代: 134—135, 181
Versailles, October, 1789, march on 1789年10月向凡尔赛进发: 58
Village politics. *See* Rural and small-town politics 村庄政治, 见"农村和小镇政治"词条
Virgin Mary 圣母马利亚: 65, 66
Voting. *See* Elections; Suffrage and voting rates 投票, 见"选举""选举权和投票率"词条

War, Skocpol on revolution and 斯考切波论革命和战争: 7, 221—222

Wealth of Revolutionary political men 大革命中政治人的财产：169—170，169n56，185n13

Weavers. *See* Textile workers 织布工，见"纺织工人"词条

Weber, Max 马克斯·韦伯：208

Woloch, Isser 伊赛·沃洛克：179

Women 妇女

    clubs of 妇女俱乐部：72，104

    marching on Versailles 向凡尔赛进发：58

    political participation of 参与政治：109，109n49

    profanity by 污秽的言谈：84

    See also Feminine allegorical figures 亦见"女性隐喻形象"词条

Words. *See* Language 言词，见"语言"词条

Work and workers 工作和工人：106—107，194

    See also Sans-culottes；Textile workers；Unemployed workers 亦见"无套裤汉""纺织工人""失业工人"词条